普通高等学校"十一五"省级规划教材

管理信息系统

（第 2 版）

主　编　姜　婷

副主编　潘爱华

合肥工业大学出版社

内容简介

本书在介绍管理信息系统有关概念、结构和功能的基础上，以管理信息系统开发过程为主线，阐述了管理信息系统规划、分析、设计、实施和评价的原理，系统地论述了制造资源计划（MRPⅡ）、企业资源计划（ERP）、供应链管理、电子商务、决策支持系统等管理信息系统的分支。同时配有大量案例，实用性较强。

本书主要面向管理类学生，可作为高职高专、成人高等学校、本科院校及其举办的二级职业技术学院管理类各专业的教材和教学参考书，也可供其他专业选用和社会读者阅读。

图书在版编目（CIP）数据

管理信息系统/姜婷主编．—2版．—合肥：合肥工业大学出版社，2014.8
ISBN 978-7-5650-1888-6

Ⅰ.①管…　Ⅱ.①姜…　Ⅲ.①管理信息系统—高等职业教育—教材
Ⅳ.①C931.6

中国版本图书馆 CIP 数据核字（2014）第 162052 号

管理信息系统（第2版）

主编　姜　婷　　　　责任编辑　陆向军　魏亮瑜

出　版	合肥工业大学出版社	版　次	2006年9月第1版
地　址	合肥市屯溪路193号		2014年8月第2版
邮　编	230009	印　次	2014年8月第5次印刷
电　话	综合编辑部：0551-62903028	开　本	710毫米×1000毫米　1/16
	市场营销部：0551-62903198	印　张	19.25　**字数**　370千字
网　址	www.hfutpress.com.cn	印　刷	合肥学苑印务有限公司
E-mail	hfutpress@163.com	发　行	全国新华书店

ISBN 978-7-5650-1888-6　　　　定价：37.00元

第2版前　言

在竞争激烈的市场环境中，掌控信息资源，充分挖掘其潜力并卓有成效地加以利用，已经成为企业的决策者和经营管理者的客观需要。构建适合企业需求的计算机管理信息系统是满足这一需要的重要途径，也是实现管理现代化的主要步骤。

管理信息系统是一门综合了管理科学、信息科学、系统科学、行为科学、计算机科学和通信技术等的新兴边缘学科。建立管理信息系统是一个较为复杂的系统工程，需要掌握一定的技术和方法。本书从基本概念出发，主要阐述了管理信息系统的基本原理、开发方法和开发过程。

本书分为基础篇、建设篇和应用篇。在基础篇中，主要讲述管理信息系统的基本概念、结构、信息技术基础设施和软硬件平台的基本概念和发展趋势；在建设篇中，主要讲述管理信息系统开发的全过程，包括系统规划、系统分析、系统设计、系统实施、系统评价与维护等；在应用篇中，主要介绍信息系统发展过程中出现的分支，即制造资源计划（MRPⅡ）、企业资源计划(ERP)、供应链管理、电子商务、决策支持系统等。在内容的安排上，编者从高职高专教学的实际情况出发，突出基础理论知识的应用和实践能力的培养。每章开头配有一个章首案例，通过生动的信息系统案例导入本章的知识，并章末针对相关案例对本章的知识进行实际运用。

最后一章是一个完整的管理信息系统案例，严格按照管理信息系统的开发过程和要求完成。读者通过本案例可进一步掌握管理信息系统的基本理论和开发过程。案例相关软件已调试通过，读者可与合肥工业大学出版社联系免费索取软件及其源代码。

本书第 1、2、3、5、6、7、11、12、13 章由安徽经济管理学院姜婷编写，第 4、8、9、10 章由安徽经济管理学院潘爱华编写。本书由姜婷统稿并担任主编。

管理信息系统是一门迅速发展的学科，由于我们水平有限，加上时间仓促，书中错误和不妥之处在所难免，恳请读者批评指正。

编者

2014 年 8 月

目　录

第一篇　基础篇

第二篇　建设篇

第三篇 应用篇

第一篇　基础篇

管理信息系统是企业的神经系统，是任何一个企业都不能没有的系统。本篇首先介绍了信息与信息管理的基本概念，进而详细讨论了管理信息系统的概念、结构及其发展应用。

信息技术是管理信息系统的基础，只有把信息技术和管理结合起来，才能真正发挥管理信息系统的作用。因此，本篇还讨论了管理信息系统的技术基础，包括信息技术基础设施和软硬件平台的基本概念和发展趋势等。

第1章　管理信息系统概述

【本章要点】

- 信息、管理信息的概念和特征
- 现代企业管理中管理信息的重要性
- 如何进行信息管理
- 信息系统的概念和类型
- 管理信息系统的含义、组成以及结构

章首案例：

“海底捞”的信息系统——后台“厨房”

海底捞，一个以“好火锅自己会说话”作为唯一广告词的火锅店。“服务好”是众多消费者一致的评价。“服务好”背后需要一系列的管理体系做支撑，其中海底捞的信息系统功不可没。今天，让我们到“海底捞”的信息系统——后台“厨房”，来看看海底捞公司是如何借助高效率的信息化手段制作出那么多海底捞美味。

海底捞属于全国连锁餐饮行业，随着公司不断壮大，各种管理瓶颈也制约着企业的高速发展，如：各个片区配送中心资料不统一，业务流程不一致，管理层需要的报表和数据经常无法完整和及时地获取；分店扩张迅速，不同地区人员调动频繁，从而造成人力资源集中，在管理上存在较大困难……海底捞急需构建一个高效的信息化平台来支撑企业的高速发展。

针对以上问题，海底捞在北京、上海、西安和郑州设立了4个配送中心，分别为各地的门店服务。配送中心每天的原料进货量及生产量经过各个门店报送需求后，由计划部通过信息系统分析后确定并下达采购及生产任务。计划部门通过信息系统可查询到实时库存。各门店只需将订单通知配送中心，配送中心便能以最快速度将所需物品送到门店。采用这种集中配送的管理模式，海底捞末端门店几乎是零库存（库存仅供当天消费）。

海底捞全国都有自己的直供蔬菜基地，通过信息系统，基地的种植计划与前端门店的计划做到完全协同。基地每种蔬菜的播种、采摘都通过信息系统进行严格的时间计划，也就是基地种植的菜什么时候上餐桌都有严格的计划。

海底捞拥有员工6000多人，人事事务处理通过采用集中管理、分散操作的方式。总部管理人员通过信息系统进行人力规划和报表查询，在全国范围内找到合适的人选，由各个分店人事主管发起异动申请，通过总部人事经理，业务主管经理的审批，完成人员轮换工作。通过高效的人事事务处理，海底捞实现了对全公司人力资源状况统一控制的目标，并推进了各门店人员能力的快速复制。

海底捞面临的挑战凸显了信息系统的必要性。同其他产业一样，餐饮业承受着激烈竞争、快速扩张、成本控制所带来的压力。为了增加收入，企业的工作效率和科学管理十分关键。而信息系统建设是解决这些问题的重要手段。从本章开始，我们进行关于信息系统的探究。

1.1 信息与信息管理

自 20 世纪 40 年代信息的基本理论诞生以来，关于信息的收集、处理、存储、加工、传递、输出和应用等越来越受到人们的重视。特别是 21 世纪信息时代来临，信息同物质、能源一起构成了当代社会的三大资源，并对现代科学技术的创新及人类社会的发展产生越来越重要和深刻的影响。

那么，什么是信息呢？由于信息这一术语在不同的学科中被引用，因而被学科赋予了不同的定义。要给予信息概念以确切的含义，我们通过信息理论中最基本也是最重要的两个概念——数据和信息来做一比较，得出结论。

1.1.1 数据与信息的概念

1. 数据

一般来说，数据是指客观事物的性质、属性以及相互关系等的值。例如，"某人的身高为 1.75 米"，这个 1.75 就是一个数据。数据不仅可用数字来表示，也可用文字、符号、图形等方式来表示。数据本身不代表任何一类具体的东西，仅仅是一种抽象的量的概念。

严格地说，数据可被定义为：数据是事实的反映，是人们用来反映客观世界而记录下来的可以被鉴别的符号。

2. 信息

"信息"一词来源于拉丁文"Informatio"，原意为解释、陈述。一般来说，信息是通过数据形式来表示的，是加载在数据之上的对数据具体含义的解释，因此不同的数据可反映不同的信息。例如，6 这个数据，在某一场合又可以解释为"6 个人"，而在其他场合又可以解释为"6 台电脑"或者"6 个百分点"等信息。

信息这一术语在不同领域有着不同的含义。例如，信息是关于客观世界某一方面的知识；信息可以减少人们决策时的不确定性，增加对外界事物的了解；信息是经过加工并对人们的行动产生影响的数据；等等。

综合各种表达，从信息本质特征着手将其定义为：信息是反映客观世界中各种事物的特征和变化，并借助某种载体加以传递的有用知识。这一含义包括三方面内容：

（1）信息是客观事物特征和变化的反映。人们通常所说的文件资料、情报、档案等都属于信息范畴。

（2）信息是通过载体传递的。信息必须是由人们可以识别的文字、符号、语言、图像、声音、色彩等信息载体表现和传播的。

（3）信息是有用的知识。对于甲、乙两个接收者来说，相同的数据经过加工传递，若对甲有用而对乙无用，则甲接收到的是信息，乙接收到的就不是信息。接收的信息能帮助人们认识世界、改造世界，则谓知识。

3. 信息与数据的区别与联系

在信息领域中，信息和数据是相互联系、相互依存又相互区别的。数据是记录客观事物的性质、形态、数量特征的抽象符号；信息则是由数据产生的，是数据提炼、加工得到的结果，是对数据赋予一定意义的解释。注意：信息不会随承载它的实体形式的改变而变化；数据则不然，随着载体的不同，数据的表现形式可以不同。例如：同一则信息，既可以用文字表述写在纸上，也可以存在磁盘上。另外，信息有着严格的有用性要求和限制，而数据则无此要求与限制。

总之，数据和信息的关系如同原材料和产成品或载体和负载的关系，信息是加工处理后的数据，是数据所表达的内容，而数据则是信息的表达形式。它们的关系如图 1-1 所示。

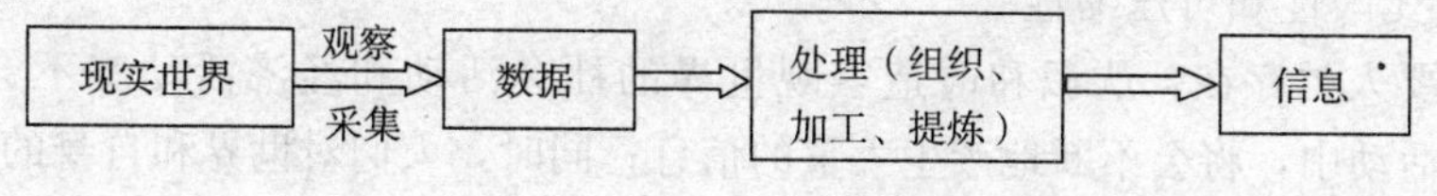

图 1-1　信息与数据的关系

1.1.2　信息的特征

一般说来，信息具有以下特征：

1. 价值性

信息是经过加工并且对生产经营活动产生影响的数据，是劳动创造的，是一种资源，因此是有价值的。一方面，现代社会的发展、经济的发展都需要各种信息支持，信息已成为现代社会生产和生活中的一项重要资源；另一方面，信息在生产和科学技术的运用过程中，能转化为速度、效益或收益，可作为商品出售。但信息的价值与一般商品的价值是不相同的。信息是一种无形的商品，它的价值也有一定的特殊性。首先，信息只存在潜在的价值，只有通过人们去认识、开发、使用才能转变为现实的使用价值；其次，信息的价值还取决于人们对它的认识和重视的程度，相同的信息会因认识和挖掘程度不同而具有不同的价值。

2. 时效性

信息的时效性是指信息的效用与信息从发出到使用的时间间隔之间的相关关系。特定的信息只有在一定的时段内有效，错过时机，相关信息将失去原有的效用。时间间隔越短，使用信息越及时，使用程度越高，时效性越强。信息的时效性代表着信息本身也具有生命周期，信息的生命周期指的是信息从产生到失去保留价值的时间间隔。正因为信息具有生命周期，世界才能容纳下“无限增长”的信息；同时，也使人们认识到信息需要不断地更新，人的知识也需要不断更新。

3. 共享性

信息作为一种取之不尽、用之不竭的资源，与其他资源相比，具有非消耗性。它在被利用的过程中可以保持原有的特征，这一属性决定了它可以被多个接收者多次利用。因此，信息可以作为一种共享资源存在。

4. 动态连续性

物质运动是一个连续不断的过程，物质运动的信息也是在不断变化的。信息的价值受制于信息的变化及其使用、传递的范围等。因此，人们要真正地掌握某一事物的信息，就必须以动态的方式去把握信息，这样才会体会出信息的真正价值。在现代社会中，信息的运动加快了资源的交流，加快了社会的变化，信息的价值也只有通过不断的运动（传递）才能得以实现。

5. 无限性和可压缩性

只要人类存在，认识和改造客观世界的社会活动和经济活动就不会停止。在这些活动中，将会不断地产生大量的信息；同时，人们对世界和自身的认识也随之不断加深。这就表现出信息作为一种特殊资源，具有无限性。为了便于储存使用，信息又具有可压缩性。人们根据特定的需要，对信息进行收集、筛选、整理、概括和归纳，使之精练并取其精华。信息的可压缩性还可使人们在对同一信息进行多次加工、利用时，改变信息的表现形式，节省存储空间和费用。

6. 不完全性

从人类的认识规律来看，关于客观事实的信息是不可能完全得到的。因此，在利用信息解决问题的过程中，必须坚持经济的原则，以够用为标准，运用已有的知识分析判断，合理地舍弃和选择信息。

7. 增值性

在某一特定时间、特定环境，基于某一特定目的的基础上，信息具有一定的时效性。随着时间的推移、环境的变化、目的的不同，同一信息可能具有新的价值。例如某一时期某产品的价格，对于消费者来说只是当时购买同类商品时的一个参考标准，过后就丧失其价值。但对于生产厂家来说，可以总结不同时期商品价格的变化规律，了解产品的受欢迎程度，从而做出未来生产战略，谋求企业可持续性发展。由于信息有多次可利用价值，具有增值性，这就要求在不断处理新信息的过程中，要注意保存已有的信息并不断对其进行发掘提炼。

8. 等级性（层次性）

由于处于组织内人员的层次不同，管理职责不同，因而所需信息在内容、来源、精度及使用频率上均有不同。一般表现为三个等级：（1）战略级信息：组织的高层管理者站在战略高度，需要大量关于组织长远发展的前途和方向的综合信息；（2）战术级信息：是管理控制信息，是使中层管理者能掌握资源利用情况，更有效地利用资源的信息；（3）作业级信息：用来解决经常性的问题，它与组织日常活动有关，并用以保证切实完成具体任务。

1.1.3　管理信息

自从人类社会有了经济活动，在所有的经济活动管理中就无时无刻不在产生着管理信息。随着科学技术的进步，现代企业的生产经营管理活动更与信息资源密切相关。

下面来分析一下企业的生产经营过程。现代企业利用科学的劳动分工与协作，以其拥有的资源（人、财、物）投入生产过程，通过设计加工产出合格产品，并且销售产品回收资金，获取利润。在此过程中，物质资料从准备、投入、加工、产出到销售、运输直至再生产，整个过程都伴随着大量信息（报表、单据、文字资料等）的产生、加工、传递和利用，通过信息的运动不断调节产品的生产加工的品种与数量等。我们可以看到，信息流伴随物流而产生，同时又引导物流作有规律的运动，对物流的方向、数量、速度、目标等实行控制，其关系如图 1-2 所示。物流不可逆转，信息流通过反馈可逆转，在生产管理中起着主导作用，物流的通畅与否在很大程度上依赖于信息管理的质量。

从而得出结论，所谓管理信息（简称信息），是指以企业生产实践活动中不断收集的原始数据为基础，经过加工处理、分析解释、明确定义后，为企业的管理决策提供重要基础的信息资料。管理信息在企业中通过劳动指标、经济指标、价值指标等数据、图表的形式表现出来，反映了企业生产经营状况以及与之有关的外部环境状况，是现代企业管理工作的依据，是现代企业经营中最宝贵的资源之一。

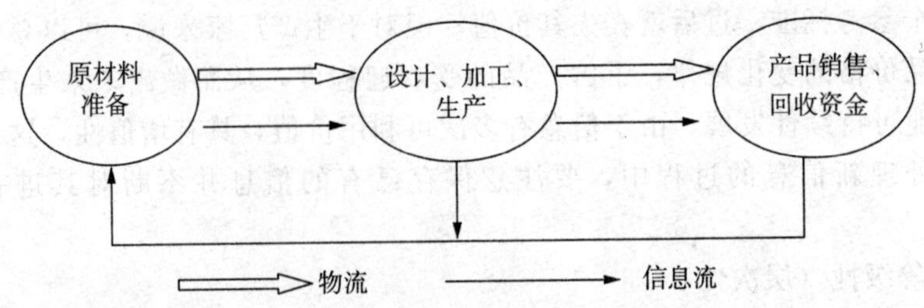

图 1-2 物流与信息流在生产活动中的关系

管理信息在企业中的作用体现在以下几个方面：

1. 信息是生产经营决策的依据

企业决策是在全面、及时、准确掌握客观环境的基础上创造方案、优选方案的过程。充分的管理信息正是企业生产经营状况和企业外部环境状况的表现。

2. 信息是组织和控制生产经营活动的依据

现代企业是一个动态开放的系统。企业的经营方向和目标，要随着外部环境的变化不断调整，时刻与外部联系、掌握动态变化就需要通过信息交换和利用来实现；同时，企业内部众多生产环节形成有机统一整体，也需要通过信息沟通完成。因此，信息是企业可持续性发展的依据。

3. 信息是衡量企业竞争力的标志

商场如战场，"知己知彼，方能百战不殆"，其关键就在于全面、及时、准确地把握相关信息。

总之，管理信息在现代企业的地位不可忽视，先进的信息观念、敏锐的信息意识以及较强的信息管理能力是现代管理者步入管理岗位的前提条件。

1.1.4 信息管理

1. 信息管理的基本概念

信息是管理人员可以加以利用的最重要的资源。面对每时每刻不断产生和交换的大量信息，如何快速有效地识别和利用其中的有用信息是摆在管理人员面前的首要问题。简单地说，就是如何有效地进行信息管理。

所谓信息管理，是指为了满足企业管理的需要而进行的信息产生、识别、遴选、收集、加工、传递、储存、检索、输出等工作的总称。信息作为企业中的重要资源，具有与其他一般资源不同的特殊性（价值性、时效性、共享性、动态连续性、无限性和可压缩性、不完全性、增值性、等级性），因此信息管理工作不同于一般资源管理，需要做到：动作快、视野广，既要善于收集，也要学会对信息加工利用，还要学会制造信息和引导信息的作用方向等。

2. 信息管理的基本内容和要求

信息管理工作主要包括：原始数据收集、信息加工、信息传递、信息储存、信息检索、信息输出等六项工作。

(1) 原始数据收集

全面、及时、准确地识别、收集原始数据是确保信息正确性与有效性的前提。面对纷繁复杂的信息世界，原始数据的收集一般要经过明确收集目的、形成并优化收集方案、制订收集计划、人员分工收集及分类汇总等环节。

在数据收集过程中，注意以够用为原则，把握好调查的广度和深度。在技巧方面，要避免先入为主的做法，以免禁锢思维，应尽量从需求出发保持客观的原则，获取充分的信息。由于数据来源的广泛性，收集的方法可以多种多样，主要有：口头或书面询问法，查阅档案、出版文献法，网上调查法，现场考察法，座谈会法，有偿购买法等。总体说来，信息收集要坚持目的性、准确性、适用性、经济性、及时性原则，以尽可能经济的方式收集有效的数据。

(2) 信息加工

通过各种途径和方法收集到的数据往往是零乱无章的，必须结合企业管理需求和实际情况经过综合加工处理，才能成为对管理有用的信息。

信息加工的主要工作是通过审核对数据去伪存真；进而经过分类处理，使杂乱和独立的数据建立关联；最后根据实际应用，顺应管理任务的要求，对数据分析，通过变换、计算、合并、生成等手段，明确信息的走向。

(3) 信息传递

信息传递主要是指根据管理目标的需要，组织纵向和横向的信息交流。为了使企业各部门准确、及时地利用到所需的信息资料，保持沟通渠道通畅尤为重要。为了提高传递的效率，企业有必要合理设置组织机构，明确规定信息传递的流程、级别和时限，同时尽可能配备先进的传输工具（如传真、计算机网络通讯）来加快传递速度，减少因人工传递的主观性而造成的信息失真。

(4) 信息储存

由于信息本身具有时效性和增值性的特点，信息被使用的次数和频率是不同的。经过加工处理的信息，有的立即使用，有的暂时不用，不过大多数信息都具有被多次长期利用的价值，因此需要以不同的形式存储下来，以备随时调用。

根据管理任务需求的不同，信息存储的形式也是各不相同的，例如数据库文件、报表、档案、图表、文字文件、影音数据等。另外，有效的存储也需要采用不同的存储介质，比如录像带、计算机硬盘、胶片、磁盘、光盘等。

(5) 信息检索

存储下来的信息被再次提取利用，主要通过数据检索工作来完成。先进科学的数据存储是准确快速检索信息的前提。

(6) 信息输出

信息输出是信息管理的归宿，也是信息能充分体现价值的环节。信息管理工作的整个流程就是要实现保质保量、定时定向地输出信息的目标。信息输出要注意以下方面：保证信息的精度、数量、时效；根据管理需求，以不同的格式输出；选择适当的介质输出，以确保信息使用方便以及保密等。

总而言之，实现有效的现代化信息管理对于任何组织都非常重要。信息管理工作的内容非常复杂，在企业的信息管理中还需要注意以下问题：

(1) 培养一支具有现代管理知识、信息科学知识、计算机知识等综合知识才能的人员队伍进行信息管理；

(2) 建立与现代化信息管理相配套的组织机构体系，对组织内部人员要给予适当培训；

(3) 在经济适用原则下，建立一套管理信息系统，做到信息管理规范化、制度化、程序化、工艺化；

(4) 利用网络平台，实现与外部系统快速高效的信息交换，谋求企业创新。

阅读资料：

谁该为此负责？

彼得·圣吉博士［美］在《第五项修炼》第三章中说到一个啤酒生产和销售的“啤酒游戏”。此游戏有三个角色：零售商、批发商、制造商。游戏开始前一切都很正常，零售商每周销售4箱啤酒，由于订货周期是4周，通常每周保持12箱的库存量，订货量为每周4箱；批发商每周销售4批，由于订货周期也是4周，通常每周保持12批的库存量，订货量为每周4批；制造商同样每周订单为4批，由于啤酒的制造周期为两周，所以通常保持几批的库存。

突然有一周（我们把它称为第二周），零售商的啤酒销售量增加一倍，为了补充额外卖出的4箱，零售商把订单上的数量提高为8箱；

第三周：零售商又卖出8箱啤酒。今天到了四周前所订的4箱。目前只有4箱的库存，除非接下来销售下降，否则这周将卖光所有的啤酒。因此至少订购8箱才能赶得上销售的速度。为了安全起见，零售商订购了12箱，这样可以重建原有的标准安全库存量。

第四周：到货5箱，又卖了8箱，只剩1箱库存，零售商想想需求可能进一步上升，又订购16箱。

第五周：周一早上，仅存的1箱卖光了，幸运的是又收到7箱啤酒（显然批发商已经开始回应较高量的订单）。但是，所有的啤酒又将在本周结束之前销售一空，零售商又订16箱。

第六周：有两位忠心的顾客愿意等着购买。下次到货只有6箱，零售商首先卖给了预先订货的顾客，他们每人买1箱，剩下4箱又在周末之前卖光了，在看着空的货架两天之后，零售商又订了16箱。

第七周：只送来5箱，货给了预订的顾客，不到两天，剩下的啤酒又卖光了。这一周有5位顾客留下他们的名字。零售商又订购了16箱，并暗自祷告自己的大订单将会开始到货。

第八周：零售商等待卡车司机送来16箱啤酒，但只送来5箱。零售商又订购了24箱……

批发商：

在第八周时，批发商几乎已经像零售商一样地感到挫折与生气。啤酒一向都销售稳定，但是几周之前（约在第四周）订单突然开始急遽上升。再下来那一周，从零售商来的订单仍然继续增加。到了第八周，大部分的零售商所订购的啤酒数量已经是平常的三或四倍。于是，批发商马上向制造商提高了订购数量；接下来的五周时间，和零售商的情况类似，批发商不断接到平常几倍的订单，导致他不断缺货，也导致他不断提高订货量。

在第十四周与第十五周，批发商终于开始从制造商收到较大量的出货。同时，从商店来的订购量下降了一点点。到了第十六周，批发商终于几乎拿到前几周要求的所有啤酒：55卡车量。一整个星期下来，批发商盼望商店的订单再进来。但却看到一张接一张的订单填的都是相同的数目：零、零、零、零、零。突然之间，觉得一股寒意自心底冒上来。批发商把刚要送给制造商的订单上写着的24卡车量全数删除。

第十七周：又送到60卡车量的啤酒。商店的订购数量仍然是零。109卡车量的货品在仓库里纹风不动。

第十八周：零售商向批发商订购啤酒的数量又再一次挂零。批发商向制造商订购的数量自然也是零，可恨的制造商还是又运来60卡车量……

制造商：

在这个游戏的第六周，订单开始急剧上升，甚至到第十四周，工厂仍然赶不上已订未交的订购量。在第十六周，终于赶上已订未交的数量。但是到了第十七周，你的经销商只订了19批的货。而至第十八周，他们完全不再订购啤酒，有些订单上甚至可以看出是被全数删减掉的。

现在是第十九周。仓库里还有100批啤酒存货。而啤酒销售业绩仍然挂零。相同的模式又延续了四周。

第二十四周：制造商在第二十四周出车去拜访，批发商说已有两个月没收到零售商任何一张啤酒的订单了，还有220卡车量在仓库里。

接着制造商再去拜访零售商，零售商说我还有93箱没卖掉的啤酒。依照现在售货的速度，再订购是六周以后的事了。六周，制造商自己盘算着，如果这个地区每一家零售商都等待六周再订购啤酒，然后每周只订购几箱，将费时一年或一年以上，才能使批发商220卡车量的库存大幅下降，这意味着自己的库存将……

近二十年以来，啤酒游戏在教室与管理训练讲习会中被玩过若干次。在五大洲都有人玩过这个游戏，参加的人有各种年龄、国籍、文化和行业背景；有些参加者以前没听说过生产/配销系统，有些人已花了相当长的时间在这样的业务上。然而每次玩这个游戏，相同的危机还是发生。首先是大量缺货，整个系统的订单都不断增加，库存逐渐枯竭，欠货也不断增加。随后好不容易达到订货量，大批交货，但新收到的订购数量却开始骤降。到实验结束之前，几乎全部参加游戏的人都拥有他们无法降低的庞大库存；制造商库存已有好几百箱，望着批发商每周只8箱、10箱的订单而一筹莫展。系统发生问题的一个原因就是缺乏好的信息。批发商从零售商那里接受订货，制造商从批发商那里接受订货，都没有关于顾客订货量的直接信息。如果制造商和批发商能够在顾客发生订货时看到顾客订货量发生的变化，他们的积压现象肯定不会那么严重。厂商和批发商都误以为购买方式发生变化是销售量增加的原因，事实并非如此。

实际上，在现实生活中有很多企业发生这种情况，最重要的原因就是企业管理中忽略了信息收集和利用，或者信息不畅，导致严重后果。

1.2 信息系统

1.2.1 系统的概念

系统是客观世界中的一种普遍现象，是现代系统科学的研究内容。系统科学是20世纪40年代由贝塔朗菲（L. Y. Bertalanffy）提出的理论，后由维纳（N. Wiener）等人加以发展，在20世纪60年代加以完善和成熟。贝塔朗菲对系统的定义是：相互作用诸要素的综合体。美国国家标准协会（ANSI）和国际标准化组织委员会（IOSTC）等机构也分别给出了系统的定义。

我们综合给出这样一个定义：系统是为了实现某种目的，由一些相互联系、相互作用、相互依存的元素，按照一定的规则或者结构组织起来的一个集合体。在这个集合体中，对各元素加以深入的研究，再从整体出发分析各元素的相互联系和相互作用，就是“系统”的思想。

1.2.2 系统的特性

1. 整体性

从系统的含义中可以看出，系统内部的各个部分是为实现某一特定目标而联系在一起的。因此，组成系统的各个组成部分不是简单地集合在一起，而是有机地组成一个整体，每个部分都要服从整体，追求整体最优，而不是局部最优。这就是所谓的全局观点。

一个系统中即使每个部分并非最完善，但通过综合、协调，仍然可使整个系统具有较好的功能；反之，如果每个部分都追求最好的结果而不考虑整体利益，也会使整个系统成为最差的系统。

2. 相关性

由于系统是由内部各个互相依存的组成部分按照某种规则组合在一起的，因此各个组成部分尽管功能上相对独立，但彼此之间是有联系的，即具有相关性。这种相关性往往表现为系统与环境、子系统与子系统、模块与模块之间的接口。对于信息系统的业务调研来讲，重点之一是必须了解构成系统的元素之间的相互关系，并从整体上和宏观上予以把握。

3. 层次性

一个系统可以分解成若干个组成部分，如果将这些组成部分看成是一个个的子系统的话，还可以进一步将这些子系统划分成一些子模块。以此类推，可以将一个系统逐层分解，从而体现出系统的层次性。例如，可以把一个企业看成是一个系统，它可以分解为市场调研子系统、研发子系统、生产制造子系统、营销服务子系统、物流配送子系统等。

正是由于系统的层次性，才使得在开发信息系统的过程中可以采用系统分解的方法，先将系统分解成若干个功能相对独立的子系统，然后给予分别实施。

4. 目的性

任何一个子系统都是为了完成一特定目标而构造的。例如，学校的目标是培养经济建设人才和研究科研成果；工厂的目标是生产出高质量、适销对路的产品，提高企业的经济效益。因此，在建设系统的过程中，首先要明确系统目标，然后再考虑运用什么功能来达到这个目标。

不能实现系统既定目标的系统就没有存在的必要，即如果开发出来的信息系统未达到原定系统目标，那么这个信息系统就是一个失败的系统。

5. 环境适应性

系统与环境之间通常都有物质、能量和信息的交换，任何一个系统的存在运行都要受到环境的约束和控制。环境特性的变化往往引起系统特性的变化，而系统的运作也会引起环境的变化。系统的环境适应性是指在外界作用下的系统能够在一定范围内自我调节，从而使系统具有一定的抗干扰能力和抗冲击能力。

系统对于环境的适应性，主要靠反馈来实现。企业要获得成功，必须建立完善的反馈机制来适应变化的外界环境。

1.2.3 信息系统

1. 信息系统定义

信息系统是一个人造系统，它由人、硬件、软件和数据资源组成，目的是及时、正确地收集、加工、存储、传递和提供信息，实现组织中各项活动的管理、调节和控制。

当代的信息系统是由于计算机的出现而产生的，其主要部分是为了产生决策信息所制定的一套有组织的应用程序。信息系统可以用各种形式来表示，但不管采用何种形式，其输出的结果总是我们所需要的信息。在企业管理这样的人工系统中，信息系统和物流是相结合而存在的，即信息系统是反映物流系统的状态的。而信息系统中的信息则主要是通过物理介质（例如电子介质，卡片等）来传递的。从技术上定义，信息系统是一组由收集、处理、存储和传播信息组成的相互关联的部件，用以在组织中支持决策和控制，同时还可以帮助管理者和工作人员分析问题、解决复杂问题和创造新产品。

信息系统包含与之相关的人、场地、组织内部事物或外部环境方面的信息，如图 1－3 所示。通过这些信息，我们可以从中得到有意义的、有用的、某种形式的数据。数据在其被组织或加工成为有用的形式之前，只是一种对组织或物理环境中所发生事件的原始事实的描述。

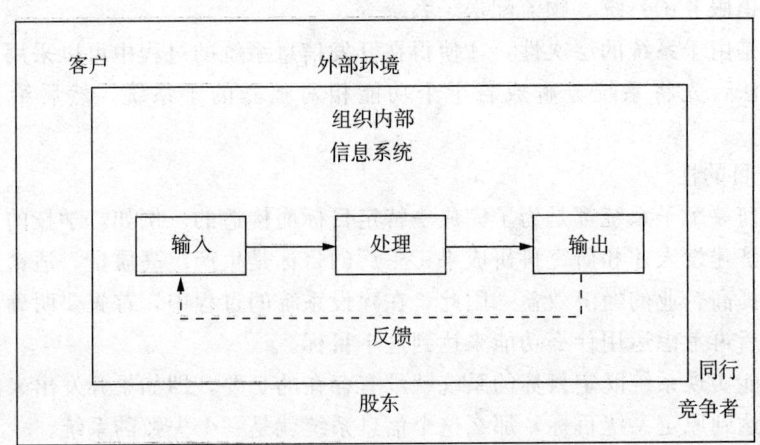

图 1－3 信息系统的功能

信息系统用以实现对决策、控制、操作、分析问题和创造新产品及其服务所需信息的收集和加工，它对信息的组织活动有三类，这些活动分别是输入、处理和输出。

输入：捕获或收集来自企业内部或外部环境的原始数据。

处理：将原始输入的数据转换成更具有意义的形式。

输出：将经过处理的信息传递给人或用于生产活动中。

信息系统还需要反馈，它将输出信息返送给组织的有关人员，以便帮助他们评价或校正输入。

从概念上讲，任何一个组织都有信息系统的存在，它可以是建立在手工基础上的。手工信息系统就是利用纸、笔等手段实现信息传递和交流。现代的信息系统一般是以计算机为基础的信息系统。计算机信息系统是依靠计算机的硬件、软件技术处理信息和传播信息。本书重点讨论的就是以计算机为基础的信息系统。

虽然计算机信息系统利用计算机技术把原始数据处理、加工成为有意义的信息，但从某种意义上讲，计算机与信息系统之间仍有着明显的区别。计算机只提供了用于存储、处理信息的设备和现代管理信息系统的技术功能，但信息系统的许多工作，诸如输入数据或使用系统的输出结果等还需要作为用户的人来完成。也就是说，计算机仅仅是信息系统中的一个部分，用户和计算机共同构成了一个组合系统，提出问题以及对问题的具体解答都是通过计算机和用户之间的一系列交互活动来实现的。

2. 信息系统的类型

在一个组织中，人们的利益、专业和层次各不相同，因此存在为满足人们不同需求而设计的不同类型的信息系统。图 1 - 4 用塔形结构描述了组织中系统的类型。在该图中，组织被划分为战略、管理、知识和操作四个层次，然后进一步按纵向划分成不同的职能范围，如销售市场、生产制造、财务、会计和人力资源等。信息系统就是根据组织这些不同的需求分类建立的。

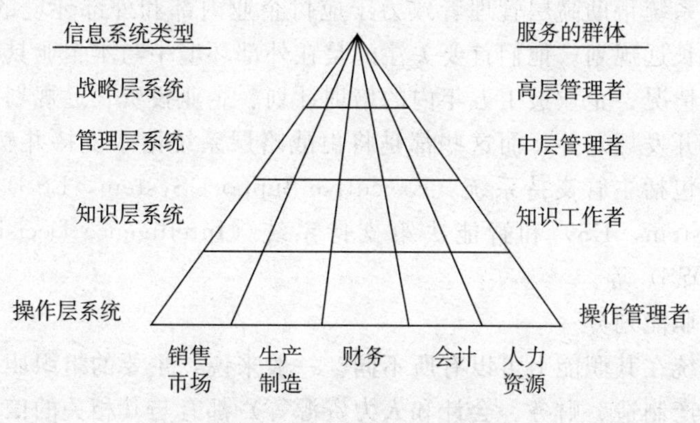

图 1 - 4　信息系统的类型

(1) 按组织层次划分

① 操作层系统

操作层系统通过监测组织的基本活动和事务处理来支持管理者的工作，如销售、开付收据、现金出纳、工资单造表、贷款决策以及工厂的材料调拨等。该层次系统的主要作用是应答日常工作中的问题和处理并记录组织的日常事务。诸如“库存还有多少部件?”、“对某人进行何种处罚?”、“本月工资总额是多少?”等信息都是操作层系统能够给予准确回答并予以支持的。电子数据处理（Electronic Data Process System，EDPS）、事务处理系统（Transaction Processing System，TPS）都是用于组织中操作层的基本信息系统。

② 知识层系统

知识层系统支持组织中的知识和数据工作者。它的主要作用是帮助把新知识融入企业之中，并帮助组织控制日常的文书工作。知识层系统有知识工作系统（Knowledge Work System，KWS）、办公自动化系统（Office Automation System，OAS）等。KWS 辅助知识工作者进行工作；OAS 则侧重于辅助数据工作者。知识层系统是在现代企业中应用推广最快的一类系统。

③ 管理层系统

管理层系统是为支持中层管理者进行日常工作的监视、控制、决策以及管理活动而设计的。管理层系统并不负责日常操作中的直接信息收集，只是定期提交特定的报告。这些报告反映了某一阶段或某一时期的工作情况以及与同期数据的比较情况。例如，生产调度系统的“月生产产值统计分析报告”等。有些管理层系统也支持非常规的决策，它擅长处理那些信息需求不是很明确的半结构化决策。典型的管理层系统有管理信息系统（Management Information System，MIS）和决策支持系统（Decision Support System，DSS）等。

④ 战略层系统。

战略层系统帮助高层管理者致力于应付企业内部和外部环境的战略问题，并制定企业长远规划。他们首要关注的是在外部环境中与本企业具有竞争能力的对手变化情况、企业员工五年内的培训计划、企业投资长远规划、企业扩建规划、产品开发规划等，而这些都是将由战略层系统给予支持并解决的问题。战略层系统包括主管支持系统（Executive Support System，ESS）、专家系统（Expert System，ES）和智能决策支持系统（Intelligence Decision Support System，IDSS）等。

(2) 按职能划分

信息系统在其职能上可以有所不同。一般来说，主要的组织职能（如销售与市场、生产制造、财务、会计和人力资源等）都有与其相关的信息系统。在大型组织中，有些主要职能的系统还可细分成一些子系统，如生产职能又可以细分为库存管理、生产控制、设备维修、计算机辅助工程和材料供应计划等子系统。

一个典型组织的每一个职能范围中都有操作、管理、知识和决策层的系统。譬如，销售功能在其操作层上有一个记录日常销售状况并处理订单的操作层系统；其知识层系统设计有企业产品推销状况的显示；管理层系统通过销售图表及实际销售额与预期绩效值的比较报告，记录每月的销售情况；预测五年销售趋势的系统服务于战略层。

事实上，不同的组织对于同一职能来说也有不同的信息系统。因为在两个组织之间不可能在目标、结构或利益上都完全一致。信息系统必须根据各个组织独具的特色和需求来进行有针对性的设计。

1.3　管理信息系统概述

在现代信息化社会中，信息流通的速度和信息利用的效率，对任何一个组织都有着极为重要的作用，甚至直接影响一个组织的未来命运。建立计算机管理信息系统，形成一个现代化的集合数据采集、加工、存储、检索和输出于一体的数据处理中心及其配套的传输网络，是实现企业信息标准化管理的重要前提。

1. 管理信息系统的概念

管理信息系统（Management Information System，简称 MIS）是 1961 年在美国由 J. D. Gdllagher 率先提出的，并确定其为以计算机为主体、信息处理为中心的综合性系统。随着通信技术、网络技术、数据库技术以及软件工程方法等相关技术的飞跃发展，管理信息系统逐渐成为计算机信息系统中应用最普遍的一类系统。由于管理信息系统是一门正在发展的新兴的边缘学科，因此管理信息系统的定义也同样在逐渐发展和成熟。

管理信息系统有广义和狭义之分。广义的 MIS 是指存在于任何组织内部，为管理决策服务的信息收集、加工、存储、检索和传输系统。从系统论和管理控制论的角度来说，任何组织都存在一个管理信息系统，最初大多以人工管理为主。狭义的 MIS 是指按照系统思想，利用计算机硬件、软件、网络通信设备以及其他办公设备进行信息的收集、传输、加工、储存、更新和维护，以使企业战略竞优、提高效益和效率为目的，支持企业高层决策、中层控制、基层运作的集成化的人机系统。图 1－5 为管理信息系统的总体概念图，可以从以下四个方面去理解：

（1）MIS 是一个以计算机技术为基础的人-机系统。

（2）MIS 是现代管理科学、系统科学、计算机技术及通信技术的综合性运用，建立一个全系统的统一的信息处理过程，包括数据的收集、加工与传送等。

（3）MIS 是一个辅助性的、管理决策的支持系统。

(4) MIS具有统一规划的数据库，实现全系统的信息共享。

本书讨论的即是狭义的管理信息系统。

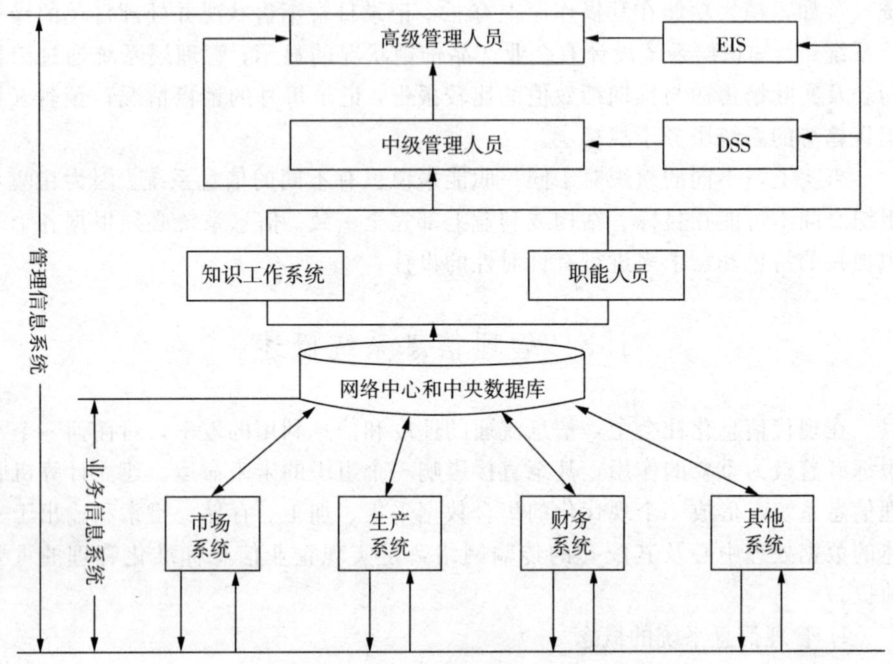

图1-5 管理信息系统的总体概念图

2. 管理信息系统的构成要素

管理信息系统的存在必须具备以下三个相关系统：

(1) 管理系统

管理系统主要包括：组织机构、管理人员、规章制度等要素。要建立管理信息系统，必须要深入研究组织管理系统中的各要素，掌握信息产生、使用、传递和反馈的过程，并将其转化为MIS中的系统链接关系。

(2) 信息处理系统

信息处理系统是MIS的核心部分，是由计算机硬软件设备、数据库、信息处理流程和信息管理员等组成。它承担了信息的收集、加工、主要处理功能等，充分体现如何利用有效的且有限的信息资源。

(3) 信息传输系统

信息传输系统是信息传递与反馈的渠道，由通信线路、通讯控制设备、终端设备等组成。

3. 管理信息系统的特点

以计算机技术为基础的管理信息系统是在数据处理系统的基础上发展起来的，是面向管理的一个集成系统，对信息进行收集、传递、存储与处理，是多用户共享的数据系统，为各管理层次部门提供服务。能够完成诸多功能的 MIS 具有以下特点：

（1）面向管理决策，能够根据管理需要及时提供所需的信息，帮助不同管理层次的决策者做出决策。

（2）管理信息系统是一个对组织进行全面管理的综合系统，具有统一的数据库，集中管理信息资源并为各用户所共享。

（3）管理信息系统是一个人机交互系统。在开发过程中，充分考虑人和计算机在系统中的地位和作用，充分发挥人和计算机各自的长处，使系统整体性能达到最优。

1.4 管理信息系统的结构

管理信息系统的结构是指管理信息系统各个组成部分之间相互关系的总和，它是收集和加工信息的体系。从不同的角度来看，管理信息系统的结构形式是各不相同的，主要包括：概念结构、物理结构、软件结构、功能结构。

1.4.1 概念结构

从概念上讲，MIS 由四大部分组成，分别是信息源、信息处理器、信息用户、信息管理者。它们的关系如图 1-6 所示。

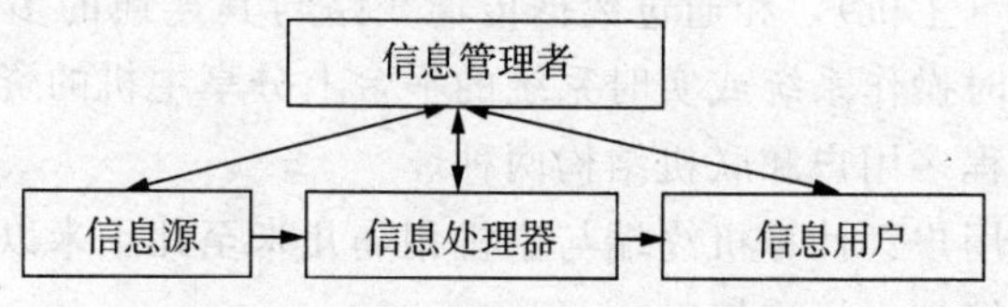

图 1-6 管理信息系统的概念结构

1. 信息源

信息源是指信息产生地、输入源，包括企业内本身产生的信息、企业外部因素产生的信息。

2. 信息处理器

信息处理器负责信息的加工、传输、存储等，主要包括信息收集设备、信息传输设备、信息存储设备和信息运行设备等。

3. 信息用户

信息用户是 MIS 输出信息的使用者，包括企业内部不同管理层次的管理者。

4. 信息管理者

信息管理者是指负责 MIS 的设计、运行、实施与维护的系统管理人员。

在日常工作中，他们除了负责管理MIS的运行外，还负责同与MIS工作有关的部门协调和配合，实现企业的科学化、自动化管理。

1.4.2 物理结构

管理信息系统的物理结构是指作为该系统核心部分的信息处理系统的物理组成。该物理组成包括：硬件、软件、数据库、规程和人员五个部分，其中最关键的是硬件。物理结构主要说明硬件的组成及其连接方式以及硬件所能达到的功能。常见的可分为三大类：单机单用户结构、单机多用户结构、计算机网络结构。

1. 单机单用户结构

一台计算机由一个用户独立使用。其特点是具有独立的数据存储与信息处理功能，价格低，交互性能好，开发周期短，但存储容量小、输入速度慢，非常适合于作为个人完成自己的业务处理的业务信息系统；又可以作为联机多用户平台上的一个智能终端，通过通信线路从主机系统获取数据，自主地处理和存储，也可以把数据送回主机系统；还能作为一个结点机接入计算机网络。这就为分散开发底层业务信息系统，再通过联机系统或计算机网络自底向上归并集成创造了有利条件。

2. 单机多用户结构

一台计算机由多个用户共同使用。由一台大、中、小型计算机或高档微机作为中央计算机（主机），和通过数据传输线路与其连通的多个用户终端机组成。终端机在分时操作系统或实时系统的平台上分享主机的资源。单机多用户结构又可分为近程多用户和联机结构两种。

(1) 近程多用户：计算机终端与主机相隔几米至几十米以内，无须通过远程通信线路就直接与主机连接。

(2) 联机（On－Line）结构多用户：具有通信功能的单机系统结构，属于远程多用户，计算机终端可与主机相隔几十米、几千米甚至更远。

这种结构具有数据共享程度高、一致性好、操作简便、系统工作效率高、开发周期短、费用较低等优点，但无法满足多个用户同一时刻对信息的处理要求，适合于数据输入量大、集中处理时限要求相对较低、用户时间冲突较少的大、中型企业使用。

3. 计算机网络结构

它是通过数据通信网络使若干台独立的计算机系统和终端组成一个机间相互可以通信、共享资源（数据、软件和硬件）的大系统。分布在不同地理位置上的每一台计算机既可以独立使用，自成系统，又可以通过网络共享其他计算机上的资源，实现了多用户资源共享和分布式处理，同时也提高了数据处理的灵活性和可靠性。其缺点是结构复杂、费用高。

按计算机分布距离的远近，网络结构可细分为广域网和局域网。广域网（Wide Area Network，简称 WAN）是一种远程网络，其计算机可以分布全国乃至全世界，目前使用最广泛的因特网（Internet）就是其典型代表；局域网（Local Area Network，简称 LAN）一般是指在有限的几平方公里范围内的网络，企业的 MIS 常采用局域网。

1.4.3　软件结构

从软件构成角度来看，管理信息系统是基于系统软件平台上的应用软件。其软件结构由涉及业务处理、运行控制和管理控制、战略计划等层次信息管理的职能子系统所组成，一般包括：市场营销子系统、生产管理子系统、物资供应子系统、人力资源子系统、财务会计子系统、信息管理子系统、高层管理子系统等。同时还包括支持每个职能子系统完成其任务的、每个子系统独享的应用程序和专用数据文件以及为多个子系统服务的公用程序，包括公用数据库、通用应用程序、数据库管理系统和模型库等，如图 1－7 所示。

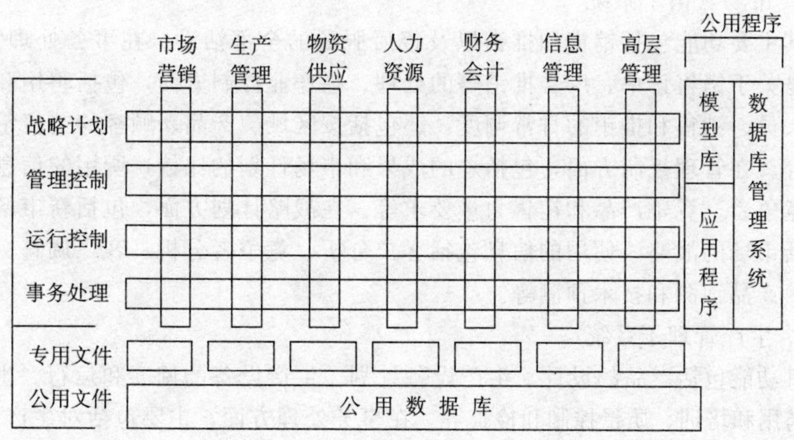

图 1－7　管理信息系统的软件结构

1.4.4　功能结构

从使用者角度来看，任何一个管理信息系统都有一个目标，具有多种功能，主要涉及企业的人、财、物、信息资源的管理和对产、供、销过程的管理。这些职能涉及业务处理、运行控制和管理控制、战略计划的各个层次和不同方面，彼此相互独立又相互联系，构成了一个有机的整体。因此，就功能而言，一个完整的管理信息系统可以分为以下部分：市场营销、生产管理、物资供应、人力资源、财务会计、信息管理、高层管理等子系统，如图 1－8 所示。

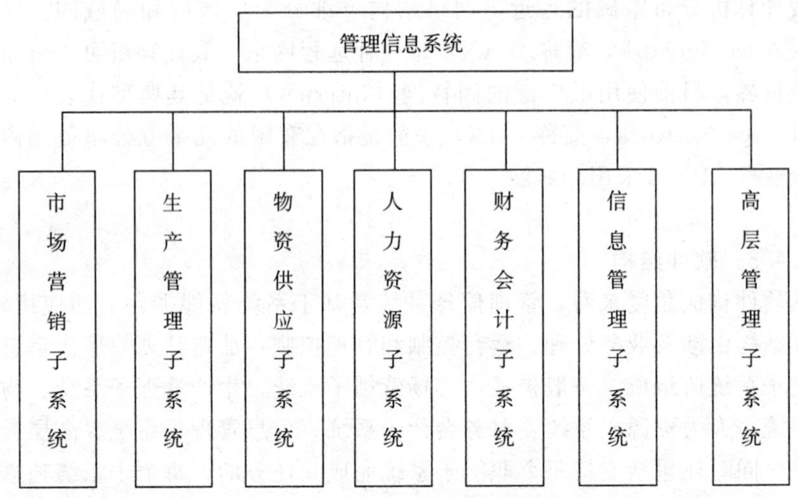

图 1-8　管理信息系统的功能结构

1. 市场营销子系统

其主要功能包括销售和推销以及售后服务的全部活动。在事务处理方面，主要是关于销售订单、广告推销等的处理。在作业控制方面，包括聘用和培训销售人员、销售和推销的日常调度，还包括按区域、产品、顾客的销售量定期分析等。在管理控制方面，包括总的成果和市场计划的比较，所用的信息有顾客、竞争者、竞争产品和销售力量要求等。在战略计划方面，包括新市场的开拓和新市场的战略，使用的信息包括客户分析、竞争者分析、客户调查、收入预测、产品预测和技术预测等。

2. 生产管理子系统

其功能包括产品的设计、生产设备计划、生产设备的调度和运行、生产人员的聘用和培训、质量控制和检查等。在事务处理方面，主要包括对生产指令、装配单、成品单、废品单和工时单等的处理。在作业控制方面，要求将实际进度与计划相比较，找出薄弱环节。在管理控制方面，要求进行总调度、单位成本和单位工时消耗的计划比较。在战略计划方面，要考虑加工方法和自动化的方法。

3. 物资供应子系统

其功能包括采购、收货、库存管理和发放等。事务处理方面的工作包括采购订货、制造订货和收货报告、库存单、运输单、装货单、脱库存项目、超库存项目、库存营业额报告、供应商性能总结、运输单位成本分析等。作业控制方面的工作包括产生库存水平报告、库存短缺报告、库存积压报告等。管理控制方面的工作包括计划库存与实际库存水平的比较、采购成本、库存短缺分析、库存周转率分析等。战略计划包括新的物资供应战略、对供应商的新政策以及“自制与外购”的比较分析、新技术信息、分配方案等。

4. 人力资源子系统

其功能包括人员聘用、培训、考核、工资和解聘等。事务处理方面的工作有产生聘用需求、工作岗位责任、培训计划、职员基本情况（学历、技术专长、经历等）、工资变化、工作小时和离职说明。作业控制考虑的是聘用、培训、终止聘用、工资调整和发放津贴等。管理控制主要进行实情与计划的比较，产生报告。战略计划包括聘用战略和方案评价、职工培训方式、就业制度、地区工资率的变化及聘用留用人员的分析等。

5. 财务会计子系统

其主要功能有两部分：财务的职责是在尽可能低的成本下，保证企业的资金运转；会计的主要工作是进行财务数据分类、汇总，编制财务报表、制定预算和成本数据的分析与分类。事务处理包括赊账申请、销售单据、收款凭证、付款凭证、日记账、分类账等。作业控制包括每日差错报告和例外报告、处理延迟记录和未处理业务的报告。管理控制包括预算和成本数据的分析比较。战略计划包括财务的长远计划、减少税收影响的长期计划、成本会计和预算系统的计划等。

6. 信息管理子系统

其功能是保证其他功能有必要的信息资源和信息服务。事务处理有工作请求、收集数据、校正或变更数据和程序的请求、软硬件情况的报告以及规划和设计建议等。作业控制包括日常任务调度，统计差错率和设备故障信息等。管理控制包括计划和实际的比较。战略计划包括整个信息系统计划、硬件和软件的总体结构、功能组织是分散还是集中等。

7. 高层管理子系统

其功能是为组织高层领导服务。事务处理包括信息查询、决策咨询、处理文件、向组织其他部门发送指令等。作业控制包括会议安排计划、控制文件、联系记录等。管理控制要求各功能子系统执行计划的当前综合报告情况。战略计划要求广泛的综合的外部信息和内部信息。

1.5　管理信息系统的发展与应用

虽然信息系统和数据处理在人类文明开始时就已存在，但以计算机技术为基础的管理信息系统是一门较新的边缘学科，它与计算机科学、现代通信技术、系统科学和管理科学的发展紧密相关。自 1964 年第一台计算机问世以来，信息系统经历了由低级到高级、由单机到网络、由电子数据处理到管理信息系统、再到决策支持系统的过程。这个过程大致分为三个阶段：

1. 单项数据处理阶段（20 世纪 50 年代中期—60 年代中期）

这是电子计算机在管理领域应用的起步阶段，也称为电子信息处理（EDP）阶段。在 60 年代的初、中期，美国已逐步在大企业中开始推广应用计算机，当时计算机往往模仿手工的管理操作，例如用于计算员工工资，计算应收、应付款项，登记仓库库存账目等。当时计算机一般在机房操作，人们定期将数据送入机房，进行数据处理。由于受当时计算机硬件、软件的限制，在数据处理过程中没有操作系统支持，没有文件管理功能，数据和程序必须一起录入，只能代替部分手工劳动，做一些简单的单项数据处理。虽然处理的功能不强，但面对着要求迅速处理的大量的业务数据，与手工操作相比，电子计算机已显示出其优越性。

2. 综合信息处理系统（20 世纪 60 年代中期—70 年代初期）

20 世纪 60 年代中期到 70 年代初期，计算机技术迅猛发展，当时已具有带多台终端的联机系统，开始使用具有高速存取功能的较大容量的外存储器——磁盘。系统软件方面已开发了具有文件组织的数据管理系统，使数据处理过程中的人工参与大大减少，数据和程序互相独立，实现了数据资源共享，并可将分散在各处的数据通过其所在的终端设备实时地输入计算机，综合处理的结果又可通过终端反馈到各个使用场合。因而可以在局部范围内开发多功能的数据共享的业务处理系统，例如一个库存控制系统可以对仓库进行自动对账，还能进行查询库存、报警以及编制物资供应计划等工作。这个阶段可以说是一个过渡阶段，也就是由单项数据处理阶段向管理信息系统过渡的阶段。

3. 管理信息系统（20 世纪 70 年代初期—现在）

这是管理信息系统从单一功能发展到多功能、多层次、系统化的高级阶段。此时，计算机主机的容量更大、运算速度更快。性能价格比高、单机价格便宜的小型机以及微型机的出现，使绝大部分企业都有可能使用计算机来进行企业管理。磁盘容量有很大发展，并出现了性能更加完善的数据库管理系统。这些突破性发展使不同地域、不同层次的现代企业的各项业务管理成为一个有机的整体，并实现了硬件、软件和信息资源的共享，进一步提高了设备利用率和系统可靠性。

随着管理科学上开发了一大批为管理服务的预测、决策模型，管理信息系统的功能又有了更深层次的延伸，形成了决策支持系统（Decision Support System，简称 DSS）。早期的管理信息系统主要为管理者提供预定的报告，而决策支持系统是在人和计算机交互的过程中帮助决策者探索可能的方案，为管理者提供决策所需的信息。可以认为，决策支持系统是把数据库处理与经济管理数学模型的优化计算结合起来并具有管理、辅助决策和预测功能的管理信息系统，是管理信息系统发展的新阶段。

综上所述，在科学技术发展的过程中，管理信息系统经过了面向业务的信息系统阶段、面向管理的信息系统阶段，发展到面向决策的信息系统阶段，而且仍在不断地发展。例如，20 世纪 90 年代以来，决策支持系统与人工智能、计算机网络技术等结合形成了智能决策支持系统（Intelligent DSS，简称 IDSS）和群体决策支持系统（Group DSS，简称 GDSS）；管理信息系统与计算机辅助设计（CAD）和计算机辅助制造（CAM）相结合形成了计算机集成制造系统（CIMS）；EDPS、MIS 和 OA 技术在商贸的应用已发展成为电子商贸系统（Electronic Business Processing System，简称 EBPS）。电子商贸系统以通信网络上的电子数据交换（Electronic Data Interchange，简称 EDI）标准为基础，实现了集订货、发货、运输、报关、保险、商检和银行结算于一体的商贸业务，大大方便了商贸业务和进出口贸易。

阅读资料：

管理信息系统支持联合包裹服务公司在全球竞争

联合包裹服务公司（United Parcel Service）是世界上最大的空中和地面包裹递送公司。在 1907 年初建时，联合包裹服务公司只有厕所大小的一间地下办公室。两个来自西雅图的少年 Jim Casey 和 Claude Ryan 只有两辆自行车和一部电话，当时他们曾承诺“最好的服务，最低的价格”，而联合包裹公司也成功地运用这个信条达近 100 年之久。

今天联合包裹公司仍然兑现那个承诺，它每年向美国各地和 185 个以上的国家和地区递送的包裹和文件几乎达到 30 亿件。

公司不仅胜过传统包裹递送方式，并且可以和联邦特快专递的“不过夜”递送生意抗衡。公司成功的关键是投资于先进的信息技术。从 1992 年到 1996 年之间，联合包裹公司投资于信息技术约 1.8 亿美元，这使公司在全世界市场处于领导地位。信息技术帮助联合包裹公司在低价位和改进全部运作的同时促进对客户的服务。

由于使用了一种叫发货信息获取装置（DIAD）的手持计算机，联合包裹公司的司机们可以自动地获得有关客户签名、运货汽车、包裹发送和时间表等信息。然后司机把 DIAD 接入卡车上的车用接口，即一个连接在移动电话网上的信息传送装置。接着包裹跟踪信息被传送到联合包裹公司的计算机网上，在联合包裹公司的位于新泽西州的主计算机上进行存储和处理。在那里信息可以通达世界各地，向客户提供包裹发送的证明，也可以为客户的查询提供打印信息。

依靠“全程监督”——即公司的自动化包裹跟踪系统，联合包裹公司能够监控整个发送过程中的包裹。从发送到接受路线的各个点上，有一个条形码装置扫描包裹标签上的货运信息，然后信息被输入到中心计算机中。客户服务代理人能够在与中心机相连的台式计算机上检查任何包裹的情况，并且能够对客户的任何查询立刻做出反应。联合包裹公司的客户也可以使用公司提供的专门的包裹跟踪软件来直接从他们自己的微型计算机上获得这种信息 。

联合包裹服务公司的商品快递系统建于 1991 年，为客户储存产品并一夜之间把它们发送到客户所要求的任何目的地。使用这种服务的客户能够在凌晨1：00 以前把电子货运单传送给联合包裹服务公司 ，并且在当天上午 10：30货物的运送就应完成。

1988 年，联合包裹服务公司积极进军海外市场，建立它自己的全球通信网络——联合包裹服务网。该网作为全球业务的信息处理通道，通过提供有关收费及送达确认、跟踪国际包裹递送和迅速处理海关通关信息的访问，联合包裹服务网拓展了系统的全球能力。联合包裹服务公司使用自己的电信网络把每个托运的货物文件在托运的货物到达之前直接输送到海关官员，海关官员让托运的货物过关或者标上检查标记。

联合包裹服务公司正在增强其信息系统的能力，以便保证某件包裹或若干包裹能按规定的时间到达其目的地。如果客户提出要求，联合包裹服务公司将会在送达之前拦截包裹 ，并派人将其返回或更改送货路线。而且，联合包裹服务公司还可以使用它的系统直接在客户之间传送电子书信。

本章小结

实现企业信息标准化管理的重要前提，是建立一个现代化的集合数据采集、加工、存储、检索和输出于一体的数据处理中心及其配套的传输网络，即计算机管理信息系统。

本章首先介绍了数据与信息的基本概念，并对企业管理信息的重要性以及如何进行信息管理进行了阐述。信息是指反映客观世界中各种事物特征和变化并可借某种载体传递的有用知识。生产管理活动中所产生的信息称为管理信息，是现代企业管理工作的依据，是现代企业经营中的最宝贵资源之一。因此，实现有效的现代化信息管理对于任何组织都是非常重要的，需要从以下方面着手：原始数据收集、信息加工、传递、储存、检索、输出等。

信息系统是一个人造系统，由人、硬件、软件和数据资源组成，目的是及时、正确地收集、加工、存储、传递和提供信息，实现组织中各项活动的管理、调节和控制。

本章重点阐述了管理信息系统的含义及其基本组成；其次从不同角度介绍了管理信息系统的结构形式；最后叙述了管理信息系统发展的过程以及现阶段的应用状况。

复习与思考

1. 简述信息的概念、信息与数据的区别。

2. 信息有哪些特点？

3. 什么是管理信息？管理信息的作用有哪些？

4. 简述信息管理的概念及基本内容。

5. 简述信息系统的类型。

6. 如何理解管理信息系统的概念？

7. 简述管理信息系统的组成及其特点。

8. 什么是管理信息系统的结构？管理信息系统的结构形式有哪些，分别包括哪些组成部分？

9. 简述管理信息系统的发展历程以及管理信息系统在现代化管理中的应用。

10. 试详细描述一个你所知道的现实中的信息系统。

第 2 章　管理信息系统的技术基础

【本章要点】

- 信息技术基础设施的发展和构成
- 现代软件平台发展趋势
- 关系数据库的定义和模型
- 多媒体技术的特点和主要内容
- 计算机网络的特点、分类和功能

章首案例:

淘宝网的 IT 架构

淘宝网，一个在线商品数量突破 8 亿，日均成交额超过两亿元人民币，注册用户接近 5 亿的大型电子商务网站，是亚洲最大的购物网站。对于规模较大的网站来说，其 IT 必然是由一个服务器集群来提供网站服务，数据库也必然要和应用服务分开，有单独的数据库服务器。对于像淘宝网这样规模的网站而言，即使是应用也分成很多组。下面从应用服务器操作系统、应用服务器软件、Web 服务器、数据库等几个方面来介绍一下淘宝网中开源软件的应用。

首先，从应用服务器的操作系统说起。从软件的角度来说，一个应用服务器的最底层首先是操作系统。要先选择操作系统，然后才是操作系统基础上的应用软件。淘宝网的应用服务器上采用的是 Linux 操作系统，硬件上选择的是 PC Server，而不是小型机。

在确定了服务器的硬件、操作系统之后，下面需要解决的是业务系统的构建。淘宝网有很多业务系统应用是基于 J2EE 规范的系统，还有一些是 C、C++构建的应用等。淘宝选择了 JBoss Applcation Server（简称 JBoss AS)。JBoss AS 是 RedHat 的一个开源的、支持 J2EE 规范的应用服务器。

在应用服务器前端，淘宝采用 Web 服务器做一次转发，这里选择的 Web 服务器是大名鼎鼎的 Apache。之所以选择 Apache，是因为 Apache 是 Linux 系统上开源的 Web 服务器，而且功能和稳定性都很强。而微软的 IIS，则只能工作在 Windows 的系统上。若使用 IIS，基本上只能选择 ISAPI、ASP 或者 ASP. NET 进行 Web 应用的开发。

在淘宝网的应用中，采用了两种关系型数据库管理系统。一个是 Oracle ，另外一个是 MySQL。Oracle 是一款优秀的、广泛采用的商业数据库管理软件，有很强大的功能和安全性，可以处理相对海量的数据。而 MySQL 是一款优秀的开源数据库管理软件，非常适合用多台 PC Server 组成多点的存储节点阵列，每单位的数据存储成本也很低廉。用多台 PC Server 安装 MySQL 组成一个存储节点阵列，通过 MySQL 自身的 Replication 或者应用自身的处理，可以很好地保证容错（允许部分节点失效），保证应用的健壮性和可靠性。

淘宝网的案例涉及了本章的几个要点。管理信息系统是一个以人为主导，利用计算机硬件、软件、网络通信设备以及其他办公设备进行信息的收集、传输、加工、储存、更新和维护，以企业战略竞优、提高效益和效率为目的，支持企业高层决策、中层控制、基层运作的集成化的人机系统。为了有效发挥管理信息系统的作用，在系统开发设计、开发过程中需要关注信息技术基础设施建设以及现代软件平台发展趋势，并熟练运用数据库技术、多媒体技术和计算机网络技术。

2.1 信息技术基础设施

我们将信息技术基础设施定义为：“为企业特定的信息系统应用提供平台的共享技术资源。”信息技术基础设施包括在硬件、软件、服务（如咨询、教育和培训）等方面的投资，这些资源在整个企业或企业中的业务单位内实现共享。企业的信息技术基础设施提供了客户服务、供应商联系以及内部业务过程管理的基础。

2.1.1 信息技术基础设施的发展

信息技术基础设施是过去 50 余年来相关计算机技术发展的结果。我们把信息技术基础设施发展史分为五个阶段，分别是通用主机、个人计算机、客户机/服务器、企业互联网计算、云计算。

1. 通用主机阶段（1959—）

1959 年，IBM 1401 和 7090 晶体管计算机的出现，使主机进入大规模商用阶段。1965 年，IBM 推出了 IBM 360 系列，代表着通用商业主机的正式诞生。IBM360 是第一款拥有强大操作系统的商用计算机，可以提供分时、多任务、虚拟内存等多种高级功能。IBM 在主机计算领域处于领导地位。主机逐渐发展为可以支持多个远程终端的中央主机系统，它通过专用的通信协议和专用的数据线将多个远程终端连接在一起。第一个航空订票系统出现在 1959 年，成为在线实时交互的大型计算机系统的初始原型。

2. 个人计算机阶段（1981—）

通常认为 1981 年 IBM PC 的出现标志着个人计算机时代的开始，这是因为 IBM PC 在商业机构中第一次得到了普遍应用。应用基于文本命令的 DOS

操作系统以及后来发展成为应用 Windows 操作系统的 WIntel PC（使用 Windows 操作系统以及 Intel 微处理器的个人计算机），已经成为标准的台式个人计算机。今天，全球计算机中有 95%是 WIntel PC。

伴随着 20 世纪 80 年代和 20 世纪 90 年代初期个人计算机的普及浪潮，出现了大量的软件工具，如文字处理软件、电子表格软件、电子简报软件、小型数据管理软件等，这些软件在家用和商用计算机中都得到了广泛的应用。此时的个人计算机都还是独立的系统，直到 20 世纪 90 年代进一步发展的个人计算机操作系统具备了将孤立的个人计算机连接成网络的能力。

3. 客户机/服务器阶段（1983—）

在客户机/服务器计算（client/sever computing）中，被称为客户机（client）的台式计算机或便携式电脑通过网络与服务器连接在一起，服务器向客户机提供各种所需的服务。计算机处理过程被分配在这两种设备上。客户机主要作为输入的用户终端，服务器提供客户机之间的通信、数据处理、存储共享数据、支持网页、管理网络活动等服务。服务器可以是一台主机，但今天大多数服务器都是功能更强大的个人计算机，使用较便宜的 Intel 芯片，通常在一台计算机中使用多个处理器。

最简单的客户机/服务器网络是由多台客户机与一台服务器连接而成的，客户机和服务器具有不同的分工，这被称为两层客户机/服务器架构。虽然在很多小型企业中可以见到一些简单的两层客户机/服务器网络，但大多数企业采用的是更为复杂的多层（multitiered，通常称为 N 层）客户机/服务器架构（client/server architecture）。在多层客户机/服务器架构中，整个网络的工作负荷根据所需的服务类型分布在多层不同的服务器中。例如，在第一层，Web 服务器（Web server）负责响应需求向客户机提供 Web 页面。Web 服务器软件对存储的 Web 页面进行定位和管理。如果一个客户机要求进入一个系统（如查询产品清单或价格），这个要求会被引导到应用服务器（application server）。应用服务器软件处理在用户和企业后台商业系统之间的所有应用操作。应用服务器可以放在与 Web 服务器同一台计算机上，也可以位于一台独立的计算机上。

客户机/服务器架构使企业可以将计算任务分散到一些较小的、较便宜的计算机上，比采用小型计算机或主机系统成本大大降低。客户机/服务器架构的出现使企业的计算能力迅速增强，相应的计算机应用也得到了飞速发展。

微软公司通过它的 Windows 操作系统领导着市场（Windows Server，Windows XP，Win7 和 Win8 等）。

4. 企业互联网计算阶段（1992—）

20 世纪 90 年代初期，企业开始应用一些网络标准和软件工具，把分散的网络和应用进行整合，形成一个覆盖整个企业的基础设施。1995 年，当互联网发展成熟之后，企业开始应用传输控制协议/互联网协议（TCP/IP）作为连接分散的局域网的网络标准。

随之形成的信息技术基础设施把不同类型、不同品牌的计算机硬件连接成一个覆盖整个企业的网络，使信息可以在组织内部以及不同组织之间自由流动。主机、服务器、个人计算机、移动电话以及其他手持电子设备都可以连接在企业网络上，还可以进一步与公共基础设施，如公用电话网、互联网等相连。企业基础设施同样需要软件程序的支持，使数据自由地在企业内的各个部分传输。

5. 云计算阶段（2000—）

互联网带宽的上升推动客户机/服务器模式更进一步，称为“云计算模式”。云计算（cloud computing）指公司和个人不额外购买硬件和软件而通过互联网获得运算和软件支持。现在全世界和我国的云计算的发展最为迅速，全球云计算服务市场规模到 2012 年达到 1072 亿美元，2015 年预计达到 1768 亿美元，中国云计算服务市场规模预计将达到 136.69 亿美元。

美国的谷歌、亚马逊，我国的百度、阿里巴巴等公司都建立了庞大的云计算中心，用以向那些需要依靠网络商业应用程序运作的公司提供运算、数据储存和高速互联网连接服务。

2.1.2　信息技术基础设施的构成

信息技术基础设施主要由七个部分组成。图 2-1 显示了这七个各不相同又相互联系的组成。

1. 计算机硬件平台

计算机硬件平台包括客户机（台式电脑、移动电脑设备）和服务器。客户机主要使用英特尔或 AMD 公司生产的微处理器。服务器市场则复杂很多。刀片服务器主要使用英特尔或 AMD 生产的处理器，但有些服务企业使用 Sun 公司的 SPARC 处理器或者 IBM 的 PowerPC 处理器。所谓刀片服务器（ blade servers)，是指在机架式机箱内插装多个超薄的包括处理器、记忆体和网络连接的电路板。

计算机硬件平台的市场日益集中到几个主要生产商，如 IBM、惠普、戴尔、Sun 等公司，而英特尔、AMD 和 IBM 三家主要的芯片生产商也占据主要的市场份额。英特尔的处理器被广泛应用在服务器上，而使用 Unix 和 Linux 的服务器可能采用 Sun 公司或者 IBM 公司的 Unix 服务器。

2. 操作系统平台

在客户机方面，大约 95%的个人计算机和 45%的手持设备使用的是微软的 Window 操作系统（如 Windows Vista、Windows XP 或者 Windows Mobile）。而在服务器方面，Windows 占据了 70%的市场，另外 30%的公司服务器采用 Unix 或 Linux 操作系统（一种廉价稳定并且开源的 Unix）。微软的

Windows Server 2008 能够提供企业级的操作系统和网络服务，使 Window 架构的信息技术基础设施得到推广。

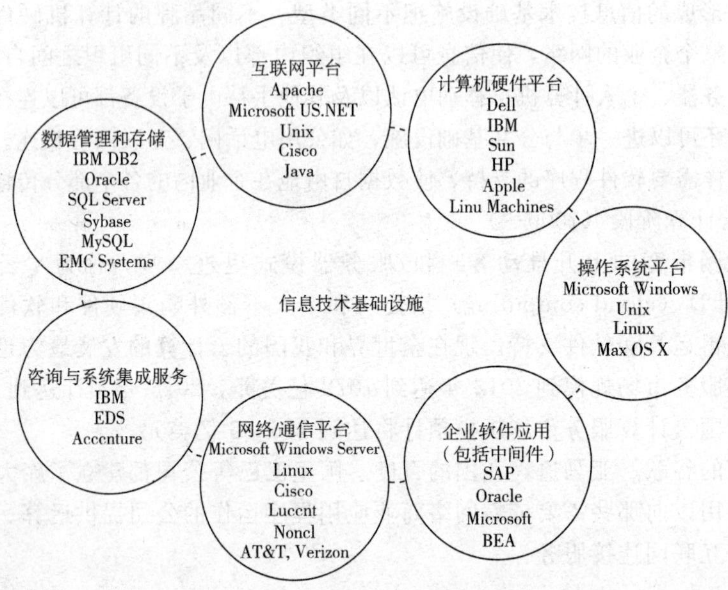

图 2－1　信息技术基础设施的组成

Unix 和 Linux 之所以成为企业系统中主流的服务器操作系统，主要是因为它们的可扩展性、可靠性以及与大型主机操作系统相比低廉的价格。Unix 和 Linux 还可以在多种不同的处理器上运行。Unix 操作系统的主要供应商是 IBM、惠普和 Sun 公司。

3. 数据管理和存储

企业数据管理软件的选择其实并不多。管理软件负责组织和管理公司的数据，使其可以得到有效的访问和使用。甲骨文（Oracle）、微软（SQL Server）、Sybase（Adaptive Server Enterprise）占据了美国数据库市场超过 90％的份额。惠普公司和其他公司开始支持一种 Linux 环境下的开放源代码关系型数据库产品——MySQL。MySQL 数据库可以在互联网上免费下载。

4. 网络/通信平台

Windows Server 是占据领导地位的局域网操作系统，Novel、Linux 和 Unix 也占据了一定的市场份额。大型企业广域网主要使用各种 Unix 操作系统。几乎所有的局域网和广域企业网络都使用 TCP/IP 协议作为网络通信标准。

网络硬件设备的主要供应商是思科（Cisco）、朗讯（Lucent）、北电（Nortel）网络公司等。通信平台主要由提供语音和数据连接、广域网和互联网接入服务的电信/电话服务公司提供。我国主要的电信服务提供商包括中国电信、中国移动和中国联通。

5. 互联网平台

互联网平台与企业的通用网络基础设施以及软硬件平台直接相关。互联网相关的基础设施主要包括建立和维护企业网站所需的硬件、软件和管理服务，如网页寄存服务、内联网、外联网等。网页寄存服务（Web hosting service）通过大型网站服务器或者一组服务器为付费用户提供网站管理服务。

互联网硬件服务器市场越来越集中到戴尔、惠普和 IBM 等少数几个大公司。Web 软件应用开发工具市场则主要由微软（FrontPage，.NET）、SUN（SUN 的 Java 是应用最广泛的 Web 应用开发工具）以及其他一些软件开发商（产品包括 Flash，RealMedia、Adobe Acrobat 等）所控制。

6. 企业软件应用

最大的企业应用软件供应商是 SAP 公司和甲骨文公司。我国比较著名的应用软件供应商有金蝶公司、用友公司等。企业应用软件还包括中间件软件，例如 BEA（2008 年被甲骨文公司收购）提供的用于连接企业现有的各种应用软件，实现企业内系统的全面集成。

微软公司正试图进入低端市场，为那些还没有使用企业应用软件的中小型企业提供服务。一般来讲，大型企业早已使用企业应用软件并且和软件供应商建立了长期的合作关系。一家企业和一家供应商合作，更换供应商就变得困难并且成本很高，故而几乎不可能更换。

7. 咨询与系统集成服务

虽然 20 年前，一家大型的公司可以自己建立完整的信息技术基础设施，但今天已经很难做到了。这是因为即使是大型公司，也很难完全拥有所需的专业人才和实施经验。今天建立信息技术基础设施需要对业务流程、业务培训以及软件集成方面进行重大的改进。

软件集成是指将企业的遗留系统与新的基础设施集成起来，实现新旧系统的无缝衔接。遗留系统（legacy system）指企业为了避免高更换和重新设计的成本而继续使用的为主机所设计的 II－1 系统。如果这些遗留系统可以和现有系统整合，就没有必要更换。

2.1.3　硬件平台发展趋势

1. 新兴的移动数字平台

正如网络运算的上升，新兴的移动运算平台已经兴起。移动通信设备，例如安卓、iPhone 已经具有很多便携式电脑的性能，包括数据传输、浏览网页、收发邮件、传送信息数据显示以及与公司内部进行数据交换，可以无线通信和网络接入。新的移动平台还包括小型的、低成本的网络笔记，冲算从 PC 和台式电脑转移至这些移动设备和通信，并具有文字处理和电子书功能。

2. 云计算和效用计算

在本章前面部分，我们介绍了云计算、硬件和软件通过互联网发挥性能并提供服务。客户机（包括台式电脑、笔记本、网络本、娱乐中心和移动设备）通过网络上传数据，并永久储存在远程大型数据中心的服务器上。例如，Google Apps 提供的普通企业应用程序可以通过网络浏览器进入，软件程序和用户数据被储存在服务器上。

使用云计算的企业一般设有自己的基础设施，不需要花费大量投资去购置硬件和软件，它们只需要付费给远程服务商购买自己所需要的计算能力即可。一般按需计算（on - demand computing ）和效用计算（utility computing）用来形容这一类服务。

一些分析师相信云计算代表着企业提供的企业计算将个人数据中心从“云”中移除的重大变化，但这仍然是争论的焦点。云计算越来越多地吸引了那些没有能力购买硬件和软件的中小企业的注意。大企业仍然在为自己独特的业务过程做大量的投资，去购买复杂的专有系统。最常见的方案是混合运算模式，即企业使用自己的基础设施处理核心业务，使用云计算处理次要的业务。云计算逐渐将企业从固定基础设施转移至灵活的基础设施。

阅读资料：

亚马逊是电子商务公司 OR 高科技公司？

亚马逊（Amazon）是美国最大的一家网络电子商务公司，位于华盛顿州的西雅图，是网络上最早开始经营电子商务的公司之一，现已成为全球商品品种最多的网上零售商和全球第 2 大互联网公司。亚马逊与众不同地把自己定位于高科技公司。创始人、公司首席执行官杰夫·贝佐斯说：“技术使亚马逊公司在零售业出人头地。传统的零售业最重要的三个因素是场所、场所，还是场所。而对亚马逊来说，三个最重要的因素是技术、技术，还是技术。”在亚马逊，雇员中最多的不是门市部店员，而是软件工程师。它的应用技术软件经常被不断地开发创新，使企图抄袭者难以得逞。

自从 1995 年的在线商店开业以来，亚马逊已经转化成提供 36 个种类商品的虚拟超市，包括家具、珠宝、服饰和食品。但是如果你真正需要的是存储几 TB 字节的数据空间呢？或者是 100 Linux 服务器的计算量？现在也可以从亚马逊上得到。

2006 年 3 月，亚马逊推出了一批新的服务，贝佐斯希望可以借此转变其未来的业务。通过简单存储业务（S3）及之后的弹性云计算（EC2），亚马逊进入了云计算市场。亚马逊拥有巨大的计算能力，但是像其他公司一样，只有一小部分能得到利用。此外，亚马逊的 IT 架构被认为是世界上最强劲的。亚马逊开始销售它的计算能力，就像能源公司出售电力一样。S3 是一种数据存储服务，它使网络规模的计算变得简单，并且开发者更能接受。用户每月要为1 GB字节存储空间支付15美分，并且每1GB数据传输支付20美分。此项服务既没有最低收费，也没有启动费用。客户只需要支付其使用费用，并没有其他费用。数据以1B到5GB的大小储存，没有数量上限。使用S3并不需要客户端，也不需要安装任何硬件。亚马逊利用S3提供一个快速、简单、廉价的途径存储数据，并且具有可扩展性和可靠性。S3通过不关停服务器维修故障的机制，保证其99.99%的可用性。

通过与S3、EC2连接，人们可以使用亚马逊的服务器进行运算工作，例如测试软件。EC2服务每标准小时花费10美分。一个标准小时提供给客户的相当于一个以250 MB/s的速度接入互联网的1.7 GH的x86处理器，附带1.75 GB的RAM和一个160 GB硬碟。除了标准的在AMI（ Amazon Machine Image）上的S3存储服务（包括程序、资料库、数据和运行程序的一些设置）之外，还收取每GB 20美分的进站和出站费用。根据亚马逊网络服务（AWS）产品副总监Adam Selipsky所说，亚马逊已成为名副其实的为独立开发者提供资源和经验，以使他们可以在亚马逊的系统上处理程序的高科技公司。

2.2　现代软件平台发展趋势

2.2.1　Linux和开放源代码软件

开源软件是由全世界成千上万的程序员编写的程序。根据开源软件权威机构OpenSource.org的定义，开放源代码软件是免费的、可以被用户修改的软件。初始源代码的获得也应该是免费的，并且可以在用户中传播而不需要额外的许可。虽然目前绝大多数的开放源代码软件都基于Linux或Unix操作系统，但严格来说，开放源代码软件并不受任何操作系统和硬件技术的限制。

开放源代码软件被认为比商业软件更好，因为世界各地成千上万的志愿程序员无偿地完善、传播代码，这种开发方式肯定比某个公司开发商业软件的小团队开发方式要更好、更快。从开放源代码软件运动开展30多年的经验来看，这种软件开发方式能够生产出高质量的达到商用标准的软件。

现在越来越多的开源软件出现在网站上。流行的开源软件包括Linux操作系统、ApacheHTTP Web server服务器软件、Mozilla Firefo、网络浏览器和OpenOffice桌面软件包。主要的硬件和软件供应商包括IBM、惠普、戴尔、甲骨文（Oracle）和SAP，现在都提供与Linux兼容的产品。

Linux最出名的开放源代码软件应该是Linux，一个类似Unix的操作系统。Linux操作系统最初是由芬兰程序员Linus Torvalds编写并在1991年8

月发布在互联网上，可以在移动电话、智能手机、网络笔记本和其他便携设备上运行。从互联网上可以下载 Linux 的免费版本，也可以购买价格低廉的商业版本，得到供应商 RedHat 的工具和支持。

Linux 虽小，但在台式 PC 上得以迅速发展，尤其是在网络笔记本上。作为操作系统，它在本地局域网、网络服务器和高性能运算工作中扮演着重要角色，并且占据了服务器操作系统市场 20%的份额。IBM、惠普、英特尔、戴尔和太阳微系统都将 Linux 作为企业业务的核心部分。亚洲、欧洲和拉丁美洲的 20 多个国家都在使用开源软件和 Linux。开放源代码软件，特别是 Linux 和基于 Linux 的应用软件的快速发展，给企业软件平台带来了深远的影响：更低的成本、更好的可靠性和适应性、更高的集成度（因为 Linux 可以在大型主机、服务器和客户机等各种硬件平台上运行）。

2.2.2 编程利器 Java

Java 是一种独立于操作系统、独立于微处理器的面向对象的编程语言，已经成为最主要的 Web 交互式编程语言。Java 是 Sun 公司在 1992 年创建的。

现在，几乎所有的 Web 浏览器都嵌入了 Java 平台。并且，Java 平台被整合到移动电话、智能手机、汽车、音乐播放器、电子游戏机等电子设备，最终进入有线电视系统并提供购买前的预览服务。Java 应用软件可以在使用不同处理器、不同操作系统的各种设备上运行。在使用 Java 的各种运行环境中，Sun 都建立了 Java 虚拟机，并通过 Java 虚拟机为不同的机器解释 Java 代码。这样，Java 程序一次编写完成之后，就可以在任何安装了 Java 虚拟机的机器上运行。

Java 处理文字、数据、图像、声音和视频文件的功能也十分强大，它使个人计算机用户可以通过 Web 浏览器操作不同系统中的数据，避免安装使用各种专用软件。网络浏览器（ Web browser）是一个有图形界面的、简单易用的、用来显示网页、进入网站或其他互联网资源的软件。例如，微软的 Internet Explorer。在企业方面，Java 应用于更加复杂的电子商务，并需要和企业后端业务处理系统共同运作。

2.2.3 Web 服务和面向服务的架构

Web 服务（Web service）是指一组松散连接的软件，通过标准的 Web 通信标准和通信语言相互通信。Web 服务并不局限于某一种特定操作系统或某种特定编程语言，因此不同的应用软件可以通过使用 Web 服务来实现相互之间的通信。它们可以用来在两个不同的机构间架设基于开放标准的连接系统应用程序，也可以用来创造连接公司内不同系统的应用程序。Web 服务不止局限于一种操作系统或者一种编程语言，不同的应用程序可以通过一种标准化途径免去用户编程而相互通信。

Web 服务的技术基础是可扩展标记语言 XML。XML 是由万维网联盟（World Wide Web Consortium（W3C）负责建立和推广 Web 开发标准的国际组织）在 1996 年制定的，比目前网页上普遍使用的超文本标记语言（HTML）功能更强大，也更灵活。

HTML 只能描述怎样将文字、图像的视频和音频显示在网页上，却不能描述如何将数据显示在网页上；而 XML 则可以进行演示、通信和数据储存。在 XML 中，一串数字不再仅仅是一串数字，可以通过相应的标记，使这串数字代表价格、日期或者邮政编码，等等。

通过给选定文档中的元素做标记，XML 使计算机可以自动地操纵和解释数据，并且在无人介入的条件下处理数据。网络浏览器和计算机程序，例如订单处理或者企业资源规划软件，可以根据程序设定处理和显示数据。XML 为数据交换提供了一种标准模式，使 Web 服务可以在不同的应用之间传递数据。

2.3　数据库技术

数据库是一个对数据进行全面管理的综合系统，是比文件系统更高级的数据组织方式，可以实现对整个组织数据的结构化。对于一个组织来说，数据库信息量的大小和使用频度、数据库的安全性和可靠性已经成为衡量一个组织信息化程度的重要标志，这些都有赖于数据库技术来完成。

2.3.1　数据库的发展

数据库技术萌芽于 20 世纪 60 年代中期，60 年代到 70 年代初日益成熟。1969 年，IBM 公司研发了基于层次结构的商品化数据库管理系统 IMS（Information Management System）。20 世纪 60 年代末到 70 年代初，USA 数据系统语言协商会 CODASYL（Conference On Data System Language）数据库任务组 DBTG（Data Base Task Group）提出 DBTG 报告，建立了网状数据库模型的基础。1970 年，IBM 公司 San Jose 实验室的研究员 E. F. Codd 发表了“大型共享数据库数据的关系模型”的论文，提出关系数据库模型，奠定了关系数据库的理论基础。到了 20 世纪 80 年代，关系数据库逐渐占统治地位。

计算机领域中其他新兴技术的发展对数据库技术产生了重大影响。数据库技术与网络通信技术、人工智能技术、多媒体技术等相互渗透，相互结合，产生了一系列新型数据库，如分布式数据库、多媒体数据库、XML 数据库系统、面向对象数据库等。特别是近年来出现的 NoSQL（Not Only SQL）数据库，泛指非关系型的数据库，是一项全新的数据库革命性运动。

2.3.2 数据库定义与特点

1. 定义

数据库是按一定的组织方式存储在一起的相关数据的集合。

2. 主要特点

(1) 实现数据共享。数据共享包含所有用户可同时存取数据库中的数据，也包括用户可以用各种方式通过接口使用数据库，并提供数据共享。

(2) 减少数据的冗余度。与一般文件系统相比，由于数据库实现了数据共享，从而避免了用户各自建立应用文件，减少了大量重复数据及数据冗余，维护了数据的一致性。

(3) 数据的独立性。数据的独立性包括数据库中数据的逻辑结构和应用程序相互独立，也包括数据物理结构的变化不影响数据的逻辑结构。

(4) 数据实现集中控制。文件管理方式中，数据处于一种分散的状态，不同的用户或同一用户在不同处理中其文件之间毫无关系。利用数据库可对数据进行集中控制和管理，并通过数据模型表示各种数据的组织以及数据间的联系。

(5) 数据一致性和可维护性，以确保数据的安全性和可靠性。主要包括：

①安全性控制：防止数据丢失、错误更新和越权使用；

②完整性控制：保证数据的正确性、有效性和相容性；

③并发控制：使在同一时间周期内，允许对数据实现多路存取，又能防止用户之间的不正常交互作用；

④故障的发现和恢复：由数据库管理系统提供一套方法，可及时发现故障和修复故障，从而防止数据被破坏。

2.3.3 数据库的数据模型

1. 数据模型

数据模型是对客观事物及其联系的数据化描述，是数据库系统设计中用于提供信息表示和操作手段的形式结构，是 DBMS 实现的数学基础。

数据模型的种类很多，数据库设计的不同阶段使用的数据模型也不同，目前被广泛使用的有两种类型：一种是使用于数据库的概念设计阶段的概念数据模型。概念层模型用于建立信息世界的数据模型，强调其语义表达能力。概念模型中最为著名和使用最为广泛的是 P. P. Chen 于 1976 年提出的实体-联系模型（简称 E - R 模型）。另一种是使用于数据库的逻辑结构设计和实施阶段的逻辑数据模型。它是直接面向数据库的逻辑结构，主要有三种：层次模型、网状模型和关系模型。其中，关系模型是三种数据模型中最重要的模型。20 世纪 80 年代以来，计算机系统商推出的数据库管理系统几乎全部是支持关系模型的。

2. 关系模型

关系模型是建立在数学概念的基础上，应用关系代数和关系演算等数学理论处理数据库系统的方法。从用户的观点来看，在关系模型下，数据的逻辑结构是一张二维表。每一个关系为一张二维表，相当于一个文件。实体间的联系均通过关系进行描述。

关系模型中的主要术语如下所示。

① 关系：一个关系对应于一张二维表。

② 元组：表中一行称为一个元组。

③ 属性：表中一列称为一个属性，给每列起一个名即为属性名。

④ 主关键字：是表中的某个属性组，它的值唯一地标识一个元组。

⑤ 域：属性的取值范围。

⑥ 分量：元组中的一个属性值。

⑦ 关系模式：对关系的描述，用关系名（属性 1，属性 2，…，属性 n）来表示。对于关系模型来说，其数据模型就是一系列用二维表表示的关系。

3. 关系规范化

E. F. Codd 在 1971 年提出规范化理论，他和后来的研究者为数据结构提出了五种规范化模式（Normal Form）。

① 第一范式（First Normal Form，1NF），元组中每一分量必须是不可分割的数据项，即在同一表中没有重复项存在。如表 2-1 中的“工资”属性包括“基本工资”和“附加工资”，是可分解的，即表 2-1 的表示方法不符合 1NF 的关系。因此，将表 2-1 改造成表 2-2。

表 2-1　不符合第一范式的关系

教师代码	姓　名	工　资	
		基本工资	附加工资
1001	黄梯云	2000.00	2000.00
1002	李一军	1500.00	1500.00
1003	张玉红	1100.00	1300.00

表 2-2　符合第一范式的关系

教师代码	姓　名	基本工资	附加工资
1001	黄梯云	2000.00	2000.00
1002	李一军	1500.00	1500.00
1003	张玉红	1100.00	1300.00

② 第二范式（2NF），满足 1NF 且所有非主属性都完全依赖于主关键字。见表 2-3 所列，虽满足 1NF，但不满足 2NF，因为它的非主属性不完全依赖于由

教师和课题代码组成的主关键字，解决的办法是将该关系分解出三种关系：

表 2－3　不符合第二范式的教师与研究课题关系

教师代码	姓　名	职　称	研究课题号	研究课题名
1001	黄梯云	教授	0302	电子技术
1002	李一军	讲师	0501	软件开发
1003	张玉红	助教	0906	建筑结构

教师关系（教师代码、姓名、职称）；

课题关系（研究课题号、研究课题名）；

教师与课题关系（教师代码、研究课题号）。

③第三范式（3NF），满足 2NF 且任何一个非主属性都不传递依赖于任何主关键字。

表 2－4 所列的产品关系属第二范式，但不是第三范式。这里存在产品代码→生产厂名、生产厂名→生产厂址的传递依赖关系。上表存在冗余和异常更新问题，消除的办法是将原关系分解为几个 3NF 关系：

产品关系：产品代码、产品名称、生产厂名；

生产厂关系：生产厂名、生产厂址。

3NF 消除了插入、删除异常及数据冗余、修改复杂等问题，已是比较规范的关系。

表 2－4　不符合第三范式的产品关系

产品代码	生产厂名	生产厂址
0101	长虹	绵阳
0102	春兰	泰州
0103	春兰	泰州

2.3.4　数据库设计方法

目前数据库系统主要采用的是以逻辑数据库设计和物理数据库设计为核心的规范设计方法。其中，逻辑数据库设计是根据用户要求和特定数据库管理系统的特点，以数据库设计理论为依据，设计数据库的全局逻辑结构和每个用户的局部逻辑结构。物理数据库设计是在逻辑结构确定之后，设计数据库的存储结构及其他实现细节。

按照规范设计的方法，考虑数据库及其应用系统开发全过程，将数据库设计分为以下六个阶段，如图 2－2 所示。

1. 需求分析阶段

进行数据库设计首先必须准确了解与分析用户需求（包括数据与处理）。需求分析是整个设计过程的基础，也是最困难、最耗费时间的一步。需求分析是否做得充分、准确，决定了在其上创建的数据库及应用程序的速度与质量。需求分析做得不好，甚至会导致整个数据库设计返工重做。

需求分析 → 概念结构设计 → 逻辑结构设计 → 数据库物理设计 → 数据库实施 → 数据库运行和维护

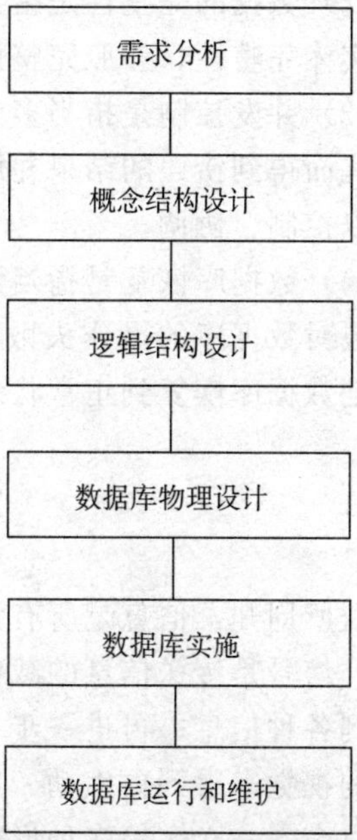

图 2-2　数据库设计的六个阶段

2. 概念结构设计阶段

概念结构设计是整个数据库设计的关键，它通过对用户需求进行综合、归纳与抽象，形成一个独立于具体 DBMS 的概念模型。

3. 逻辑结构设计阶段

逻辑结构设计是将概念结构转换为某个 DBMS 所支持的数据模型，并对其进行优化。

4. 数据库物理设计阶段

数据库物理设计是为逻辑数据模型选取一个最适合应用环境的物理结构（包括存储结构和存取方法）。一般来讲，在关系数据库系统中，数据的存取对用户是透明的，故一般不再考虑物理设计这一问题。

5. 数据库实施阶段

在数据库实施阶段，设计人员运用 DBMS 提供的数据语言及其宿主语言，根据逻辑设计和物理设计的结果建立数据库，编制与调试应用程序、组织数据入库，并进行试运行。

6. 数据库运行和维护阶段

数据库应用系统经过试运行后即可投入正式运行。在数据库系统运行过程中必须不断地对其进行评价、调整与修改。

设计一个完善的数据库应用系统是不可能一蹴而就的，它往往是上述六个阶段的不断反复。

2.3.5　数据库保护

为了保证数据的安全可靠和正确有效，数据库管理系统（DBMS）提供统一的数据保护功能，主要包括数据的安全性、完整性、并发控制和数据库恢复等内容。

（1）数据的安全性是指保护数据库以防止不合法的使用所造成的数据泄露、更改和破坏。数据的安全可通过对用户进行标识和鉴定、存取控制、OS 级安全保护等措施得到一定的保障。

（2）数据的完整性是指数据的正确性、有效性与相容性。关系模型的完整性有实体完整性、参照完整性及用户定义的完整性。

（3）并发控制是指当多个用户同时存取、修改数据库时，为了防止发生互相干扰而得到错误的结果并使数据库的完整性遭到破坏，而对多用户的并发操作加以控制、协调。

（4）数据库恢复是指当计算机软、硬件或网络通信线路发生故障而破坏了数据或对数据库的操作失败使数据出现错误或丢失时，系统应能进行应急处理，把数据库恢复到正常状态。

2.4 多媒体技术

众所周知，信息是所有消息的总称，而人类传送信息是通过各种信号来实现的。信号是传送信息的载体。例如，通过声音和语音信号刺激人的听觉器官来得到各种信息；再进一步，通过视频图像信号，尤其是动态视频图像信号，由人的视觉来得到更生动、更真实的信息。当然，仅有图像是不够的，还必须配合以声音、文字等多种形式的信号。通过听觉、视觉和其他感觉，人类获取信息的效果更好。为使人们在管理活动中更加生动立体地处理信息，在开发管理信息系统的过程中，有必要利用各种技术手段达到这一目的。这便是下面所要讨论的多媒体技术。

1. 多媒体技术的概念

媒体也称为媒质或媒介，是表示和传播信息的载体。例如，上面所列举的图形、图像、动画、语言、文字、声音等都可称为媒体。国际电报电话咨询委员会（CCITT）对媒体进行了以下分类。

（1）感觉媒体（Preception Medium）：直接作用于人的感官，产生感觉（视、听、嗅、味、触 觉）的媒体称为感觉媒体。例如，语言、音乐、音响、图形、动画、数据、文字、文件等都是感觉媒体，也就是本章中讨论的媒体。

（2）表示媒体（Presentation Medium）：为了对感觉媒体进行有效的传输，以便于进行加工和处理，因而人为地构造出的一种媒体称为表示媒体。例如，语言编码、静止和活动图像编码以及文本编码等都称为表示媒体。

（3）显示媒体（Display Medium）：显示感觉媒体的设备。显示媒体又分为两类，一类是输入显示媒体，如话筒、摄像机、光笔以及键盘等；另一种为输出显示媒体，如扬声器、显示器以及打印机等。

（4）传输媒体（Transmission Medium）：是指传输信号的物理载体，如同轴电缆、光纤、双绞线以及电磁波等。

（5）存储媒体（Storage Medium）：用于存储表示媒体，也即存放感觉媒体数字化后的代码的媒体称为存储媒体，如磁盘、光盘、磁带、纸张等。

通常所指的多媒体就是上述感觉媒体的组合，也就是声音、图像、图形、动画、文字、数据 、文件等各种媒体的组合。

多媒体技术就是对多种媒体上的信息和多种存储媒体上的信息进行处理和加工的技术。而多媒体系统是利用计算机网和数字通信网技术对多媒体信息进行处理和控制的系统。

2. 多媒体技术的主要特征

多媒体技术是利用计算机技术把声、文、图像等多媒体集合成一体的技术，具有以下主要特征：

(1) 交互性

交互性是多媒体技术的关键特征，它使用户可以更有效地控制和使用信息，增加对信息的注意和理解。例如，在多媒体通信系统中，收发两端可以相互控制对方，发送方可按照广播方式发送多媒体信息，而另一方面又可以按照接收方面的要求向收端发送所需要的多媒体信息，接收方可随时要求发送方传送所需的某种形式的多媒体信息。在多媒体远程计算机辅助教学系统中，学习者可以人为地改变教学过程，研究感兴趣的问题，从而得到新的体会，激发学习者的主动性、自觉性和积极性。利用多媒体的交互性，激发学习者的想象力，可以获得独特的效果。再如，在多媒体远程信息检索系统中，初级交互性可使用户找出想读的书籍，快速跳过不感兴趣的部分，从数据库中检录声音、图像或文字材料等。中级交互性则可使用户介入到信息的提取和处理过程中，如对关心的内容进行编排、插入文字说明及解说等。

(2) 复合性

信息媒体的复合性是相对于计算机而言的，也可称为媒体的多样化或多维化，即把计算机所能处理的信息媒体的种类或范围扩大，不局限于原来的数据、文本或单一的语音、图像。众所周知，人类具有五大感觉，即视、听、嗅、味与触觉。前三种感觉占了总信息量的95%以上，而计算机远远没有达到人类处理复合信息媒体的水平。计算机一般只能按照单一方式来加工处理信息，对人类接收的信息经过变换之后才能使用。而多媒体技术就是要把计算机处理的信息多样化或多维化，以更好地表现信息，使用户更准确、更生动地接收信息。

(3) 集成性

多媒体的集成性包括两个方面，一是多媒体信息媒体的集成，二是处理这些媒体的设备和系统的集成。在多媒体系统中，各种信息媒体不像过去那样采用单一方式进行采集与处理，而由多通道同时统一采集、存储与加工处理，更加强调各种媒体之间的协同关系及利用它所包含的大量信息。此外，多媒体系统应该包括能处理多媒体信息的高速及并行的CPU、多通道的输入/输出接口及外设、宽带通信网络接口及大容量的存储器，将这些硬件设备集成为统一的系统。在软件方面，则应有多媒体操作系统、满足多媒体信息管理的软件系统、高效的多媒体应用软件和创作工作等。在网络的支持下，这些多媒体系统的硬件和软件集成为处理各种复合信息媒体的信息系统。

(4) 实时性

由于多媒体系统需要处理各种复合的信息媒体，因此多媒体技术必然支持实时处理。接收到的各种信息媒体在时间上必须是同步的，其中语声和活动的视频图像必须严格同步，因此要求实时性，甚至是强实时（Hard Real Time）。例如，电视会议系统的声音和图像不允许存在停顿，必须严格同步，包括“唇音同步”，否则传输的声音和图像就失去意义。

3. 多媒体发展的现状

如果说20世纪80年代是多媒体的启蒙阶段，那么90年代则是多媒体进入初期应用和标准化阶段。多媒体个人计算机（MPC－Multimedia Personal Computer）是多媒体技术发展的必然结果。MPC一般具有必需的CD-ROM、图文显示、高质量数字音响及管理多媒体的窗口软件（如Windo ws Version3.1）。90年代以来，多媒体应用迅速发展，遍及教育、商业、出版及娱乐等领域。1993年，MPC机在美国引起巨大反响，各种多媒体产品不断出现，令人目不暇接，多媒体技术已进入突飞猛进的时代。

目前，多媒体产品需要尽快标准化。众所周知，多媒体技术是一项综合技术，多媒体产品统一标准的制定将推动相关工业的大幅度增产、产品成本与价格大幅度下降，并大大改善多媒体产品的兼容性和通用性，反过来又促进应用迅速发展。

4. 多媒体技术基础

多媒体技术是通信、计算机和大众传媒等各种技术联合发展的必然结果。计算机、通信和大众传媒的下述技术成果为多媒体技术提供了坚实的基础。

(1) 大容量存储设备。包括只读存储光盘（CD-ROM），一次写多次读光盘（WORM），可存储图形、动画、音频和活动影像等多媒体信息。

(2) 数据压缩技术。

(3) 高速处理器。可实现语音分析与识别、活动视频和图像识别等功能。

(4) 高速通信网。高速光纤网技术、异步转移模式（ATM）、通信网传输带宽的扩大为多媒体系统的建立创造了条件。

(5) 人机交互方法及设备的改进。例如，采用触摸屏系统，用户可在触摸屏上按要求触摸，从而实现与系统的交互。此外，并行处理、分布式处理技术、实时操作系统、面向对象的编程以及信息存储与检索技术的发展都为多媒体技术的发展提供必要的条件。

多媒体技术和计算机等其他相关技术的快速发展使开发更加人性化的管理信息系统成为可能。

2.5 计算机网络

由于企业或组织中的信息处理大都是分布式的，将不同部门和类型的信息由分布在不同地理位置的计算机进行处理，并通过通信网络把这些信息集成起来是管理信息系统的主要运行方式，因此计算机网络是管理信息系统的基础。

1. 计算机网络的概念

计算机网络是用通信线路把分布在不同地理位置并具有独立功能的计算机连接起来，以实现信息资源共享的目的。这些连接起来的计算机形成的网络称为计算机网络。

计算机网络可看成是一组结点和连接结点的链路组成（图 2－3）。结点可分为转接结点和访问结点。转接结点支持网络的连续性，它通过所连接的链路来转接信息；访问结点也称端点，起到收信点和发信点的作用。链路是两个结点间载荷信息的线路，每个链路在单位时间内可能接纳的最大信息量称为链路容量。通路是指从发信点到收信点的一串结点和链路。

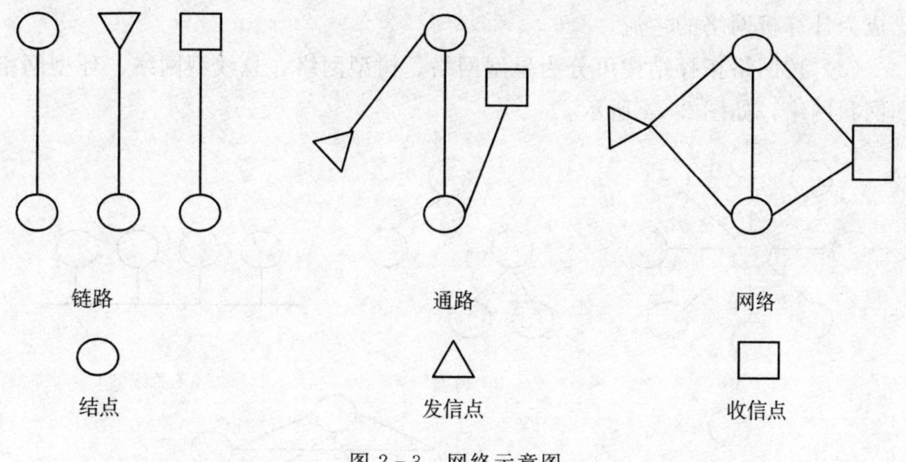

图 2－3　网络示意图

2. 计算机网络的分类

计算机网络可按不同的标准进行分类：

（1）从网络结点分布来看，可分为局域网（Local Area Network，LAN）、广域网（Wide Area Network，WAN）和城域网（Metropolitan Area Network，MAN）。

局域网是一种在小范围内实现的计算机网络，一般在一个建筑物内，或一个工厂、一个单位内部，为单位独有。局域网距离可在十几平方公里以内，信道传输速率可达 1～20Mbps，结构简单，布线容易，是计算机网络发展最快的一个分支，在企业计算机应用中发挥着重要作用，目前正朝着多平台、多协议、异机种方向发展，数据速率和带宽也在不断提高。广域网一般由相距较远的局域网经由公共电信网络互连而成，数据传输速率一般在 1.2kbps～1.554Mbps，传输距离可遍及全球，结构比较复杂。城域网是在一个城市内部组建的计算机信息网络，提供全市的信息服务。目前，我国许多城市正在建设城域网。

(2) 按交换方式可分为线路交换网络（Circurt Switching）、报文交换网络（Message Switching）和分组交换网络（Packet Switching）。

线路交换最早出现在电话系统中，早期的计算机网络就是采用此方式来传输数据的，数字信号经过变换成为模拟信号后才能在线路上传输。报文交换是一种数字化网络。当通信开始时，源机发出的一个报文被存储在交换器里，交换器根据报文的目的地址选择合适的路径发送报文，这种方式称作存储-转发方式。分组交换也采用报文传输，但它不是以不定长的报文做传输的基本单位，而是将一个长的报文划分为许多定长的报文分组，以分组作为传输的基本单位。这不仅大大简化了对计算机存储器的管理，而且也加速了信息在网络中的传播速度。由于分组交换优于线路交换和报文交换，具有许多优点，因此它已成为计算机网络的主流。

(3) 按网络拓扑结构可分为星型网络、树型网络、总线型网络、环型网络和网状网络，如图 2-4 所示。

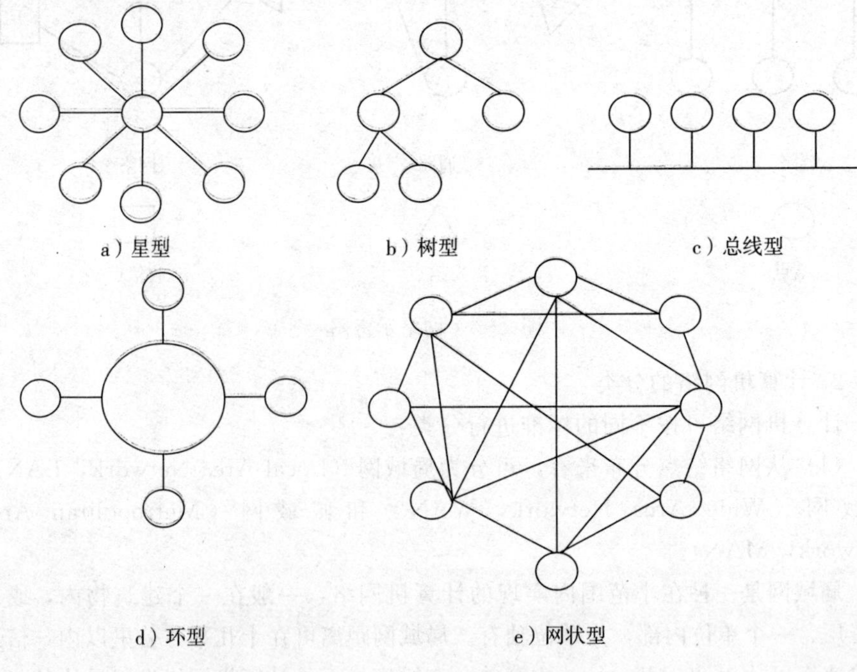

图 2-4 网络拓扑结构

3. 计算机网络的功能

计算机网络既然是以共享为主要目标，那么它应具备下述几个方面的功能：

(1) 数据通信

该功能实现计算机与终端、计算机与计算机间的数据传输，是计算机网络的基本功能。

(2) 资源共享

网络上的计算机彼此之间可以实现资源共享，包括硬件、软件和数据。信息时代的到来，资源的共享具有重大的意义。首先，从投资方面考虑，网络上的用户可以共享使用网上的打印机、扫描仪等，这样就节省了资金。其次，现代的信息量越来越大，单一的计算机已经不能将其储存，只能分布在不同的计算机上，网络用户可以共享这些信息资源。再次，现在计算机软件层出不穷，在这些浩如烟海的软件中，不少是免费共享的，这是网络上的宝贵财富。任何连入网络的人，都有权利使用它们。资源共享为用户使用网络提供了方便。

(3) 远程传输

计算机应用的发展，已经从科学计算到数据处理，从单机到网络。分布在很远位置的用户可以互相传输数据信息，互相交流，协同工作。

(4) 集中管理

计算机网络技术的发展和应用，已使现代的办公手段、经营管理等发生了变化。目前，已经出现许多 MIS 系统、OA 系统等。通过使用这些系统，可以实现日常工作的集中管理，提高工作效率，增加经济效益。

(5) 实现分布式处理

网络技术的发展使分布式计算成为可能。对于大型的课题，可以分为许多的小题目，由不同的计算机分别完成，然后再集中起来，解决问题。

(6) 负荷均衡

负荷均衡是指工作被均匀地分配给网络上的各台计算机系统。网络控制中心负责分配和检测，当某台计算机负荷过重时，系统会自动转移负荷到较轻的计算机系统去处理。

由此可见，计算机网络可以大大扩展计算机系统的功能，扩大其应用范围，提高可靠性，为用户提供方便，同时也减少了费用，提高了性能价格比。

4. 无线计算机网络与无线网络接入

多种技术为个人电脑和其他无线掌上设备、手机提供了接入高速无线网络的机会。无线网络已广泛应用于有线网络无法覆盖的区域。

(1) 蓝牙

蓝牙（Blue Tooth）是 802.15 无线网络技术的另一种说法，用于创立个人区域网络（Personal - Area Networks，PANs）。它能够连接 10 米范围内的 8 台设备，是低功耗无线通信。无线电话、传呼机、电脑、打印机等设备即使不需要用户直接的操作指令，也都能利用蓝牙通信。例如，用户可命令笔记本电脑无线发送文件给打印机；无线键盘、无线鼠标可利用蓝牙技术与电脑连接；同样，手机也能使用无线耳机。蓝牙所需要设备的要求很低，使其适用于笔记本、手机或掌上电脑。

（2）无线宽带 Wi-Fi

无线宽带 Wi-Fi 是 802.11 无线局域网协议的别称。无线局域网协议一共包括三种，即 802.11a，802.11b 和 802.11g。随着无线网络速度与容量的不断扩大，出现 802.11n。

802.11a 在 5GHz 频段上的数据传输速率可达 54 Mbps，有效距离为 10～30 米。802.11b 在 2.4GHz ISM 频段上的数据传输速率高达 11Mbps，有效距离为 30～50 米，在户外使用塔顶天线还能扩大使用距离。802.11g 在 2.4GHz 频段上的数据传输速率可达 54Mbps。802.11n 的数据传输速率可超过 100Mbps。

（3）Wi-Fi 与无线网络接入

802.11 标准同样可以使用宽带连接无线网络。这时，利用访问点接入网络，有线电视线路或数字订购线路电话服务。访问点有效范围内的电脑同样能无线接入网络。

现在 Wi-Fi 的覆盖范围越来越广泛了，高级宾馆、飞机场、图书馆、咖啡厅以及学校之类的区域都有 Wi-Fi 接口。

热点（hotspots）是指位于屋顶、墙壁或公共场所其他地方安装的一个或多个访问点，为特定区域提供无线网覆盖。处于热点范围内的用户可以使用 Wi-Fi 支持的笔记本、掌上电脑或手机接入无线网络。有些热点是免费的或不需要任何其他软件便可使用，也有些热点需要激活，并在网上利用信用卡账号注册用户后才能使用。

但是，Wi-Fi 技术也面临着挑战。如果 Wi-Fi 热点使用不同的网络服务，用户便不能在热点间随意畅游。除了免费服务之外，用户还需要登录不同的账号享受各项不同的功能，而各功能均独立收费。Wi-Fi 最大的缺陷在于保密性差，易受外来者入侵。

阅读资料：

大连钢铁集团企业网络管理系统案例分析

企业网站已经成为企业对外信息发布与交流的窗口，大连钢铁集团（简称大钢）迈出了企业信息化建设的第一步，建设了自己的企业网，有效降低了内部周转时间，增加了市场竞争力并改善了与客户的联系。

1. 解决方案

大钢管理系统采用了诚高科技公司的解决方案，该公司对大钢经过了深入细致的分析，同时参照了国内外计算机系统集成的先进经验，并结合我国钢铁行业的发展趋势及大钢生产经营的实际状况，确定了以实用、先进、安全、信息集成度高为总体设计思想，并制定了系统实施的 3 个目标。

一期工程：实现财务、销售、物资供应等部门的联网，重点是完成财务电算化，销售及物资供应等系统逐步开发完成，统一规划，分步实施。

二期工程：实现生产、质量、技术等部门的联网，逐步实现生产、管理、控制自动化。

三期工程：实现其他各个业务部门联网，企业 MIS 系统初具规模，网上电子商务开始发挥重要作用，企业信息化建设上一个新台阶，现代化的企业管理模式初步形成。

根据这个目标，并结合自身的管理模式和发展需要，大钢建立了以信息中心为企业网络交换中心，财务、销售、物资供应等各部门为节点的二级交换结构网络，各部门到信息中心的传输速率为 1000Mbps，部门内部 100Mbps 交换到桌面。考虑到企业各种应用模式及系统可管理性的原则，大钢将各种服务器集中放置于信息中心，充分发挥了高速骨干网的优势。结构拓扑图如图 2-5 所示。

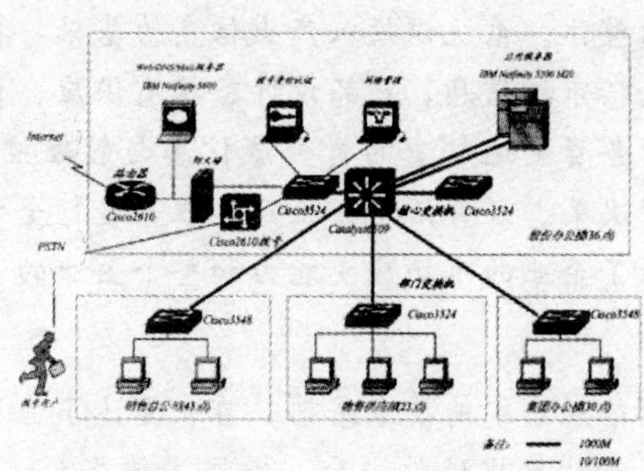

图 2-5　大连钢铁集团企业管理系统网络结构拓扑图

出于全盘考虑，大连钢铁集团网络系统建设优先选择高性能、规模扩展性强的产品。整个系统的设计以实现技术的标准化、可靠性和技术的先进性为原则。采用当前比较新的技术，如快速以太网、千兆网等。为了防止非法用户的盗用和破坏，该系统采用了多种安全防范措施，确保系统运行万无一失。在企业网建成的同时，基于该网络的应用也相应到位，其中包括 MIS 系统、OA 等应用。

该系统的主要结构以一台 Catalyst 6509 高端交换机为中心，为了保证系统的高可靠性，采用了主交换机机箱冗余电源，避免了电源单点故障造成的系统瘫痪。在其他各个联网部门，采用 Cisco Catalyst 3524 或 3548 千兆网交换机作为交换平台，它有 24 或 48 个 10/100M 自适应端口，两个千兆模块插槽，具有 10GB 备板交换能力，是典型的高性能桌面交换解决方案。网络的对外出口（Internet）接入设备采用 Cisco 2610 路由器，1 个以太端口用来连接 6509

外网段（Internet 网段），1 个 WAN 接口利用专线连接 ISP 接入 Internet。

2. 安全策略

大钢网络系统实现网络安全的途径有：划分多个 VLAN、访问控制、防火墙技术等。

该网络对实时性要求很强，所以如果服务器出现故障，意味着整个网络的瘫痪。为了防止这种故障发生，要求服务器有以下功能：完善的容错能力、带电热插拔技术（保证易损部件的更换与维护不影响系统的运行）、智能 I/O 技术和良好的扩充性等。

该系统选用了 APC Smart 系列智能 UPS，对计算中心服务器、交换机、路由器等设备进行电源保护。在突发事故出现时，APC UPS 会将计算机立即切换至紧急电池备用电源，该设备 5kVA 输出功率可以保证计算中心机房所有交换机、服务器、路由器、防火墙等设备满负载供电，4 小时在线延时可以使系统忍受长时间断电。

3. 效果评估

大钢网络系统建成后，该系统可将集团生产经营过程中的人、技术和经营管理形成一个有机的整体。系统以投入产出信息为基础，把企业经营和生产过程中的各个环节，包括市场信息、产品设计、物质供应、仓储、生产、销售过程中的物流信息、财务资金运转中的资金流信息与管理控制信息等集成起来，以成本为中心对经营决策、经营活动、生产过程等进行全方位控制，提高了产品产量与质量，增强了企业的市场应变能力和整个企业的运行效率和效益。

本章小结

本章介绍了管理信息系统的技术基础。首先阐述了信息技术基础设施的发展阶段和基本构成，对计算机硬件平台、操作系统平台、数据管理、网络/通信平台、互联网平台、新兴的移动数字平台以及云计算和效用计算七个方面的主要技术、代表厂商和产品进行了分析和介绍。接着，介绍了现代软件平台发展趋势，主要介绍了 Linux 及其平台上的开源软件、Java 和 XML 技术。此外，还分别介绍了数据库技术、多媒体技术和计算机网络技术的基本概念、原理和主要分类等知识。

复习与思考

1. 简述信息技术基础设施的发展阶段。
2. 在网上查阅信息技术基础设施的七个方面的技术资料。
3. 在网上查阅 Linux、Java、Xml 的相关技术资料。
4. 简述关系模型的要素和范式的要求。
5. 简述多媒体技术的主要特征。
6. 简述计算机网络的分类。

第二篇　建设篇

本篇详细介绍了管理信息系统的建设与管理，主要包括系统规划、系统分析、系统设计、系统实施和系统评价与维护等。

信息系统的建设都要用系统的方法，因此有从社会-技术系统的全局出发，很好地组织，才能成功。本篇所讲的方法对信息系统的建设将有很大的帮助。

第 3 章 管理信息系统的战略规划和开发方法

【本章要点】

- 结构化生命周期法的基本原理和步骤
- 原形法的基本思想和步骤
- 面向对象分析和设计
- CASE 方法的开发环境

章首案例：

C 市公交集团公司的信息化建设规划

C 市公交集团是隶属 C 市国资委管理的国有大型公益性企业。随着社会经济的发展，C 市公交集团公司也在不断地发展，信息化建设工作不断推进，陆续建设了公交 IC 卡自动收费系统、公交 IC 卡数据和报表查询网站、物资管理系统、保修管理系统和人力资源管理系统、GPS 智能调度系统、车载视频监控系统等信息系统。2011 年，公交集团还建成了公交翼机通和基于物联网技术的 RFID 卡，实现对客流的上客和下客地点进行统计。

但是，在信息化建设的过程中也出现了很多不足和问题。C 市公交集团是个多元化的集团公司，下属企业众多，涉及多个部门和领导团体，在业务处理中出现了以下问题：一方面由于集团机关总部没有制定统一的标准，导致下属公司在业务标准上的统计与核算口径不一致，给工作和管理带来很多麻烦；另一方面，集团内部事务处理没有具体流程，从而导致很多决策和部署得不到有效的执行。

此外，C 市公交集团公司在信息化建设的基础设施方面还存在一些问题，主要体现在：购买的应用软件或系统集成度比较低，不能满足新业务的需求，各部门间形成了信息化“孤岛”；很多办公室使用的硬件系统过于陈旧，运行速度慢，存储量小，网速很慢。

为解决以上问题，C 市公交集团管理层决定对信息系统进行规划并改造这个系统。经过调研，C 市公交集团公司发现很难在软件市场上直接买到适合其需求的成品软件，管理层决定委托商家和本公司信息技术管理人员联合进行信息系统的定制开发。

此外，管理层决定改变企业内部层级式的组织结构。首先，在原有的组织结构的基础上，设立专门的信息化机构或者部门。其次，对原有的部门进行整合和优化设置，并进行业务流程重组。新的升级系统减少了时间和运营成本，公司能更快速、更准确地实现业务处理。新系统提高了公司的地位，有利于其未来的发展。

C市公交集团的经验说明设计和建设信息系统需要几个步骤：分析现存信息系统的问题；评估人们的信息需求；选择合适的技术和重新设计企业的过程岗位。管理层必须规划和监控系统建设工作，并评价它的收益和成本。新的信息系统代表一个有计划地组织变革。

3.1 系统规划

由于建设管理信息系统是一项耗资大、历时长、技术复杂且涉及面广的系统工程，在着手开发之前，必须认真地制订有充分根据的管理信息系统战略规划，这项工作的好坏是管理信息系统成败的关键。

3.1.1 管理信息系统规划的战略性质

管理信息系统规划通常又称管理信息系统的战略计划，是对组织总的信息系统目标、战略、信息系统资源和开发工作的一种综合性计划，属于组织对管理信息系统最高层次管理的范畴。因此，管理信息系统规划是一个组织战略规划的重要组成部分，是关于管理信息系统长远发展的规划。

3.1.2 管理信息系统规划的战略任务

管理信息系统的总体规划是组织针对管理信息系统的建立和发展所做的一种战略性计划。因此，除了具有一般战略性计划的属性外，管理信息系统总体规划还应该有以下任务：

(1) 使信息系统的发展与组织整体计划相协调，即支持组织战略计划的实施。

(2) 为管理信息系统的开发指明方向，保证开发工作支持组织的目标。

(3) 合理地分配资源，确定开发的优先次序。

(4) 保证系统的一体化和开发工作的协调性，避免没有统一规划的“各自为战”、局部优先以及联合各自开发的应用系统时所引起的不必要的费用。

(5) 为负责系统开发的人员，包括项目开发的负责人员和管理信息系统方面的高层管理人员的绩效考核提供质量标准和控制机制。

(6) 为信息系统人才，如信息分析人员、系统分析人员的获得和人才开发提供一种基础，使组织明确对管理信息系统人员的数量和质量方面的需求。

(7) 保证管理信息系统能自动地进行调整，为组织提供有效的支持。

3.1.3　管理信息系统规划的内容

管理信息系统总体规划的复杂性依据组织的规模和复杂程度而有所差别。规划的时间尺度一般为五年以上并且至少有前两年的详细计划。总体规划的内容应包括以下几个方面：

1. 对组织的战略计划的概述

（1）环境的评述：预测和预测过程中的假设，可能的危机和机会。

（2）对组织的评价：组织的优势与不足。

（3）组织的目标与战略。

（4）组织的未来和设想。

2. 管理信息系统计划概述

（1）管理信息系统环境的情况：对未来技术和用户环境的预测，预测的前提假设，信息系统的危机分析与机会。

（2）信息系统的评价：优势与不足、原因分析。

（3）管理信息系统目标。

（4）数据处理：组织结构的设计。

3. 目前的能力

（1）已有的设备、通用性软件、应用系统、人员和技术储备、费用分析和设备利用情况。

（2）正在进行的项目情况。

4. 可行性分析

（1）项目及其优先级。

（2）获取主要硬件、软件和人员的成本/效益分析。

5. 具体规划（至少有前两年的详细计划）

（1）通用应用软件的购置计划。

（2）应用系统的开发计划。

（3）软件维护和更新安排。

（4）人力资源的开发计划，包括培训计划。

（5）资金需求计划。

（6）管理信息系统评价方法的叙述。

6. 为了使总体规划有效实施所必需的行动计划

以上所列的是一个全面的管理信息系统总体规划，它的前提是组织已经建立了比较成熟的战略计划过程。在这样的组织中，管理信息系统的计划比较容易实现。如果组织本身还没有一个成熟的计划，管理信息系统的规划制订做起来相应地就比较困难。在这种情况下，规划的内容也就需要相应的调整和简化，实施的控制也会受到影响。

3.1.4 管理信息系统规划的基本步骤

进行管理信息系统的战略规划一般应包括以下一些步骤：

(1) 基本规划问题的确定，应包括规划的年限、规划的方法，确定集中式还是分散式的规划以及是进取还是保守的规划。

(2) 收集初始信息。包括从本企业内部各种信息系统委员会、各管理层、与卖主相似的企业、各种文件以及从书籍和杂志中收集信息。

(3) 现存状态的评价和识别计划约束。包括目标、系统开发方法、计划活动、现存硬件及其质量、信息部门人员、运行和控制、资金、安全措施、人员经验、手续和标准、中期和长期优先序、外部和内部关系、现存的设备、现存软件及其质量以及企业的思想和道德状况。

(4) 设置目标。这实际上应由总经理和计算机委员会来设置，应包括服务的质量和范围、政策、组织以及人员等，并且不仅包括信息系统的目标，还应有整个企业的目标。

(5) 准备规划矩阵。这实际上是信息系统规划内容之间相互关系所组成的矩阵，这些矩阵列出后，实际上就确定了各项内容以及它们实现的优先序。

(6) 确定是识别上面列出的各种活动，一次性的工程项目性质的活动，还是一种重复性的经常进行的活动。由于资源有限，不可能所有项目同时进行，只有选择一些好处最大的项目先进行，要正确选择工程类项目和日常重复类项目的比例，正确选择风险大的项目和风险小的项目的比例。

(7) 确定给定项目的优先权，估计项目的成本费用。

(8) 根据第七步的结果来编制项目的实施进度计划。

(9) 把战略长期规划书写成文，在此过程中还要不断与用户、信息系统工作人员以及信息系统委员会的领导交换意见。

(10) 总经理批准并宣告战略规划任务的完成。

3.2 管理信息系统的开发方法

3.2.1 传统开发方法

在正确的系统开发思想指导下，要快速、高效地构造一个成功、高质量的企业信息系统，就必须采用科学的系统开发方法。在过去几十年中，人们在大量的信息系统开发实践中探索和发展了许多系统开发方法，理论界也因此形成系统开发方法论的研究分支。

系统开发方法并不是在信息系统刚出现时就形成的。20 世纪 60 年代中期，信息系统的发展进入了 MIS 阶段。在开发 MIS 过程中，有一个令人头痛的问题，那就是如何充分、合理、有效地组织开发一个复杂的、综合性的大型应用软件系统。在此之前，由于受到当时计算机软、硬件技术水平的限制，人们始终将软件开发与程序设计看作是一门发挥个体智慧的艺术，然而这种艺术性的创造工作既无法满足人们日益增长的软件需求，而且所开发的软件难以阅读和交流，其质量、可维护性、可重用性等都难以保证。因而标准化成为用户和开发公司的愿望。

3.2.2　结构化生命周期法

结构化生命周期法诞生于 20 世纪 70 年代初期，针对当时计算机应用于信息系统开发和运用中所存在的普遍问题，通过总结经验和教训，人们认识到信息系统的开发和运用是一项投入大、时间长、涉及面广、影响因素众多的系统工程，必须用系统理论来指导信息系统的开发过程，由此逐步发展形成了结构化生命周期法的系统设计方法。

1. 结构化生命周期法的概念

所谓结构化生命周期法，就是把管理信息系统开发的全过程按其生存周期分成若干阶段，每个阶段有相对独立的任务，然后逐步完成各个阶段的任务。在每一阶段的开始与结束都规定了严格的标准。前一个阶段的结束标准就是后一个阶段开始的标准，而每个阶段任务相对独立，而且比较简单，便于不同人员分工协作，从而降低了整个软件工程开发的困难程度。在软件生命周期的每个阶段都采用科学管理和良好的技术方法，而且在每个阶段结束之前都从技术与管理两个角度进行严格审查，合格之后才开始下一阶段工作。这就使得软件开发全过程以一种有条不紊的方式进行，保证了软件质量，提高了软件的可维护性。这样不仅可以大大提高软件开发的成功率，软件开发的生产率也会明显提高。

2. 结构化生命周期法的特点

与传统方法比较，结构化生命周期法强调以下特点：

(1) 预先明确用户需求，根据用户要求设计系统

信息系统是直接为用户服务的，它是直接为用户所使用的。因此，结构化生命周期法在开发系统的全过程中，强调以用户的需求为系统设计的依据。在开发工作的各个阶段要不断地与用户交流，征求用户意见，在未明确用户需求和意见前，不得进行下一阶段的工作，以保证本阶段工作的质量和下一阶段工作的正确性。需求的严格定义成为结构化方法的主要特征，这是结构化方法的优点，它使系统开发减少了盲目性。

(2) 开发阶段性，严格区分工作阶段

根据信息系统的生命周期，把整个系统开发过程分成一系列严格定义顺序

的紧密相关的阶段，每个阶段均有其明确的目标和工作任务，由一个定性或定量的确认工作告终，以减少该阶段可能存在的不确定因素。尽量使每个阶段的工作单一化，而每一阶段又可细分为若干工作和步骤。每一阶段的工作都是以前一阶段的工作成果为依据的，只有前一阶段工作完成之后才能开始下一阶段工作。因此，每一阶段工作基础扎实，不容易产生返工现象。这种有序的工作安排，条理清楚，便于计划管理、调动人力，资源使用合理。

(3) 强调阶段成果的审核制度

生命周期法的阶段划分使每个阶段的工作任务既具体又比较单一，因而每个阶段的工作成果便于检查。

为了保证系统开发能顺利进行，每个阶段的工作均要达到预期的目标，不让工作错误或隐患传播到下一阶段，避免造成更大的返工现象。每个阶段的工作完成之前都要征求用户的意见，要经过管理人员、有关专家的审核和认可，否则不可以开始下个阶段的工作。

(4) 运用系统的分解和综合技术，使复杂系统简单化

从系统的目标出发，以全局的观点，自顶向下将系统划分为相互关联而又相互独立的子系统，再将子系统进一步分解是结构化分析的常用方法。运用系统的分解和综合技术的目的是使对象简单化，便于设计和实施，同时又保证了系统总目标的实现。

(5) 工作文件的标准化和文献化

为了便于管理信息系统的开发与管理，生命周期法把文档资料作为每个阶段的产品之一，并且加以标准化，作为每个阶段结束的重要标准。它保证了在系统开发结束时有一个完整准确的软件配置交付使用。文档资料是通讯的工具，它清楚地说明了到这个时候为止关于该项工程已经知道或做了什么，同时确定了下一步的工作基础。文档资料也起着备忘录的作用，如果文档不完整或与上一阶段的文档不相衔接，则一定在工作上有不完整的地方。文档资料另一重要作用是有利于与用户交流、检查错误。文档资料也是系统维护的依据。

3. 结构化生命周期法的开发过程

结构化生命周期法将系统开发看作是一个工程项目，将系统开发过程按照系统的生命周期分为五个主要阶段，即系统调查研究阶段，系统分析阶段，系统设计阶段，系统实施阶段，系统运行、维护、评价阶段。每个阶段内部又包含若干前后关联的工作步骤。

(1) 系统调查研究阶段

系统分析人员在进行系统分析之前必须了解现行系统的界限和系统的目标，要了解组织机构及职责、业务流程、资源情况，调查原系统的薄弱环节，绘制有关的图表。在此基础上，与用户充分讨论，了解用户需求，提出新系统的目标，为系统分析打下基础。

(2) 系统分析阶段

系统分析阶段也称逻辑设计阶段。系统分析员在调查研究的基础上，进行新系统的目标分析，确定其逻辑功能需求，划分子系统以及功能的层次分解，构造出新系统的逻辑模型，形成综合性的系统分析报告并提交用户讨论审核。若用户认为不合适，则返回修改，直至用户确认并批准后，转入系统设计阶段。

(3) 系统设计阶段

系统设计阶段也称物理设计阶段。在这一阶段，系统设计员首先进行总体结构设计，然后分别进行代码设计、数据库/文件设计、输入/输出设计、模块结构和功能设计。与此同时，根据总体设计的要求，购置有关设备并安装调试。系统设计的关键是系统的模块化，最终给出系统的物理模型和系统设计报告。

(4) 系统实施阶段

系统实施阶段是将新系统付诸实施，即实现新系统的物理模型。这一阶段工作内容主要有：程序设计，程序调试，人员培训，数据准备和初始化，投入试运行并进行完善性维护。

(5) 系统运行、维护、评价阶段

该阶段即系统开发成功后，交付用户正式使用、发挥效益的时期。在系统运行过程中，可能会出现由于环境变化导致的系统功能不足，或是因开发过程中未能发现或无法解决的功能要求。在这种情况下，需要对系统进行修改、维护或者是局部调整。

对新系统进行不断的维护工作是必要的。

系统评价主要是指在系统开发工作后期，将新系统的各项指标与预期的目标进行比较，检查新系统是否达到了预期的目的，它反映了用户对新系统的满意程度。

4. 结构化生命周期法的优缺点

(1) 结构化生命周期法的优点

①强调系统的思想和系统的方法，整体思路清楚，能够从全局出发思考问题。由于强调从整体来分析和设计整个系统，在系统分析时，可以诊断出原系统中存在的问题和结构上的缺陷。

②将系统生命周期分解为几个阶段，每个阶段的目标明确，任务相对独立、简单，便于不同专业的人员分工协作，从而降低软件开发的难度。

③每个阶段都有明确的要求、严格的标准与规范以及与开发的软件系统完全一致的高质量的文档资料。每一阶段的工作成果是下一阶段工作的依据，比较容易把握工作进度，有利于系统开发的总体管理和控制。

(2) 结构化生命周期法的缺点

①在结构化生命周期法中，用户和系统开发人员之间的对话交流主要发生

在系统分析阶段。以后在设计、编码直到系统提交的各个阶段中，开发人员都极少与用户接触，因而难以确保系统真正符合用户的要求。

②希望在系统分析阶段内就预先将所有的问题讨论清楚，完全确定系统的目标和要求，以文档的形式固定下来，并以此作为以后开发工作的依据。但是实际上这种做法潜藏着某种危机，因为参与开发的管理者在没有见到具体的物理系统之前，常常不知道究竟计算机能够完成哪些功能，他们的专业素养很难把握未来系统的要求。

③系统的开发周期较长。

3.2.3 原型法

传统的结构化开发方法强调系统开发每一阶段的严谨性，要求在系统设计和实施阶段之前预先严格定义出完整准确的功能需求和规格说明。然而，对于规模较大或结构较复杂的系统，在系统开发前期，用户往往对未来的新系统仅有一个比较模糊的想法。由于专业知识所限，系统开发人员对某些涉及具体领域的功能需求也不太清楚。虽然可以通过详细的系统分析和定义得到一份较好的规格说明书，却很难做到将整个管理信息系统描述完整且与实际环境完全相符，很难通过逻辑推断看出新系统的运行效果。因此当新系统建成以后，用户对系统的功能或运行效果往往会觉得不满意。同时随着开发工作的进行，用户会产生新的要求，或因环境变化希望系统也能随之作相应更改，系统开发人员也可能因碰到某些意料之外的问题希望在用户需求中有所权衡。总之，规格说明的难以完善和用户需求的模糊性已成为传统的结构化生命周期开发方法的重大障碍。

1. 原型法的基本概念

原型法（Prototyping）正是对上述问题进行变通的一种新的系统开发方法。在建筑学和机械设计学中，“原型”指的是其结构、大小和功能都与某个物体相类似的模拟该物体的原始模型。在管理信息系统开发中，用“原型”来形象地表示系统的一个早期可运行版本，它能反映新系统的部分重要功能和特征。原型法是利用原型辅助开发系统的一种新方法，要求在获得一组基本的用户需求后，快速地实现新系统的一个“原型”。用户、开发者及其他有关人员在试用原型的过程中，加强通信和反馈，通过反复评价和修改原型系统，逐步确定各种需求的细节，适应需求的变化，从而最终提高新系统的质量。因此，可以认为原型法确定用户需求的策略，它对用户需求的定义采用启发的方式，引导用户在对系统逐渐加深理解的过程中做出响应。

2. 原型法的基本思想

(1) 对于系统的需求并不要求都要预先定义清楚

系统需求的预先定义在某些情况下是可能的，但是在某些情况下，项目的开发者或是用户又很难做到。一方面是因为开发人员对于用户的业务不太熟悉，或者对于开发者来说是一种全新的系统；另一方面，用户对计算机所能实现的能力不甚了解，只有当他们看到了一个具体的系统之后才能清楚地了解自己的需求。

（2）需要较快地建立系统原型

在系统开发过程中，多数的人特别是系统用户都希望在对系统评价前看到一个系统运行的实际例子，哪怕是比较粗略的也好。显然，提供一个能演示的模型要比提供书面的文件、图例、表格更为直观、形象。原型法就是为用户提供一个生动的动态模型，而且使用户在模型的演示中提出修改和完善的意见。

（3）对系统修改是必要的

对系统的反复修改是正常的，也是不可避免的，应该鼓励用户对系统提出更多、更高的要求，以此来保障新系统能提供给用户满意的处理功能，使系统提供的信息满足用户管理和决策的要求。

（4）要有快速的系统建立工具

系统模型建立的周期要短，否则就失去了原型法的特点。这就要求原型法要有一定的、必要的工作环境，即要有快速的模型建造工具。

3. 原型法的开发步骤

原型法对用户的需求是动态的，系统分析、设计与实现都是随对一个工作模型的不断修改而同时完成的，相互之间并无明显的界限，也没有明确的分工。系统开发计划就是一个反复修改的过程，其基本的工作流程如图3-1所示。

从图3-1中可以看出，原型法在建立新系统时可以划分为5个阶段。

（1）首先用户提出对目标系统的基本需求

用户最初的要求往往是模糊的、不完善的、不确定的，但却是基本的要求。注意：在短期内概要地了解用户的需求即可。

（2）确定用户的基本需求

对现行系统进行初步调查，收集必要的信息，归纳和识别用户的基本需求。识别基本需求是为了能够设计和建立一个初始原型。

（3）开发新系统的原型

开发人员根据用户的基本需求迅速开发出新系统的原型，交由用户试用。通常初始原型只包括系统的基本功能和用户界面。

（4）征求用户对原型的意见

通过在计算机上运行原型，将原型的功能向用户演示，征求用户的意见。用户对原型进行评价，并提出修改或添加意见。此阶段至关重要，通过用户和开发者的交流，尽量使用户的要求得到最大满足。若用户对新系统原型完全不接受，则应回到第（3）阶段。

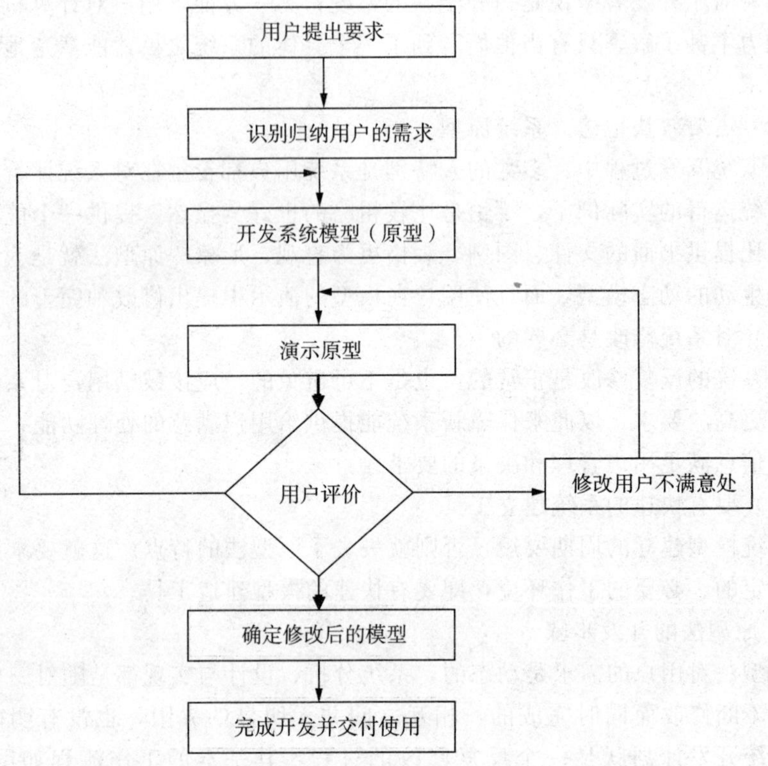

图 3－1　原型法的基本过程

（5）修改系统原型

开发人员根据用户对新系统模型提出的修改意见对原型进行修改、完善，再回到第（4）阶段，反复征求意见、修改，直到用户满意为止。

4. 原型法的优缺点

（1）原型法的优点

作为一种信息系统的开发方法，原型法从原理到流程都十分简单，并无任何高深的过程。但正是这样一种简单的方法，却备受推崇。特别是对于那些信息处理流程是半结构化的，即工作过程没有固定的程序，用户很难直接用语言表达的问题，原型法有着无法比拟的优越性。原型法具有以下优点：

① 原型法在得到良好的需求定义上比传统生命周期法好得多，它可以处理模糊需求，开发者和用户可充分通信。

② 原型系统可作为培训环境，有利于用户培训和开发同步，开发过程也是学习过程，可以缩短用户熟悉和掌握系统使用的时间。

③ 原型系统提供用户机会以更改心中原先设想的、不尽合理的最终系统。

④ 原型法可低风险开发柔性较大的计算机系统。

⑤ 原型法使总的开发费用降低，时间缩短。

(2) 原型法的缺点

① 开发工具要求高。原型法需要有现代化的开发工具支持，否则开发工作量太大，成本过高，失去采用原型法的意义。应该说开发工具的水平是原型法能否顺利实现的第一要素。开发支持工具要求高是原型法的第一个局限。

② 开发过程管理困难。原型法整个开发过程要经过修改、评审、再修改，多次反复，要花费大量的人力、物力。如果开发者与用户合作不好，盲目地进行纠错、改错，会导致系统开发进程拖延下去。

③ 文档不系统，难以维护升级。对于大系统、复杂系统，直接使用原型法很难适用。

④ 用户很早看到原型，可能错认为就是新系统，使用户缺乏耐心。

5. 原型法的适用范围

(1) 适用场合

① 适用于需求不确定和解决方案不明确的系统的开发，如决策支持系统，完整的用户需求和解决方案可以通过原型与用户反复交互导出。

② 适用于开发信息系统中的最终用户界面。用户事先可能说不清系统界面的具体要求，或者虽然说明了要求，开发者却把握不准时，原型法特别有效。

③ 适用于规模较小、数据不一定要求集中处理或可以相对分散处理的系统。

(2) 原型法不适用的场合

① 对于一个大型系统，如果不经过系统分析来进行整体性划分，想要直接用屏幕一个一个的模拟是很困难的。

② 对于大量运算、逻辑性较强的程序模块，原型法很难构造出模型来供人评价，因为这类问题没有那么多的交互方式，也不是三言两语就能够把问题说清楚的。

③ 对于原基础管理不善、信息处理混乱的问题，使用时有一定的困难，主要表现在：

- 由于对象工作过程不清，构造模型就有一定的困难。
- 由于受用户的工作水平和他们长期所处的混乱环境影响，容易使设计者走上机械地模拟原手工系统的轨道。

3.2.4 面向对象法

从事软件开发的工程师们常常有这样的体会：在软件开发过程中，使用者会不断地提出各种更改要求，即使在软件投入使用后，也常常需要对其做出修改。在用结构化开发的程序中，这种修改往往是很困难的，而且还会因为计划或考虑不周，不但旧错误没有得到彻底改正，可能又引入了新的错误。另一方面，在过去的程序开发中，代码的重用率很低，使得程序员的效率并不高，为提高软件系统的稳定性、可修改性和可重用性，人们在实践中逐渐创造出软件工程的一种新途径——面向对象方法学。

1. 面向对象法的基本概念

面向对象（Object Oriented，OO）的开发方法是指从 20 世纪 80 年代各种面向对象的程序设计方法的统称。面向对象方法是一种新的认识问题和解决问题的思维方法，它把客观世界的事物理解为具有不同属性和操作的对象，强调对现实世界的理解和模拟，提供由现实世界转换到计算机世界的方法。

（1）相关术语

① 对象。客观世界中的任何事物都可以在一定的前提下被看成是对象，不同对象间的相互联系和相互作用构成了完整的客观世界。例如，“黑板”、“电梯”、“窗口”等都可以被定义为一个对象。面向对象方法是以对象为中心，在面向对象方法建立的系统中，对象是基本组成单位，它是一个封闭体，由一组数据和施加于这些数据上的一组操作构成。描述对象的主要元素如下。

- 对象的名称。对象的命名，如“学生”。
- 数据。用来描述对象的属性，它表明了对象的一种状态，“学生”对象的属性是出生地、年龄、身高、体重和爱好等。
- 操作。即对象的行为，分为两类：一类是在对象接受外界消息触发后引起的自身的操作，这种操作的结果是修改了对象自身的状态；另一类是对象施加于其他的操作，这是指对象将自己产生的输出作为消息向外发送。
- 接口。接口是指对象受理外部消息所指定的操作的名称集合。这里主要指对外接口，用来定义对象与外界的关系和通信方式。

对象的本质就是数据与操作的封装。通过封装，对象就有了控制自身状态的独立性。唯一能改变对象状态对象的方式是其他对象发来的消息。面向对象方法的这一特征使外界的变动对整个系统结构的影响降低到最低程度。

② 类。类是具有相同属性、状态集合的对象的集合，是对象的模板。在面向对象方法中，可以由类产生实体。

类具有层次性，可以由一个类派生出多个子类，例如“羊”是一个类，它可以派生出“山羊”、“绵羊”等多个子类。子类具有父类所有的数据和方法。同时，子类也可以扩展自身的方法。

③ 消息。对象之间是通过消息相互联系的，即通过消息传递机构进行对象之间消息的传递。在消息传递过程中，由发送消息的对象传送至接收消息的对象，从而引发接收消息对象的一系列操作。

④ 实例。实例是由类建立起来的具体对象，如把“学生”作为一个类，那么“张三”可以是学生类中的一个实例。

（2）面向对象的特征

① 封装性。封装是面向对象的特征之一，是对象和类概念的主要特性。封装是把过程和数据包围起来，对数据的访问只能通过已定义的界面。面向对象始于这个基本概念，即现实世界可以被描绘成一系列完全自治、封装的对象，这些对象通过一个受保护的接口访问其他对象。一旦定义了一个对象的特性，则有必要决定这些特征的可见性，即哪些特性对外部世界是可见的，哪些特性用于表示内部状态。在这个阶段定义对象的接口。通常，应禁止直接访问一个对象的实际表示，而应通过操作接口访问对象，这称为信息隐藏。事实上，信息隐藏是用户对封装性的认识，封装则为信息隐藏提供支持。封装保证了模块具有较好的独立性，使程序维护修改较为容易。对应用程序的修改仅限于类的内部，因而可以将应用程序修改带来的影响减少到最低限度。

② 继承性。继承是一种联结类的层次模型，并且允许和鼓励类的重用，它提供了一种明确表述共性的方法。对象的一个新类可以从现有的派生类（子类）产生，而原始类称为新类的基类（父类）。派生类可以从它的基类那里继承方法和实例变量，并且类可以修改或增加新的方法使之更适合某些特殊需要。继承性很好地解决了软件的可重用性问题。例如，所有的 Windows 应用程序都有一个窗口，它们可以看作都是从一个窗口类派生出来的。但是有的应用程序用于文字处理，有的应用程序用于绘图，这是由于派生出了不同的子类，各个子类添加了不同的特性造成的。

③ 多态性。多态性是指允许不同类的对象对同一消息做出响应。例如，同样的加法，把两个时间加在一起和把两个整数加在一起肯定完全不同；同样的选择［编辑］—［粘贴］操作，在字处理程序和绘图程序中有不同的效果。多态性包括参数化多态性和包含多态性。多态性语言具有灵活、抽象、行为共享和代码共享的优势，很好地解决了应用程序函数同名问题。

④ 抽象性。抽象就是忽略一个主题中与当前目标无关的那些方面，以便更充分地注意与当前目标有关的方面。抽象是指并不打算了解全部问题，只是选择其中的一部分，暂时不用部分细节。例如，要设计一个学生成绩管理系统、考查学生这个对象时，通常只关心他的班级、学号和成绩等，而不用去关心他的身高、体重这些信息。抽象包括两个方面，一是过程抽象，二是数据抽象。过程抽象是指任何一个明确定义功能的操作都可被使用者看作单个的实体，尽管这个操作实际上可能由一系列更低级的操作来完成。数据抽象定义了数据类型和施加于该类型对象上的操作，并限定了对象的值只能通过使用这些操作修改和观察。

2. 面向对象法的开发过程

通常认为，面向对象方法的开发过程包括：

（1）系统调查和需求分析

即对所要研究的系统进行系统需求分析，搞清楚系统的目的和用户的需求是什么，给出前进的方向。

（2）面向对象分析（Object Oriented Analysis，OOA）

根据系统的目标分析问题和求解问题，在众多的复杂现象中间识别出需要的对象或类，分析这些对象的行为、结构、属性等；弄清可能被施于对象的操作；为对象与操作的关系建立接口。

（3）面向对象设计（Object Oriented Design，OOD）

即给出对象的实现描述。整理问题、详细地设计对象，对分析结果作进一步的抽象、归纳、整理，最后以规范的形式将它们确定下来。

（4）面向对象的程序设计（Object Oriented Programming，OOP）

此阶段为程序的实现阶段，即选用面向对象的程序设计语言实现设计阶段抽象整理出来的范式形式的对象，形成相应的应用程序软件。

3. 面向对象法的优缺点

（1）面向对象法的优点

①以对象为基础，利用特定的软件工具直接完成从对象客体的描述到软件之间的转换，这是最主要的特点和成就。

②面向对象方法解决了如结构化方法中客观世界描述工具与软件结构不一致的问题，缩短了系统开发周期。

③解决了从分析、设计等到软件模板结构之间多次转换映射的繁杂过程，简化了分析和设计。

④在面向对象法中，系统模型的基本单元是对象，是客观事物的抽象，具有相对稳定性，因而面向对象法开发的系统有较强的应变能力，重用性好、维护性好，并能降低系统开发维护费用和能控制软件的复杂性。

⑤面向对象方法特别适合于多媒体和复杂系统。

（2）面向对象法的缺点

①和原型法一样，它需要有一定的软件基础支持才可应用。

②不太适宜大型的 MIS 开发，若缺乏整体系统设计划分，易造成系统结构不合理、各部分关系失调等问题。

③只能在现有业务基础上进行分类整理，不能从科学管理角度进行理顺和优化。

④初学者不易接受，较为难学。

面向对象法目前尚在不断完善之中，还没有比较成熟的规范，但其应用范围正在不断扩大，是一种很有发展前途的开发方法。

3.2.5　计算机辅助软件开发

20 世纪 80 年代，计算机图形处理技术和程序生成技术的出现，缓解了系统开发过程中的系统分析、系统设计和开发“瓶颈”，即主要靠图形处理技术、程序生成技术、关系数据库技术和各类开发工具为一身的 CASE（Computer Aided Software Engineering，计算机辅助软件工程法）工具代替人在信息处理领域中的重复性劳动。

1. CASE 方法的基本思路

CASE 开发方法是用计算机软件工具辅助系统开发的一种方法。使用 CASE 工具，可以减少系统开发过程中许多重复的工作，提高系统开发的效率。

CASE 方法的思路如下：在前面所介绍的任何一种系统开发方法中，如果在系统开发的每一步骤中，所需完成工作的过程和该步骤所需得出的结果与对应的 CASE 工具形成对应关系的话，那么完全可以借助于专门研制的软件工具来实现上述一个个的系统开发过程。

值得注意的是，CASE 方法只是在具体的开发方法下提供计算机辅助工具，并不能提供一套完整的系统分析、设计方法。因此，CASE 方法只是一种开发环境。

2. CASE 环境的特点

（1）在实际开发一个系统时，CASE 环境的应用必须依赖于一种具体的开发方法，如结构化方法、原型法、OO 方法等。

（2）CASE 只是一种辅助的开发方法，主要在于帮助开发者产生出开发过程中的各类图表、程序和说明性文档。

（3）CASE 的出现从根本上改变了开发系统的物质基础，主要体现在考虑问题的角度、开发过程的做法、实现系统的措施等方面。

3. CASE 工具

（1）CASE 工具概述

CASE 工具（CASE Toolkits）是指 CASE 最外层（用户）使用 CASE 去开发一个应用系统时所接触到的所有软件工具。CASE 软件平台是一组范围广泛的集成化软件工具，一个完整的 CASE 软件平台通常包括以下一些工具。

① 图形工具：绘制结构图、系统专用图。

② 屏幕显示和报告生成的各种专用系统：可支持生成一个原型。

③ 专用检测工具：用以测试错误或不一致的专用工具及其生成的信息。

④ 代码生成器：从原型系统的工具中自动产生可执行代码。

⑤ 文件生成器：产生结构化方法和其他方法所需要的用户系统文件。

（2）主要 CASE 工具介绍

① 图稿绘制工具 Visio

Visio 全称 Microsoft Office Visio，是微软公司出品的一款软件，也是目前国内用得最多的 CASE 工具。Visio 提供了日常使用中绝大多数框图的绘画功能（包括信息领域的各种原理图、设计图），同时提供了部分信息领域的实物图。Visio 的精华在于其使用方便，安装后的 Visio 既可以单独运行，也可以在 Word 中作为对象插入，与 Word 集成良好，其图生成后在没有安装 Visio 的 Word 中仍然能够查看。Visio 支持 UML 的静态和动态建模，对 UML 的建模提供了单独的组织管理。Visio 操作界面如图 3-2 所示。

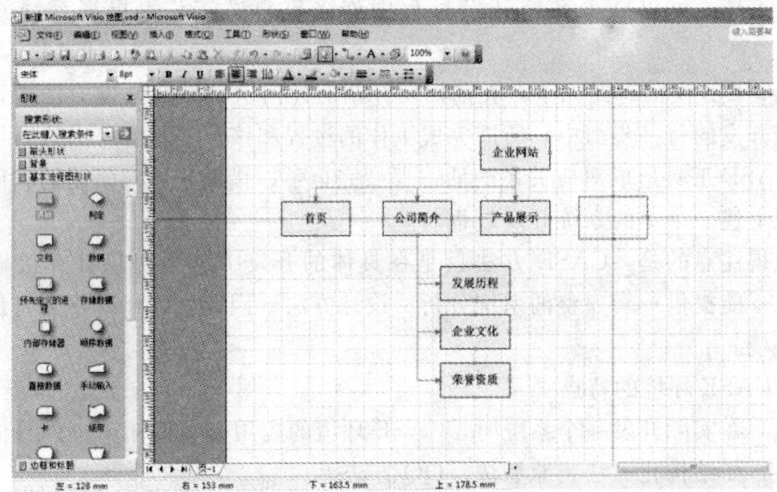

图 3-2　Visio 操作界面

②原码浏览工具 Source Insigt

Source Insigt 是一个面向项目开发的程序编辑器和代码浏览器，拥有内置的对 C/C++、C# 和 Java 等程序的分析。整个面板分成三个部分：左边提供工程内的所有变量、函数、宏定义，右边提供程序阅读和编辑，下边显示了鼠标在原码触及的函数或者变量定义。Source Insigt 提供函数交叉调用的分析，并以树状的形式显示调用关系。Source Insigt 的初始操作界面如图 3-3 所示。

③数据库设计工具 Power Designer

Power Designer 是 Sybase 公司的 CASE 工具集，使用它可以方便地对管理信息系统进行分析设计，几乎包括了数据库模型设计的全过程。利用 Power Designer 可以制作数据流程图、概念数据模型、物理数据模型，可以生成多种客户端开发工具的应用程序，还可为数据仓库制作结构模型。Power Designer 几乎能够产生到所有常用数据库管理系统的 SQL 脚本，可以不经过 SQL 脚本直接在 DBMS 中生成数据库；提供增量的数据库开发功能，可以在概念模型、物理模型、实际数据库三者间完成设计的同步。Power Designer 操作界面如图 3－4 所示。

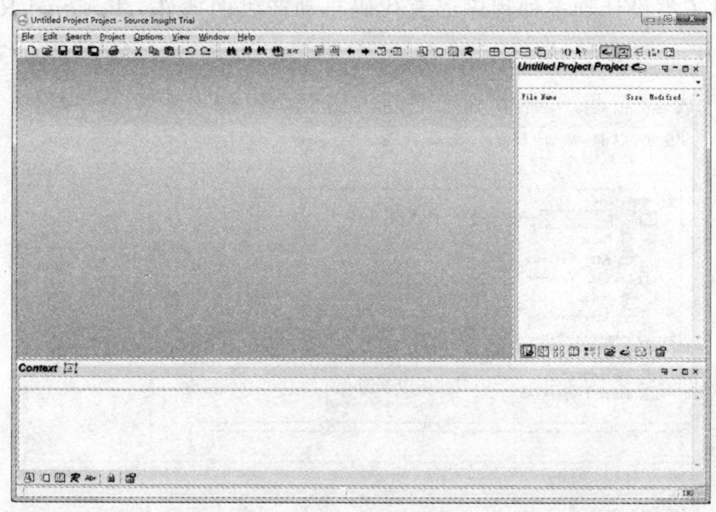

图 3－3　Source Insigt 的初始操作界面

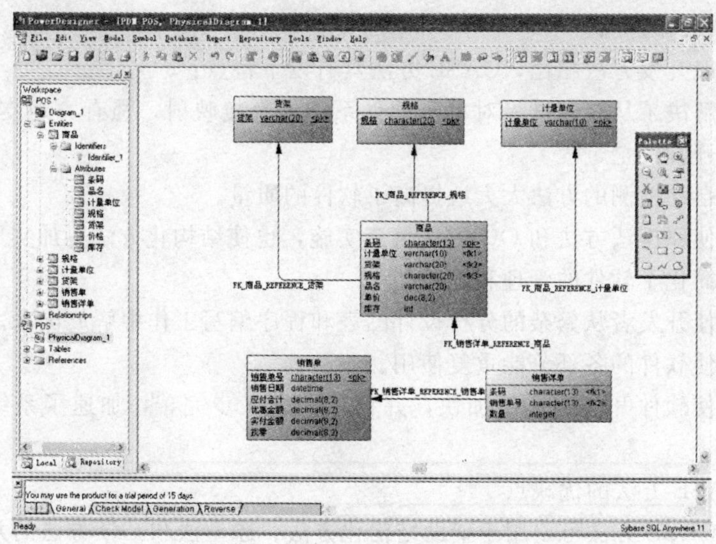

图 3－4　Power Designer 操作界面

④UML 建模工具 Rational Rose

Rational Rose 是 Rational 公司出品的一种面向对象统一建模语言的可视化建模工具，用于可视化建模和公司级水平软件应用的组件构造。Rational Rose 使改进和维护设计、从模型生成报表、在平行协作环境中与他人共同进行建模工作变得很方便。Rational Rose 可以完成 UML 的 9 种标准建模，即静态建模（用例图、类图、对象图、组件图、配置图）和动态建模（合作图、序列图、状态转移图、活动图）。为了使静态建模可以直接作用于代码，Rational Rose 提供了类设计到多种程序语言代码自动产生的插件。Rational Rose 操作界面如图 3－5 所示。

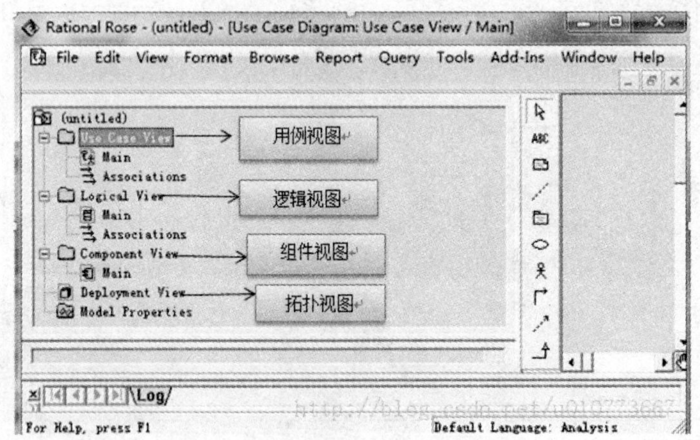

图 3－5 Rational Rose 操作界面

4. CASE 的特点

与一般开发方法相比，CASE 方法具有以下特点：

(1) 解决了从客观世界对象到软件系统的直接映射，强有力地支持软件/信息系统开发的全过程。

(2) 自动检测的方法大大地提高了软件的质量。

(3) 使原型法方法和 OO 方法付诸实施，也使结构化方法更加实用。

(4) 简化了软件的管理和维护。

(5) 使开发者从繁杂的分析设计图表和程序编写工作中解放出来。

(6) 使软件的各部分能重复使用。

(7) 使软件开发的速度加快，并且功能进一步完善，加速了系统的开发过程。

5. CASE 方法的优缺点

(1) CASE 方法可以用于辅助结构化方法、原型法和 OO 方法的开发。

(2) 具有高度自动化的系统开发方法。

(3) 只要在分析和设计阶段严格按照 CASE 方法规定的处理过程，就能够将分析、设计的结果让计算机软件程序自动完成。

(4) CASE 方法的开发方法，过程的规范性、可靠性和开发效率均较好。

(5) 目前缺乏全面完善的 CASE 工具。

阅读资料：

海尔：从“企业的信息化”到“信息化的企业”

早在 2000 年 3 月，海尔公司就开始与 SAP 公司合作，首先进行企业自身的 ERP 改造，随后便着手搭建 BBP 采购平台。从平台的交易量来讲，海尔集团可以说是中国最大的一家电子商务公司。

海尔集团首席执行官张瑞敏认为：“企业的信息化”相当于以企业为中心满足用户的需求，而“信息化的企业”相当于把企业放到全球用户需求的链条中去，企业只是这个链条中的一环，应该更快地在这个链条中进行运转。海尔要做的是怎样从制造型的企业转化为服务型的企业。

为了实现向“信息化企业”的转型，海尔在流程和系统创新方面做了很多探索：应用重点转向客户需求的获取，与重要的合作伙伴实现动态的预测、订单、库存的高效协同；以用户、客户的需求来驱动 3 大应用领域 GTM（贸易管理平台）、PLM（产品生命周期管理）、SCM（供应链管理）的整合，实现端到端可视化。

针对信息化时代的特征，海尔在商业模式创新上进行了有益的探索。在这方面，海尔做的第一步就是改变企业组织结构。按照职能管理原则，组织结构是金字塔形的，是一个正三角形：企业最高负责人在顶端，然后是一级级负责人下来，到最下边是员工。但是，员工面对的就是客户，客户所反映的问题员工要逐级反映上去，负责人再做决策传达下来，这里面除了内部的消耗外，还有一个很大的问题，即不能够非常好地直面市场、快速做出决策。现在海尔就把这个三角形倒过来，变成“倒三角形”：客户在顶端，然后是一线经理、员工直面客户，最后一级级下来，企业最高负责人成了最下面的了。这样，企业的最高负责人从原来的发号施令变成在最下端为一线经理提供资源。所有的部门在这当中都为一线经理和客户提供资源，从发号施令者变成提供资源者。

在传统的 IT 基础架构领域，海尔也转向“卖服务不卖服务器”的模式，比如搭建企业内部的云，通过虚拟化平台，实现快速资源调配，获得动态发展和低成本运营的能力；通过 SLA 服务模式，逐步外包如数据中心、基础运维、应用运维等环节，从而能有更多的精力投入 SOA（面向服务的体系结构）、EAI（企业应用集成）的建设中。

本章小结

本章首先介绍了系统规划的目的、任务和内容，然后介绍了管理信息系统各种开发方法，列举了结构化生命周期法、原型法、面向对象法和计算机软件辅助工程方法进行管理信息系统开发的思想与实现过程以及各种开发方法的特点及适用范围。

复习与思考

1. 简述系统规划的战略任务和内容。
2. 简述系统战略规划的步骤。
3. 结构化生命周期法有哪些特点?
4. 原型法的基本思想是什么?建立原型基本步骤是怎样的?
5. 简述原型法的优缺点。
6. 面向对象法的基本思想是什么?如何应用面向对象法开发系统?
7. CASE 环境有哪些特点?

第 4 章　管理信息系统的系统分析

【本章要点】

- 系统可行性分析
- 系统的详细调查及需求分析
- 新系统逻辑模型的建立
- 系统分析说明书的内容

章首案例：

雀巢的 ERP 风险之旅

1997 年 10 月，雀巢美国分公司召开 ERP 项目誓师大会，由 50 名高层业务经理和 10 名高级 IT 专家组成实施小组，目标是制定一套对公司各个分支机构都适用的通用工作程序，所有部门的功能——制造、采购、会计、销售等，都必须抛弃过去的旧方式，接受新的“泛雀巢”思维。1998 年 7 月，其中四个模块要求在 2000 年之前完成。虽然事先制定了进度表，但由于一些代码修改及千年虫问题，在匆忙完成既定任务的同时，又出现了大量的新问题，最大的问题是，反叛心理在不同阶层中开始滋生。员工的抵制情绪源于项目启动时犯下的一个重要错误：主要利益相关者小组中没有来自那些受到新系统和业务流程直接影响的团体的代表。所以，结果就如同雀巢美国分公司副总裁兼 CIO 杰丽·杜恩所描述的那样，“我们总是令销售部和其他部门的领导大吃一惊，因为我们带给他们的东西与他们并没有实质性的利害关系。”杜恩称之为她犯下的近乎致命的错误。

2000 年初，项目实施陷入混乱，工人不知道如何使用新系统，甚至连新的工作流程都不明白，没有人想学习业务运作的新方式，公司士气低落，预测产品需求的员工流动率高达 77%，部门主管和他们手下人一样迷茫。抱怨增多的时候，项目实施出现停滞甚至撤退。2000 年 6 月，项目搁浅。

2000 年 6 月，雀巢暂停了项目的实施，从头做起，抛弃了预先设定结束日期的做法，定期调查用户对变革的反应，当有反馈信息表明需要进一步的培训适应时，推迟实施。雀巢从此次项目的实施中得到了很多惨痛的教训：

（1）不要采用工程化的做法为项目实施过程预先设定期限。应该先分析项目需求，然后确定需要多长时间实现这些需求，定期调查用户的反应情况，如有异常，暂停实施，学习适应，再继续推进。

（2）定期更新预算估计。在项目实施的漫长过程中，往往会发生很多意想不到的事情，能在某一时间段基本达到预期目标就不错了，更不要说在整个实施过程中。经常检查预算可以将棘手的问题降至最少。

(3) 信息化不是软件的事。将一个新系统安装就绪是很容易的，真正难的是改变那些将要使用该系统的人们，使他们能适应新的业务流程。

(4) 没有人喜欢流程变革，尤其当他们没有思想准备的时候。那些因流程变革而受到影响的人需要特别关注，项目实施过程中应多进行交流沟通，在实施前、中、后衡量人们的接受认可度。

(5) 不要忘记整合。单单安装新系统是不够的，要确保各个部分能相互协同工作。

4.1 系统初步调查和可行性分析

在系统规划阶段对系统建设提出了总体设想，也对现行系统进行过调查，但不是很细致，甚至可以说是“跑马观花”，只是从宏观上对新型系统现状进行调查。如果要真正弄清楚现行系统“是什么”、“做什么”和“怎么做”，还需要从上而下、从粗到细、由表及里地对现行系统进行详细调查，并在此基础上进行系统分析，提出新的管理信息系统逻辑模型，为系统设计阶段提供依据。

因此，系统分析就是在系统规划的指导下，对系统进行深入详细的调查研究，确定新系统的逻辑模型，从而解决“ 做什么”的问题。

4.1.1 系统初步调查

管理信息系统的开发是一项耗费大、周期长、技术复杂的系统工程项目。因此，在开发初期就必须进行认真的总体规划。新系统是在现有系统的基础上发展起来的，为了使系统比现有系统工作得更加经济有效，系统开发人员在接受用户所提出的开发任务后，首先必须做好对现有系统的调查。系统调查分为初步调查和详细调查两个阶段。

系统初步调查的目的是明确系统总体目标，通过调查，收集相关信息用以进行可行性分析。系统初步调查的内容有以下几方面。

(1) 系统的基本情况。主要是搞清系统内外的各种情况。企业内部情况包括：现行组织机构，管理体制，经济实力，可提供开发系统的人、财、物资源状况，当前工作中面临的主要问题，企业各级领导对开发新系统的态度等。企业外部情况包括：与哪些外部单位有何种业务联系，客户特点及分布，产品市场情况，同行业发展情况等。

(2) 系统信息处理情况。主要指现行系统信息处理的方式、方法，处理信息的数量、格式及时效要求，现行信息处理存在的主要问题，对新系统信息处理的期望与要求等。

(3) 开发新系统的资源条件及对开发新系统的态度。由于现行的系统与开发的新系统的工作方式有较大的差异，破坏了原有的习惯工作方式，在机构设置、人员配置上需要作一定的调整，这就必然触及某些人员的工作及利益，故难免引起部分人员的阻力。因此，在调查中必须深入各有关部门，特别是要摸清各级领导与职能部门负责人对开发新系统的态度，了解他们对新系统的目标与范围的看法，还应调查企业为开发新系统可能投入的资金、物力、人力等资源状况。

4.1.2　可行性分析

可行性分析的目的就是用最少的代价在尽可能短的时间内确定问题是否能够解决。可行性分析的目的不是解决问题，而是确定问题是否值得去解决。

系统可行性分析包括必要性分析和可行性分析两个方面。

1. 必要性分析

这是指有无必要建立管理信息系统的分析。主要可从以下 3 个方面考虑：

(1) 如果由于企业的发展，现行的数据处理量将变得越来越大，即使再增加人力也不能及时、正确地完成数据处理的任务；或是由于业务的发展，要求信息处理的精度提高，人工已无法进行处理时，就有必要建立新的管理信息系统。

(2) 虽然目前的工作情况似乎还不一定马上需要建立新系统来取代旧系统，但从企业的发展和技术进步的趋势来看，若不进行系统的更新就即将不能适应信息处理的要求，不能适应日益增长的竞争环境。此时，提前采取更新系统的措施可能是企业发展所必需的。

(3) 从提高管理水平、改进工作服务质量、减少资源浪费、促进企业整体效益的提高等方面看，是否有必要建立新系统。

只有认真地进行新系统建立的必要性分析，才能为是否需要建立新系统做出正确的判断和决策。

2. 可行性分析

系统可行性分析是建立在上述必要性分析的基础上的。进行可行性分析一般应从经济、技术、组织与管理几个方面着手。

(1) 经济上的可行性。对经济合理性进行评价，主要是进行系统的投资与效益的比较分析。一般而言，总是在效益大于投资的情况下，建立新系统才是有利的；否则，就不一定需要或不一定马上需要建立新系统。

(2) 技术上的可行性。分析以现有的技术条件实现管理信息系统的可能性，包括目前市场上提供的计算机软硬件、通信设备以及计算机网络的条件，同时应了解有关厂商提供维修等技术服务的条件以及系统开发人员的水平。

(3) 组织与管理上的可行性。人的因素以及社会对系统开发影响的因素，影响着管理信息系统实现的可能性。原系统要有一系列行之有效的管理方法和具有一定管理水平的管理人员。还要分析新系统运行对管理思想、管理体制和管理方法变更的要求，实施各种有利于新系统运行的改革建议的可能性，各类人员对新系统的适应性等。

经过分析，得出可行性结论。大致是下列 5 种之一：

① 可以立即开始开发工作；

② 需要增加资源才能进行系统开发；

③ 需要推迟到某些条件具备后，才能进行系统开发；

④ 需要对目标进行某些修改后，才能进行系统开发；

⑤ 没有必要进行开发，终止工作。

3. 可行性分析报告

根据可行性分析的结果，写出可行性研究报告。可行性研究报告的内容包括以下几个方面：

(1) 系统概述 ；

(2) 项目的目标；

(3) 开发新系统所需资源、预算和期望效益；

(4) 对项目可行性的结论。

将可行性研究报告提交项目领导小组进行论证。论证会议除由企业主管、各主要业务部门负责人、系统分析人员参加外，还必须邀请一定数量的管理信息系统及计算机应用方面的专家参加。

4.2 系统的详细调查

当总体方案的可行性分析报告获得批准以后，系统开发工作进入了实质性阶段。这项工作是从详细调查开始的。

详细调查是在所确定的系统范围之内，对现行系统进行详尽、深入的调查分析，目的是收集一切有关的事实、资料和数据，彻底掌握现行系统的工作情况，为下一步的需求分析和建立新系统逻辑模型提供依据。详细调查与初步调查的目标、侧重点、内容、时间不同：初步调查是在可行性分析之前进行的；详细调查是在绘制新系统的数据流图之前进行的。

4.2.1 系统详细调查的方法

系统详细调查的方法很多，如访问、问卷调查、开调查会议、参加业务实践等。

1. 访问

访问是指系统分析人员使用提问的方式与用户交谈，收集有关信息。访问是调查的主要方式，一般向管理人员提出的问题有：输入信息的方式和内容、输出信息的方式和内容、处理的过程和方法等。

2. 问卷调查

问卷调查就是用发调查提纲、调查表的方法进行调查。用于对相关的供应商、代理商和单位职工进行调查。调查内容要重点突出，提问要简单扼要。问卷方式有以下两种形式。

(1) 自由式。用于进一步讨论某个问题或过程，收集有益的经验，倾听有经验者的叙述。例如，在企业产品销售的调查中可以提出一个自由式问卷："如何了解客户的信用度？如何控制客户的赊账程度？怎样改进、简化检验客户信用度的过程？"

(2) 选择判断式。通过系统分析员对问卷进行精心设计，以控制回答问题的范围，从而得到问题最明确的答案。

3. 开调查会议

会议一般由开发人员主持。调查会可分主题进行，如听取业务活动过程、业务难点、业务范围的介绍及对新系统的要求和建议，以便使业务人员与开发人员在新系统的功能及与之相应的流程重组方面取得一致性意见。

4. 参加业务实践

开发人员参加业务实践是了解管理信息系统的最好方法。通过有目的跟班实践，开发人员可以比较深入细致地掌握手工作业的数据产生、输入、传送、加工、存储、输出的具体过程和内容，这对以后的系统设计和程序设计都有重要意义。对关键、复杂的环节，开发人员更应该亲手做，最好能在这一阶段设计出一套可供程序调试用的数据，这对于今后调试和测试程序都是至关重要的。

在调查中应对现行系统的信息处理过程进行分析、归纳、整理、简化描述，以利于获取现行系统的主要信息。在调查中还应注意：对业务流程及信息流程的描述一定要具体；对调查结果要分别描述，用文字来说明企业生产经营情况，用图表形式来描述组织机构、各业务部门的功能；用数据流程图、信息流程图来描述各业务部门的业务流程及信息流程。

4.2.2　详细调查的原则

系统调查人员在进行系统调查时应该遵循以下几个原则：

(1) 真实性。所谓真实性，是指系统调查资料能真实、准确地反映现行系统状况，不依照调查者的意愿反应系统的优点或不足。

(2) 全面性。任何系统都是由许多子系统有机地结合在一起而实现的。

(3) 规范性。有一套循序渐进、逐层深入的调查步骤和层次分明、通俗易懂的规范化逻辑模型描述方法。

(4) 启发性。需要调查人员的逐步引导、不断启发，尤其在考虑计算机处理的特殊性而进行的专门调查中，更应该善于按使用者能够理解的方式提出问题，打开使用者的思路。

4.2.3 系统调查中应注意的问题

在系统详细调查阶段，应注意以下几个问题：

(1) 调查前要做好计划和用户培训。根据系统需要明确调查任务的划分和规划，列出必要的调查大纲，规定每一步调查的内容、时间、地点、方式和方法等。对用户进行培训或发放说明材料，让用户了解调查过程、目的等，并参与调查的整个过程。

(2) 调查要从系统的现状出发，避免先入为主。要结合组织的实际管理现状，了解实际问题，得到客观资料。

(3) 调查与分析整理相结合。调查中出现的问题应及时进行反映并解决。

(4) 分析与综合相结合。调查过程中要深入了解现行组织各部分的细节，而后根据相互之间的关系综合起来，使开发人员对组织有一个完整的了解。

(5) 系统分析人员的调查过程主要是大量原始素材的汇总过程，分析人员应当具有虚心、热心、耐心和细心的态度。分析员必须对这个内容进行整理、研究和分析，形成描述现行信息系统的文字材料。还可以将有关内容绘制成描述现行系统的各种图表，以便在短期内对现行信息系统有较全面详细的了解，并且与各级用户进行反复讨论、研究，反复修改，力求真实准确。

4.2.4 系统详细调查的内容

详细调查应自顶向下、由抽象到具体地进行，调查内容有两大方面：

(1) 系统的定性调查。定性调查主要是对现有系统的功能进行总结，包括组织结构的调查、管理功能的调查、工作流程的调查、处理特点的调查与系统运行的调查等。

(2) 系统的定量调查。定量调查的目的是弄清数据流量的大小、时间分布、发生频率，掌握系统的信息特征，据此确定系统规模，估计系统建设工作量，为下一阶段的系统设计提供科学依据。

4.3 组织结构调查

详细调查的第一步就是要了解企业组织结构与组成部分之间的联系。组织结构指的是一个组织（部门、企业、车间、科室等）的组成以及这些组成部分之间的隶属关系或管理与被管理的关系。

4.3.1　组织结构调查内容

在进行组织结构调查时，调查的内容包括：

(1) 弄清组织内部的部门划分；

(2) 各部门之间的领导与被领导关系；

(3) 信息资料的传递关系；

(4) 物资流动关系与资金流动关系。

(5) 详细了解各级组织存在的问题以及对新系统的要求等。

调查的结果通常可用组织结构图来表示。

4.3.2　组织结构图

某单位的组织结构图如图 4-1 所示。

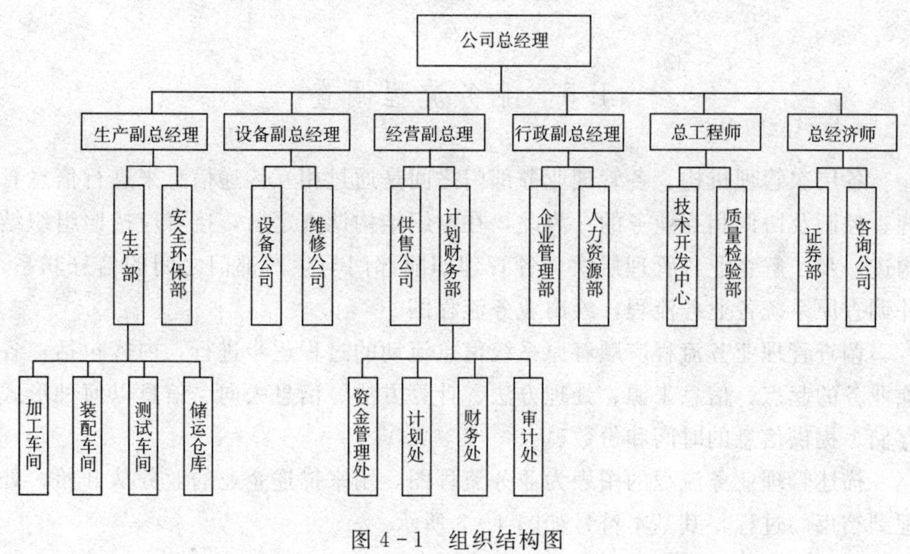

图 4-1　组织结构图

4.4　功能结构调查

为了实现系统目标，系统必须具有各种功能。各子系统功能的完成，又依赖于下面更加具体的工作的完成。管理功能的调查是要确定系统的这种功能结构。调查的结果可以用功能结构图来表示。某企业生产管理系统的管理功能图如图 4-2 所示。

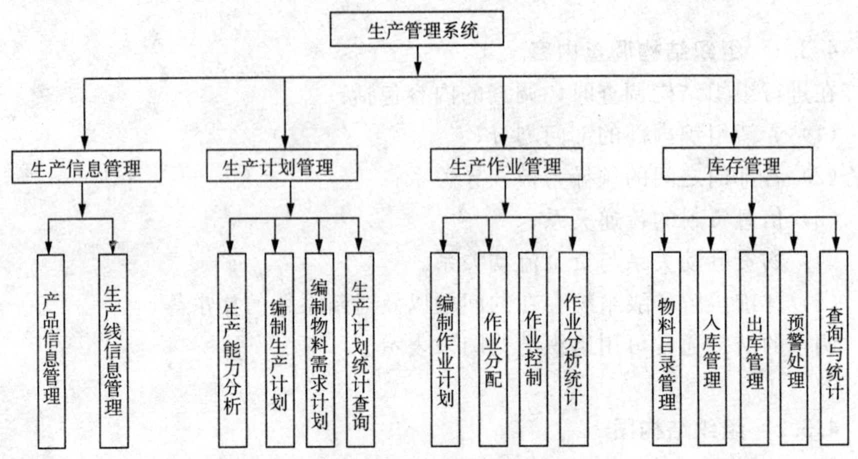

图 4-2　某企业生产管理系统的管理功能图

4.5　业务流程调查

各层次管理机构、各管理业务部门之间是通过相互传递信息来进行信息管理、控制及协调相互业务的。为此，在组织结构调查之后，接着应按照组织结构进一步了解企业各管理层次、各管理职能部门与生产部门之间的信息联系，并调查原系统各业务流程，绘出业务流程图。

调查管理业务流程应顺着原系统信息流动的过程逐步进行，内容包括：各项业务的起点、信息来源、处理方法、计算方法、信息去向、信息以何种形式存储、提供信息的时间和份数。

描述管理业务流程的图表为业务流程图，用来描述企业的业务从开始、处理到结束的过程，其基本符号如图 4-3 所示。

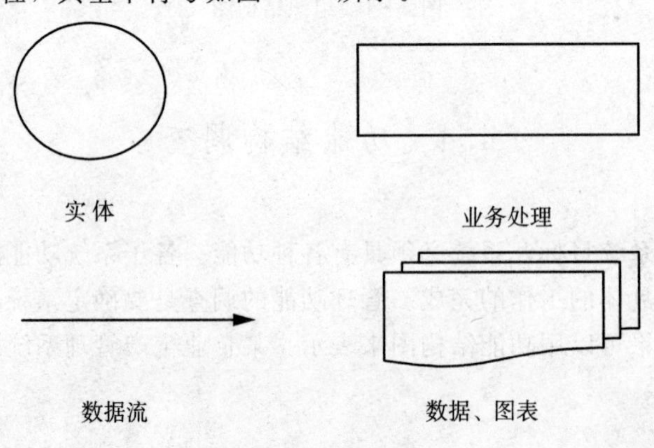

图 4-3　业务流程图符号

【例 4－1】　某企业的物资管理业务流程如下：车间填写领料单到仓库领料，库长根据用料计划审批领料单，未批准的领料单退回车间。库工收到已批准的领料单后，首先查阅库存账，若有货，则通知车间前来领取所需物料，并登记用料流水账；否则，将缺货通知采购人员。采购人员根据缺货通知，查阅订货合同单，若已订货，则向供货单位发出催货请求；否则，就临时申请补充订货。供货单位发出货物后，立即向订货单位发出提货通知。采购人员收到提货通知单后，办理入货手续，接着库工验收入库，并通知车间领料。此外，库工还要依据库存账和用料流水账定期生成库存报表呈送有关部门。

1. 分析

弄清上述问题涉及哪些人员、部门，这些人员和部门之间存在哪些业务往来。

人员：库长、库工、采购员。

部门：车间、供货单位、有关部门。

业务往来：

车间 —— 库长；　　　库长 —— 库工；

库工 —— 车间；　　　库工 —— 采购员；

库工 —— 有关部门；　采购员 —— 供货单位。

2. 分别绘制出上述“业务往来”的业务流程图

（1）车间——库长（图 4－4）

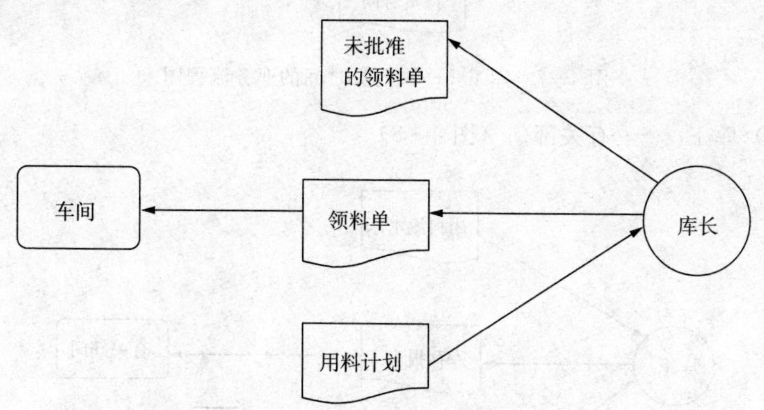

图 4－4　车间—— 库长之间的业务流程图

（2）库长——库工（图 4－5）

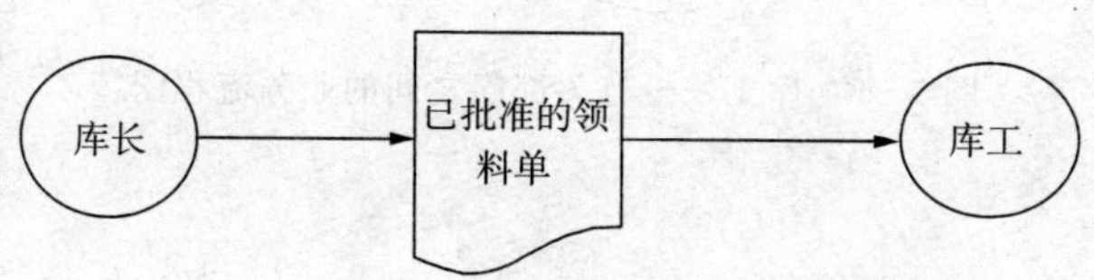

图 4－5　库长——库工之间的业务流程图

(3) 库工——车间（图 4－6）

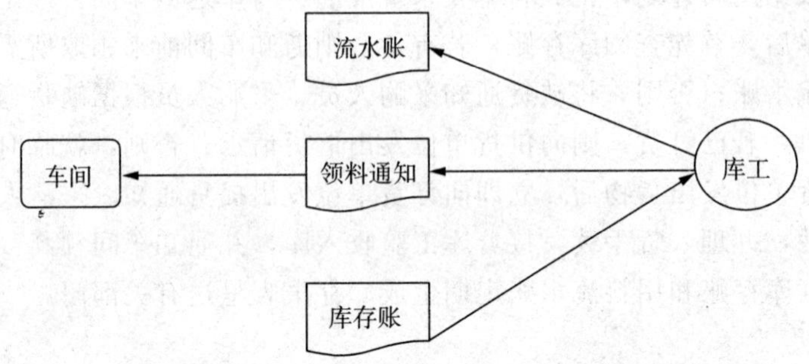

图 4－6 库工——车间之间的业务流程图

(4) 库工 —— 采购员（图 4－7）

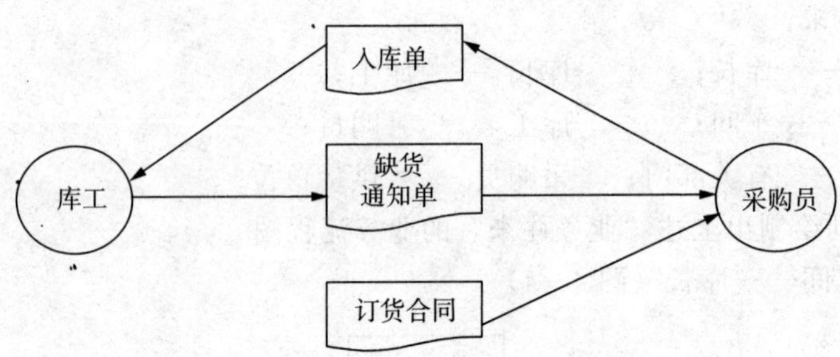

图 4－7 库工——采购员之间的业务流程图

(5) 库工 —— 有关部门（图 4－8）

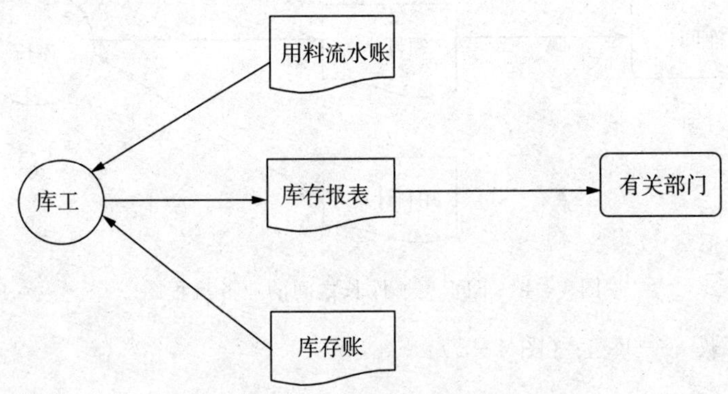

图 4－8 库工——有关部门之间的业务流程图

(6) 采购员 —— 供货单位（图 4-9）

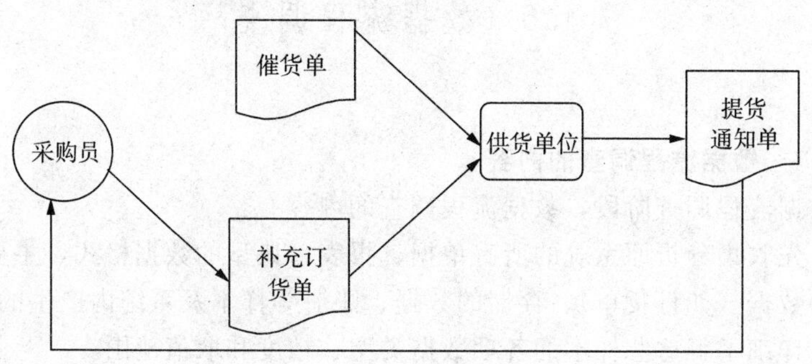

图 4-9　采购员——供货单位之间的业务流程图

3. 合并

把以上这些业务往来的流程图合并在一起（图 4-10）。

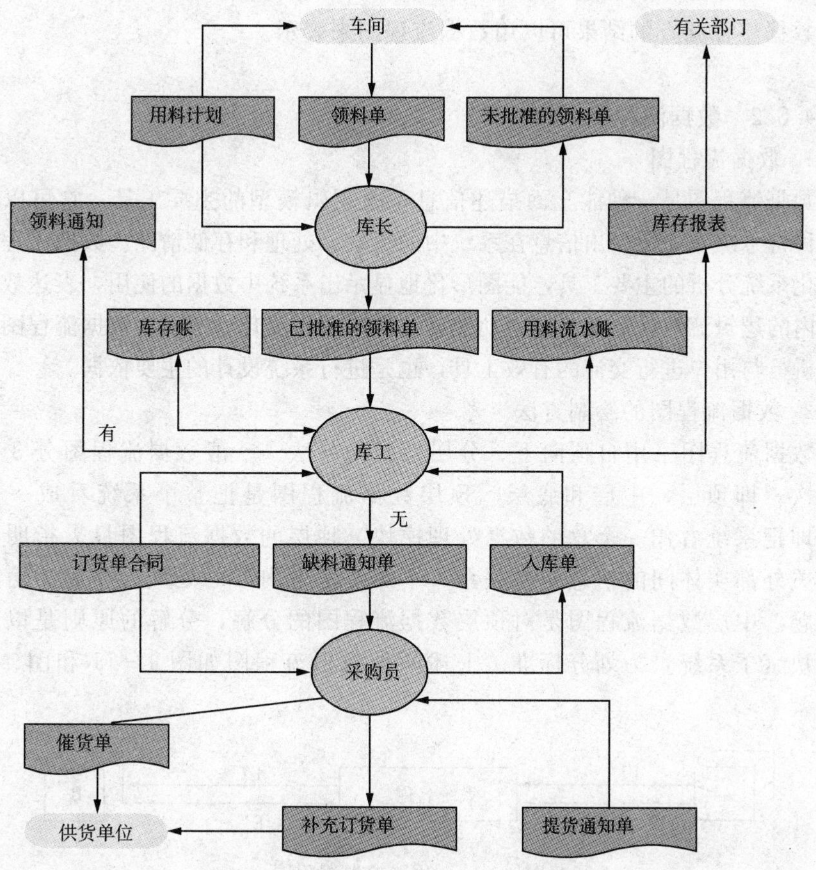

图 4-10　某企业物资管理的业务流程图

4.6 数据流程调查

4.6.1 数据流程调查的内容

在数据流程调查阶段，数据流程调查的内容有：

(1) 先收集分析原系统的所有单据、报表、典型的数据格式，主要包括系统输入的数据（如订货单）、存储的数据、账册等样本及系统内产生的数据。

(2) 详细了解这些样本的各项数据类型、精度和取值范围。

(3) 调查系统各环节的处理方法和计算方法、格式和报送高峰的时间、发生量。

(4) 绘制原系统的数据流图。

(5) 对原业务流程进行分析，绘制出新系统的数据流程图。

数据流程调查的结果可以用数据流程图来表示。

4.6.2 数据流程图

1. 数据流程图

数据流程图是一种能全面描述信息系统逻辑模型的主要工具，它可以用少数几种符号综合地反映出信息在系统中的流动、处理和存储情况。数据流程图是结构化系统分析的主要工具，能图形化地显示出系统中数据的使用，表达数据在系统内的逻辑流向及系统的逻辑功能和数据的逻辑变化。所以，数据流程图是系统分析员与用户进行交流的有效工具，也是进行系统设计的主要依据。

2. 数据流程图的绘制方法

数据流程图采用自顶向下、分层绘制的方法。一般数据流程图分 3 个主要层次，即顶层、中层和底层。顶层数据流程图是把整个系统看成一个整体，即把系统看作一个总的数据处理模块。顶层的数据流程图只需指明处理与有关外部实体间的信息交换关系，不需要考虑内部的处理、存储、信息流动问题。中层数据流程图是对顶层数据流程图的分解，分解的原则是以系统的模块（子系统）为划分标准。上述两种数据流程图如图 4－11 和图 4－12 所示。

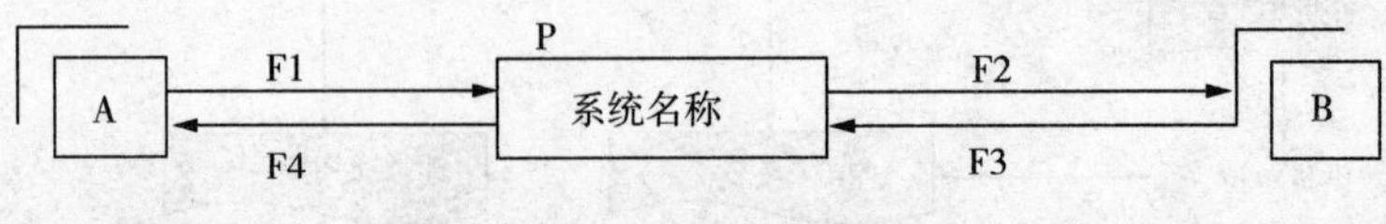

图 4－11　顶层数据流程图

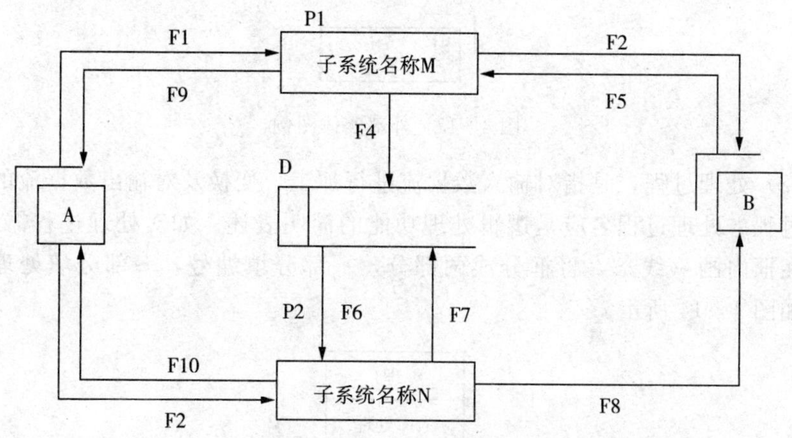

图 4-12　中层数据流程图

底层数据流程图是对中层数据流程图的进一步分解。它的分解以业务和功能为划分标准。对于大型复杂系统，由于功能复杂，层次较多，故这一层的划分可能不是最终的，即不是最底层的，究竟划分多少层应视实际情况而定。

3. 数据流程图中的常用符号

数据流程图中有 4 种常用符号，见表 4-1 所列。

表 4-1　数据流程图的常用符号及含义表

符　号	含　义
	外部实体。它是系统之外的与系统有信息联系的人或单位。框内填实体名
	处理过程。框内填处理过程名
	数据存储。框内存储数据名
	数据流。表示数据的流向

(1) 外部实体。外部实体指本系统之外的人或单位，它们和本系统有信息传递关系。在绘制某一子系统的数据流程图时，凡属本子系统之外的人或单位，也都被列为外部实体。系统开发不改变这些外部实体本身的结构和固有属性。如对外部实体有编号，可写于框内左上角。为避免出现数据流线条的交叉，对于同一外部实体可在同一图内出现数次，这时要在框内右下角画一斜线，如图 4-13 所示。

图 4－13　外部实体图例

（2）处理过程。是指对输入数据流进行加工、变换及对输出数据流的逻辑处理过程。处理过程名应是逻辑处理功能的简明表述。如对处理过程需编号，则可在框内画一线条，将框分成两部分，一部分填编号，一部分填处理过程名，如图 4－14 所示。

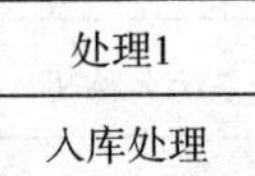

图 4－14　数据处理图例

（3）数据存储。是指逻辑上要求存储的数据。数据存储的编号常写在框的左边，用一竖线隔开。为避免数据流线的交叉，允许在同一图内出现相同的数据存储。这时，对重复出现的数据存储框，在左侧多加一条竖线，如图 4－15 所示。

数据2	库存台账

	数据2	库存台账

图 4－15　数据存储图例

（4）数据流。是指与所描述系统信息处理功能有关的各类信息的载体。数据流用一箭头线表示，箭头指向数据流动的方向，箭尾连接数据产生的地方。数据流可以产生或流向外部实体、处理过程或数据存储。

4．绘制数据流程图示例

【例 4－2】　某单位销售管理的流程是：销售员和客户签订合同，销售员将签订的合同交给销售内勤审核，有问题的合同返回给客户，没有问题的合同登记到合同台账。然后，发货员根据合同的要求查阅库存账进行发货处理，同时开出库单三联，一联存档，一联给财务，还有一联给库房。库房管理员根据出库单进行出库处理，同时登记库存台账。生产分厂填写产品入库单把产成品入库，库房管理员根据入库单进行入库处理，同时登记库存台账。销售内勤还要根据库存情况及时地提供给生产部门，并按时根据合同台账形成销售报表交给经营副总。试绘制出销售管理的数据流程图（图 4－16）。

【例 4－3】　数据流程图是分层绘制的。图 4－17 是图 4－16 中的一个处理。图 4－18 是根据具体的处理细节将 图 4－17 展开、细化得到的下一层数据流程图。

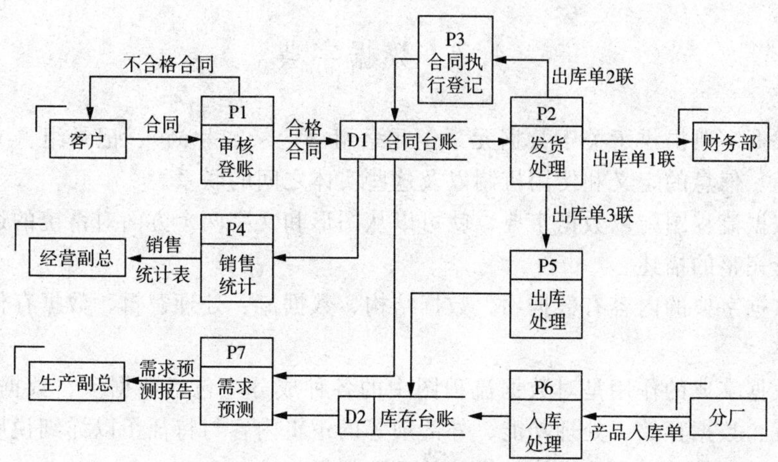

图 4－16　某单位销售管理的数据流程图

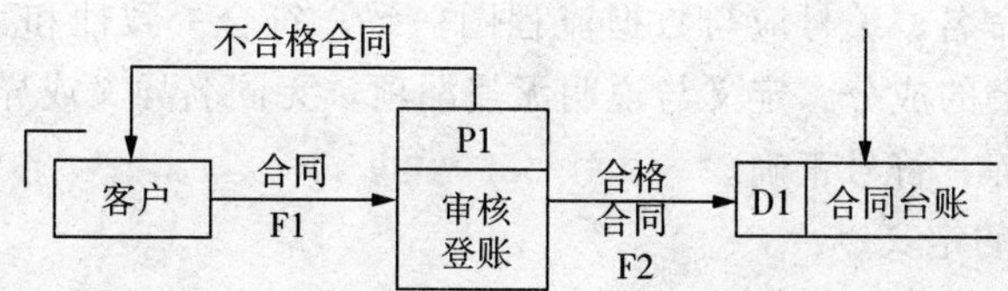

图 4－17　审核登账的一层数据流程图

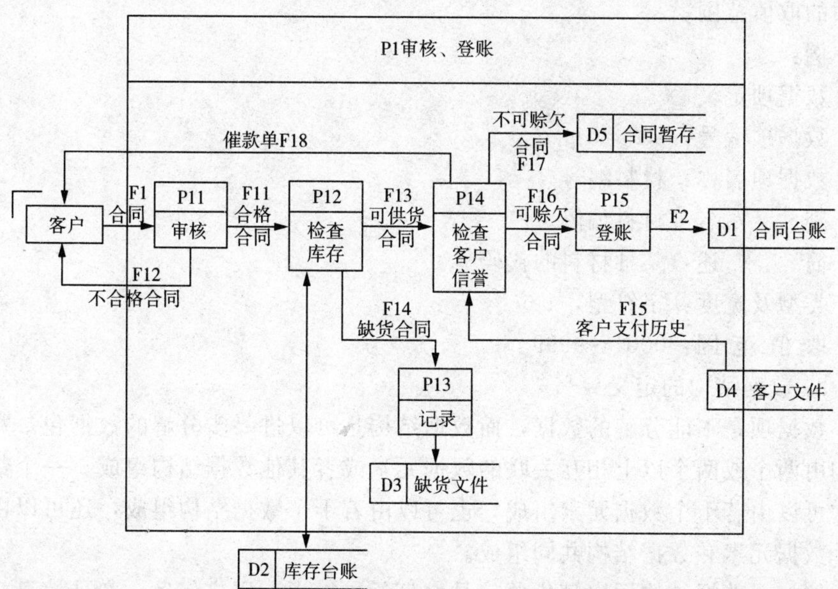

图 4－18　审核登账的第二层数据流程图

4.7 数据字典

数据字典提供了关于数据元素、元素组（记录或片断）、记录组（文件或数据库）信息的定义和使用机制以及这些实体之间的联系。

数据流程图配以数据字典，就可以从图形和文字两个方面对系统的逻辑模型进行完整的描述。

数据字典的内容有数据项、数据结构、数据流、处理逻辑、数据存储、外部实体。

数据字典的作用是对数据流程图中的各种成分，包括数据项、数据结构、数据流、数据存储、处理功能、外部项等的逻辑内容与特征予以详细说明。它是以后系统设计、系统实施与维护的重要依据。

编写数据字典的基本要求是：对数据流程图上的各种成分的定义必须明确、易理解；命名、编号应与数据流程图一致；符合一致性和完整性的要求，对数据流程图上的成分、定义与说明无遗漏项，无同名异义或异名同义；格式规范、文字精练、符号正确。

1. 数据项的定义

数据项是最基本的数据元素，是有意义的最小数据单元。在数据字典中，定义数据项特性包括：数据项的名称、编号、别名和简述；数据项的长度；数据项的取值范围。

例：

数据项定义

数据项编号：102－01

数据项名称：材料编号

别　　　名：材料编码

简　　　述：某种材料的代码

类型及宽度：字符型，4 位

取 值 范 围：0001～9999

2. 数据结构的定义

数据项是不能分解的数据，而数据结构是可以进一步分解的数据包。数据结构由两个或两个以上相互关联的数据元素或者其他数据结构组成。一个数据结构可以由若干个数据元素组成，也可以由若干个数据结构组成，还可以由若干个数据元素和数据结构共同组成。

例如，数据结构用户订货单就是由订货单标识、用户信息、产品信息三个数据结构组成，见表 4-2 所列。

表 4-2　数据结构用户订货单的构成

DS03－01：用户订货单		
DS03－02：订货单标识	DS03－03：用户信息	DS03－04：产品信息
11：订货单编号	13：用户代码	110：产品代码
12：日期	14：用户名称	111：产品名称
	15：用户地址	112：产品规格
	16：用户姓名	113：订货数量
	17：电话	114：单　　价
	18：开户银行	115：金　　额
	19：账号	

例：

数据结构定义

数据结构编号 ：DS03－01

数据结构名称 ：用户订货单

简　　　　述 ：用户所填用户情况及订货要求等信息

数据结构组成 ：DS03－02 ＋ DS03－03 ＋ DS03－04

3. 数据流的定义

数据流由一个或一组固定的数据项组成。定义数据流时，不仅要说明数据流的名称、组成等，还应指明它的来源、去向和数据流量等。

例：

数据流定义

数据流编号：F03－08

数据流名称：领料单

简　　　述：车间开出的领料单

数据流来源：车间

数据流去向：发料处理模块

数据流组成：日期＋领料部门＋物料编号＋物料名称＋领取数量＋单价＋金额＋领料人＋批准人＋发料人

数 据 流 量：10 份/时

高 峰 流 量：20 份/时（上午 9：00－11：00）

4. 数据存储的定义

数据存储在数据字典中只描述数据的逻辑存储结构，而不涉及它的物理组织。

例：

数据存储的定义

数据存储编号：F03－08

数据存储名称：库存账

简　　　　述：存放配件的库存量和单价

数据存储组成：配件编号＋配件名称＋单价＋入库数量＋出库数量＋库存量＋备注

关　键　字：　配件编号

相关联的处理：P02，P03

5. 处理逻辑的定义

处理逻辑的定义仅对数据流程图中最底层逻辑加以说明。

例：

处理逻辑定义

处理逻辑编号：P02－03

处理逻辑名称：计算电费

简　　　　述：计算应交纳的电费

输入的数据流：数据流电费价格来源于数据存储文件价格表；数据流用电量、用户名和用户类别来源于处理逻辑“读电表数字处理”和数据存储“用户文件”。

处　　　　理：根据数据流“用电量”和“用户名”，检索用户文件，确定该用户类别；再根据已确定的该用户类别，检索数据存储价格表文件，以确定该用户的收费标准，得到单价；用单价和用电量相乘得该用户应交纳的电费。

输出的数据流：数据流“电费”一是去外部项用户，二是写入数据存储用户电费账目文件。

处 理 频 率：对每个用户每月处理一次。

6. 外部实体的定义

例：

外部实体定义

外部实体编号：S03－01

外部实体名称：用户

简　　　　述：购置本单位产品的用户

输入的数据流：D03－06，D03－08

输出的数据流：D03－01

4.8　功能分析

功能分析是对数据流程图中处理过程的功能作详细说明。从逻辑上来分析，处理功能可归纳为三类，即数据的输入处理和输出处理、算术运算处理、逻辑判断运算处理。

在数据分析部分已介绍了有关数据的逻辑内容，而对于输入、输出的格式，可按用户要求进行设计。算术运算处理比较简单，主要是应把具体处理业务的要求搞清楚，然后列出相应的数学计算式来描述。逻辑判断运算处理比上述两类处理要复杂一些。这里我们主要介绍一下逻辑判断运算处理。

表达处理逻辑的工具主要有决策树、决策表和结构化语言 3 种。

1. 决策树

也称判断树。它是一种呈树状的图形工具，适用于描述处理中具有多种策略，要根据若干条件进行判断，确定所采用哪种策略最优的情况。

决策树的优点是清楚、直观，缺点是当需判断的条件较多而又互相组合时，不容易清楚地表达出判断过程。

【例 4－4】　假设邮寄包裹收费标准为收件地点在 500 km 及以内，每千克普通件 4 元，每千克挂号件 5 元；若收件地点超过 500 km，每千克普通件 5 元，每千克挂号件 6 元。此外，还要测量包裹重量是否超过 30 kg，对于超重部分，每千克再加收 1 元。试绘出决策树。

【解】　距离 Lkm，重量 Wkg，邮费用 F 元表示。重量以千克为单位，小数进整。绘制的决策树如图 4－19 所示。

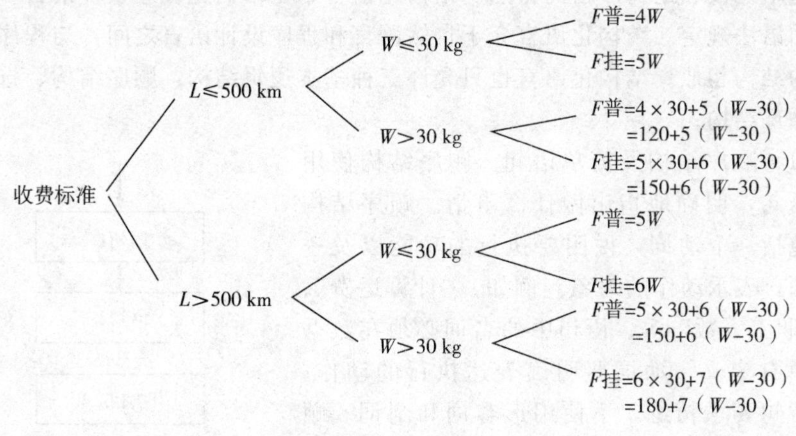

图 4－19　决策树

2. 决策表

又称判断表，是一种表格状的图形工具，适用于描述判断条件较多、各条件又相互组合、有多种决策方案的情况。

该表由四部分组成：左上部分为判断条件；左下部分为处理行动；右上部分为不同条件组合；右下部分表示在不同条件组合下应采取何种行动（表 4－3）。

表 4-3 判断表的组成

判断条件	不同条件组合
处理行动	应采取的行动

例 4-4 的决策表见表 4-4 所列。

表 4-4 决策表

属性 \ 条件和行动		1	2	3	4	5	6	7	8
条件	$L>500$ km	Y	Y	Y	Y	N	N	N	N
	$W>30$ kg	Y	Y	N	N	Y	Y	N	N
	普通件	Y	N	Y	N	Y	N	Y	N

3. 结构化语言

结构化语言就是将自然语言加上程序设计语言的控制结构，专门用来描述加工逻辑。所以，它既有自然语言灵活性强、表达丰富的特点，又有结构化程序的清晰易读和逻辑严密的特点。结构化语言不是结构化程序设计语言，没有严格的语法规定。结构化语言介于自然语言和程序设计语言之间，与程序设计语言的结构相似。结构化语言也只允许三种基本逻辑结构：顺序结构、选择结构和循环结构。

(1) 顺序结构及简单语句。顺序结构使用简单语句，明确地指出做什么事情。顺序结构至少包括一个动词，说明要执行的功能以及一个名词，表示动作的对象。例如，“计算运费”、“统计职工人数”等。语句中的名词必须在数据字典中有定义，动词要明确表达执行的动作。简单语句要求精练，不使用形容词和副词。顺序结构图如图 4-20 所示。

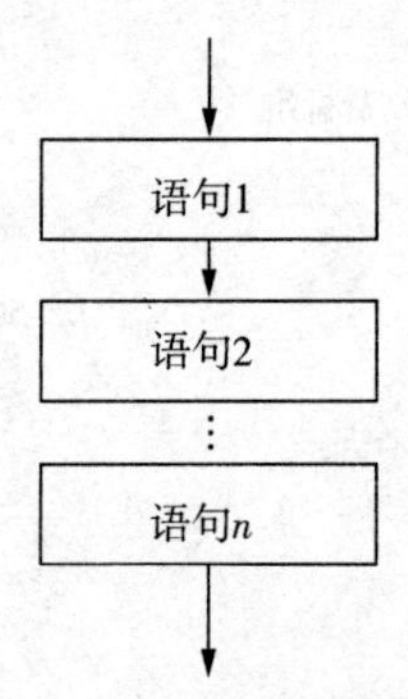

图 4-20 顺序结构示意图

(2) 选择结构和判断语句，选择结构使用判断语句。其一般形式如下：

如果　　条件（成立）
则　　行动 A
否则　　（即条件不成立）行动 B

选择结构图如图 4-21 所示。

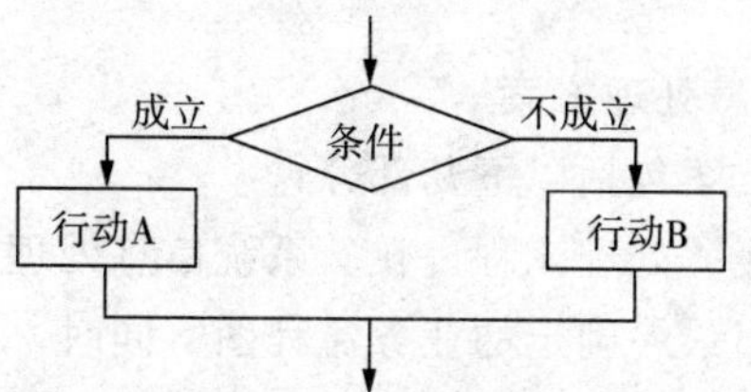

图 4-21　选择结构示意图

(3) 循环结构和循环语句

循环结构使用循环语句。这是指在某一条件存在时，重复执行相同的行动，直到条件不成立为止。其一般形式为

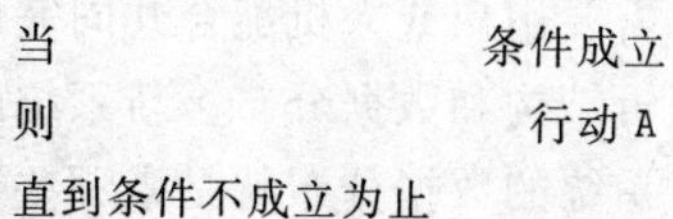

循环结构图如图 4-22 所示。

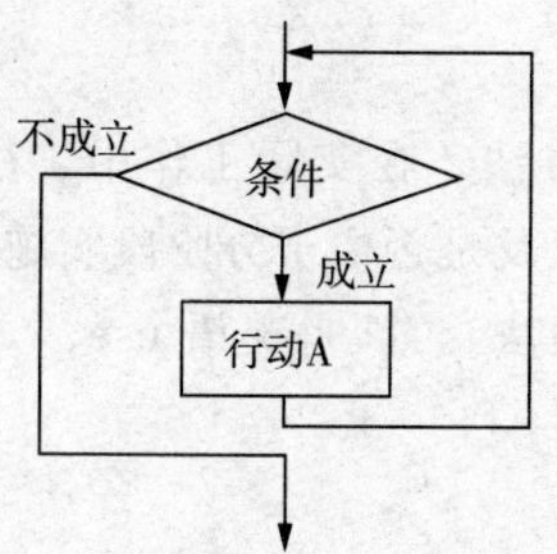

图 4-22　循环结构示意图

4.9　新系统逻辑模型的建立

新系统逻辑模型是指经过分析和优化后，新系统拟采用的管理模型和信息处理方法。因为它不同于实体结构方案，故称为逻辑模型。新系统逻辑模型的建立是系统分析阶段的最终结果，它对于下一步进行系统设计和系统实施都是基础性的指导文件。

新系统逻辑模型主要包括：对系统业务流程分析整理的结果，对数据及数据流程分析的结果，子系统划分的结果，各个业务处理过程以及应建立的管理模型和管理方法。

4.9.1 新系统信息处理方案

新系统信息处理方案包括以下几部分：

(1) 确定合理的业务处理流程。在新系统信息处理方案里，要根据以前对业务流程的分析，给出最终确定的业务流程图。同时，应说明在以前分析过程中，删除或合并了哪些多余的或重复的处理过程，还需对哪些业务处理过程进行优化和改动，改动的理由及好处是什么，并应说明在业务流程图中哪些部分由新系统的计算机系统可以完成，哪些部分需要用户完成或人机共同完成。

(2) 确定合理的数据和数据流程。这主要是指让用户确认最终的数据体系和数据字典，并给出最终确定的数据流程图，并说明在数据流程图中哪些部分由新系统完成，哪些部分需要用户或人机配合共同完成。

(3) 确定新系统的逻辑结构和数据分布。新系统的逻辑结构也就是指新系统的子系统划分方案。新系统的数据分布就是指哪些数据资源是在本系统设备的内部，哪些资源是在网络服务器或主机上。

4.9.2 子系统的划分

划分子系统可有多种方法。在实际工作中，往往受系统分析人员个人经验、组织内业务处理关系以及是否便于分阶段实施等各种因素的影响。下面介绍 U/C 矩阵法（功能/数据法）。U 是英语 use、C 是英语 create 的字母缩写，即使用及建立的意思。

1. U/C 矩阵

U/C 矩阵本质是一种聚类方法，它可用于过程/数据、功能/数据、功能/组织等各种分析中。我们用它来进行数据分析和划分子系统。

U/C 矩阵是一张二维表。表格的第一列表示数据类，表格的第一行表示业务和功能。除首行、首列外，其他各行、列都属于首行、首列相应位置对应的交叉点，分别用 U、C 或空表示。U 是业务或功能使用相应的数据类，C 表示数据类由相应的业务或功能产生。现有某企业的 U/C 矩阵示例，见表 4-5 所列。

表 4-5 U/C 矩阵

功能 数据类	客户	订货	产品	操作顺序	材料表	成本	零件规格	材料库存	成品库存	职工	销售区域	财务	计划	设备负荷	材料供应	任务单	列号
经营计划		U				U						U	C				1
财务计划						U				U		C	U				2
资产规模												C	U				3

（续表）

功能 / 数据类	客户	订货	产品	操作顺序	材料表	成本	零件规格	材料库存	成品库存	职工	销售区域	财务	计划	设备负荷	材料供应	任务单	列号
产品预测	U		C								U		U			4	
产品设计开发	U		C		U		U										5
产品工艺			U		C		U	U									6
库存控制								U	C						U	U	7
调度			U	U										U		C	8
生产能力计划				U										C	U		9
材料需求			U		U			U							C		10
操作顺序				C										C	U	U	11
销售管理	C	U	U														12
销售	U	U	U							C							13
订货服务	U	C	U														14
发运	C	U	U						U								15
财务会计	U		U						U	U		C	U				16
成本会计						C						U					17
人员计划										C			U				18
人员考核										C			U				19
行号 X	1	2	3	4	5	6	7	8	9	10	11	12	13	14	15	16	

建立了 U/C 矩阵之后，就要对数据进行分析，基本原则就是数据必定有一个产生的源，而且必定有一个或多个用途。

2. 划分子系统的方法

U/C 矩阵确定后，就可以进行子系统的划分工作。鉴于子系统的划分应相互独立，而且内部凝聚性高，故具体做法是调整 U/C 矩阵。调整的原则是使 C 元素尽量靠近 U/C 矩阵的对角线，然后再以 C 元素为标准，划分子系统。这样划分的子系统，其独立性和凝聚性都较好，可以不受干扰地独立运行。

现对表 4－5 的 U/C 矩阵进行调整，调整后的 U/C 矩阵见表 4－6 所列。再对调整后的 U/C 矩阵，在 U 和 C 最集中的地方框起来，给框起个名字，就构成了子系统（表 4－7）。

表 4-6 U/C 矩阵（2）

数据类 功能	计划	服务	产品	零件规格	材料表	材料库存	成品库存	任务单	设备负荷	材料供应	操作顺序	客户	销售区域	订货	成本	职工	列号
销售管理			U									C		U			12
销售			U									U	C	U			13
订货服务			U									U		C			14
发运			U				U					C		U			15
财务合计	U	C	U				U					U				U	16
成本合计		U													C		17
人员计划	U															C	18
人员考核	U															C	19

表 4-7 U/C 矩阵（3）

数据类 功能	计划	服务	产品	零件规格	材料表	材料库存	成品库存	任务单	设备负荷	材料供应	操作顺序	客户	销售区域	订货	成本	职工	列号
销售管理	C	U												U	U		1
销售计划	U	C													U	U	2
资产规模	U	C															3
产品预测	U		C									U	U				4
产品设计开发			C	U	U							U					5
产品工艺			U	U	C	U											6
库存控制						U	C	U		U							7
调度			U					C	U								8
生产能力计划									C	U	U						9
材料需求			U		U	U			C								10
操作顺序								U	U	U	C						11

图中由左上至右下的粗线框分别为：经营计划子系统、产品工艺子系统、生产制造计划子系统、销售子系统、财会子系统、人事子系统。

4.10 系统分析说明书

系统分析说明书反映了这一阶段调查分析的全部情况，是系统分析阶段最重要的文档。用户可以通过系统分析说明书来验证和认可新系统的开发策略和开发方案，而系统设计师则可以用它来指导系统设计工作和以后的系统实施标准。此外，系统分析说明书还可用来作为评价项目成功与否的标准。

系统分析说明书主要包括以下内容。

（1）概述：简要说明新系统的名称、主要目的及功能以及新系统开发的有关背景、新系统与功能系统之间的主要差别。

（2）现行系统概况：用本章介绍的一些工具，如组织结构图、业务流程图、数据流程图等，详细描述现行组织的目标。另外，各个主要环节对业务的处理量、总的数据存储量、处理速度要求、处理方式和现有的各种技术手段等，都应作一个简要的说明。

（3）系统需求说明：在掌握了现行系统的真实情况基础上，针对系统存在的问题，全面了解组织中各层次的用户对新系统的各种需求。

（4）新系统的逻辑方案：根据原有系统存在的问题，明确提出更加具体的新系统目标。围绕新系统的目标，确定新系统的主要功能划分、新系统的各层次数据流程图等，并与原有系统进行比较。

（5）系统开发资源与时间进度估计：系统分析报告完成后，需提交用户、管理人员、有关专家开会讨论审查，最后由主管领导审批。批准后的系统分析报告（也称系统方案说明书）将成为具有约束力的指导性文件，是进行下阶段物理设计的依据。

本章小结

系统分析是管理信息系统开发的第一阶段，在该阶段主要进行系统需求的调查和分析，从而提出新系统的逻辑方案，解决系统“做什么”的问题。

本章首先介绍了进行系统分析的基本方法和有关描述工具：组织结构图、业务流程图；进行系统数据流分析的技术和工具以及对数据流程图中的各种数据与处理进行补充描述的工具——数据字典和结构化语言、判断树、决策表等处理逻辑描述工具的意义和作用；最后介绍了新系统逻辑方案和系统分析说明书的内容和编写格式。

复习与思考

1. 系统分析的目的和任务是什么？
2. 系统的逻辑模型与物理模型有何不同？各是在哪个阶段建立的？
3. 简述初步调查的调查内容有哪些。
4. 简述应在哪几个方面进行可行性分析。
5. 管理业务的调查包括哪几项？
6. 某公司营销管理系统中财务管理子系统的处理过程如下：

会计对供应商发来的应付款通知核对付款单，核对正确后，付款并记应付款明细账；当顾客前来购货时，收款、开发票并记应收款明细账；会计还要定期根据应付款明细账和应收款明细账记总账，再根据总账编制会计报表送交公司经理。请绘出该财务管理子系统的数据流程图。

7. 下面是一项货运收费策略：

航空运费：重量小于或等于 20 kg 的货物每千克收 3 元，若重量大于 20 kg，超重部分每千克收 3.5 元；航空运输的最低起价是 6 元。如果是国际航线运费加倍。

铁路运费：收货地点在本省以内时，快件每千克收 1.5 元，慢快件每千克收 1 元；收货地点在外省时，重量小于或等于 20 kg 的货物，快件每千克收 2 元，慢快件每千克收 1.5

元，重量大于 20 kg 时，其超重部分每千克加收 0.2 元。

请用判断树分析描述该收费策略。

8. 某人欲从合肥到北京，现假设决策条件如下：

条件 1：第一考虑的是乘飞机还是乘火车；（提示：可假设该条件成立表示“第一考虑的是乘飞机”，该条件不成立表示“第一考虑的是乘火车”）

条件 2：有无飞机票；

条件 3：有无火车票；

条件 4：第一考虑不能满足时，是否愿意换第二种选择。

可能的决策有以下三种：

决策 1：乘飞机去；

决策 2：乘火车去；

决策 3：以其他方式去。

请用判断表分析并描述此人的旅行决策。

第 5 章　管理信息系统的系统设计

【本章要点】

- 系统设计的主要任务
- 新系统的逻辑方案
- 系统设计的主要工作，内容包括代码设计、功能结构图设计、数据库设计、输出设计、输入设计、处理流程图设计等
- 系统设计报告

章首案例：

亚洲水泥 ERP 系统设计案例

亚洲水泥集团是新中国成立以来江西省最大外商投资项目，项目投资额高达两亿美元。其集团管理系统涵盖公司管理的各个方面，是一个典型的ERP 管理系统。该系统包括：会计总账、财务管理、应收系统、应付系统、请购管理、采购管理、物料管理系统、资本支出、未完工程、固定资产、人事薪工考勤系统、成本会计、生产管理、成品库存、销售系统、运输管理等。该系统采用先进的管理思想，紧紧围绕严格的内部控管、成本中心核算等管理目标，环环相扣，使企业成为一个有机的整体，而企业的 ERP 系统则成为公司管理的核心。

系统含销售、进口、应收账款、应付账款、会计总账、财务、固定资产、未完工程、资本支出、物料管理、预算管理、成本会计、采购、厂务会计、人事薪资等子系统。下面就主要功能说明如下：

(1) 资本支出

主要负责对工程及采购启动之前所有预备动用资金的规划管理，为固定资产的实现进行合理有效的计划。资本支出预算涉及企业未来资金调度及使用，并且是实现未来利益资源的长期承诺。

(2) 固定资产

提供各种资产作业之一致性，以掌握财产异动情形；提供建筑物新增、增减值、征收及出售等异动作业；提供机器设备新增、增减值、转拨、内部移动、报废及出售等异动作业，以维护完整财产目录资料；财产明细资料的登录提供财产系统、财产明细的从属关系，并提供拆装财产明细的成本，以作入账参考。

(3) 会计总账

汇总企业活动之支出及收入，建立普通分录传票，汇总分类账，产生试算表，最终编制财务报表。

(4) 财务管理

主要完成开立票据、票据管理及账务处理的功能。

(5) 应付系统

主要提供物料系统、未完工程与总账的接口处理。

(6) 采购管理

包括物料采购（含收案、会厂、结案与供应商资料）、工程采购（含收案、会厂、结案）及进口（含结汇、保险、运输、通关）三大子系统。

(7) 进口作业

对每个进口作业的基本信息进行维护，包括新增、插入和删除；对每个进口作业的结汇信息进行维护，包括新增、插入和删除；对每个进口作业的保险信息进行维护，包括新增、插入和删除。对于在基本信息的保险标记为“无”的进口作业，应当不允许有保险信息。

(8) 人事薪工

可对员工的基本资料、人事异动资料、奖惩资料、在职训练资料进行管理和维护，对考勤作业、薪资作业、保险作业进行管理。

(9) 物料管理

主要处理公司原物料的请购、验收、领退料、库存以及预算方面的管理，适用于公司及分厂的物料部门。本系统分请购、验收、领料及库存等四个子系统。

亚洲水泥 ERP 系统设计案例里描述的是系统设计工作的内容之一——功能设计。本章将对系统设计的相关内容进行介绍。

系统设计是新系统的物理设计阶段，根据系统分析阶段所确定的新系统的逻辑模型，综合考虑各种约束，利用一切可用的技术手段和方法，进行各种具体设计，提出一个能在计算机上实现的新系统的实施方案，解决“系统怎么样做”的问题。

由系统分析阶段进入系统设计阶段：

阶 段	回答的中心问题		成 果
系统分析	“做什么”	明确系统功能	系统的逻辑模型
系统设计	“怎么做”	如何实现系统说明书规定的系统功能	系统的物理模型

5.1 系统设计的任务概述

5.1.1 系统设计的任务

在逻辑模型的基础上，科学合理地进行物理模型的设计，并把总任务分解为许多基本的、具体的任务。

5.1.2 系统设计的主要工作

系统设计的主要工作如下：

(1) 总体设计。包括信息系统流程图设计、功能结构图设计和功能模块图设计等。

(2) 代码设计和设计规范的制定。

(3) 系统物理配置方案设计。包括设备配置、通信网络的选择和设计以及数据库管理系统的选择等。

(4) 数据存储设计。包括数据库设计、数据库的安全保密设计等。

(5) 计算机处理过程设计。包括输出设计、输入设计、处理流程图设计以及编写程序设计说明书等。

从系统分析的逻辑模型设计到系统设计的物理模型设计是一个由抽象到具体的过程，有时并没有明确的界限，甚至可能有反复。

经过系统设计，设计人员应能为程序开发人员提供完整、清楚的设计文档，并对设计规范中不清楚的地方做出解释。

5.1.3 系统设计的原则

在系统设计中，应遵循以下原则：

1. 系统性

系统是作为统一整体而存在的，因此在系统设计中，要从整体系统的角度进行考虑，系统的代码要统一，设计规范要标准，传递语言要尽可能一致，对系统的数据采集要做到输出一致、全局共享，使一次输入得到多次利用。

2. 灵活性

为保持系统的长久生命力，要求系统具有很强的环境适应性。为此，系统应具有较好的开放性和可变性。在系统设计中，应尽量采用模块化结构，提高各模块间的数据耦合，使各子系统间的数据依赖减少至最低限度。这样，既便于模块的修改，又便于增加新的内容，提高系统适应环境变化的能力。

3. 可靠性

可靠性是指系统抵御外界干扰的能力及收到外界干扰时的恢复能力。一个成功的管理信息系统必须具有较高的可靠性，如安全保密性、检错及纠错能力、抗病毒能力。

4. 经济性

经济性是指在满足系统需求的前提下，尽可能减少系统的开销。一方面，在硬件投资上不盲目追求技术上的先进，而应以满足应用需要为前提；另一方面，系统设计应尽量避免不必要的复杂化，各模块应尽量简洁，以便缩短处理流程、减少处理费用。

5.1.4 系统设计的步骤

1. 总体设计

又称初步设计或结构设计。内容包括：划分子系统（系统功能结构划分）、模块结构图设计、信息系统流程图设计、系统物理配置方案设计等。

2. 详细设计

在总体设计的基础上，详细设计是要确定每个模块内部的详细执行过程。内容包括：代码设计、数据存储设计、输出设计、输入设计、其他设计。

5.2 代码设计

5.2.1 代码的概念

代表客观存在的实体及其各种属性的符号。例如：数字、字母或者它们的组合。

5.2.2 代码的功能

代码的主要功能如下：

（1）可使数据的表达方式标准化。

（2）可减少信息量、节省存储空间。

（3）便于信息的传递和进行分类、合并、检索等处理，提高计算机处理信息的效率。

（4）表明事物所处状态。

5.2.3 代码设计的原则

1. 唯一性

每个代码都仅代表唯一的实体或属性。

2. 标准化与通用性

凡国家和主管部门对某些信息分类和代码有统一规定和要求的，则应采用标准形式的代码，以使其通用化。

3. 合理性

代码结构要合理，尽量反映编码对象的特征，并与事物分类体系相适应，以便具有分类的标识作用。

4. 稳定性

代码应能适应环境的变化，要具有不能改变的永久性，避免经常修改代码，具有稳定性。

5. 可扩充性与灵活性

代码系统要考虑系统的发展变化。当增加新的实体或属性时，直接利用原代码加以扩充，而不需要变动代码体系。

6. 规律性

便于编码和识别。代码应具有逻辑性、直观性的特点，便于用户识别和记忆。对于一些易混淆的字母，如 I、O、Z 等，应尽量不使用。

7. 简洁性

代码的长度应以短小为好。因为代码的长度会影响所占据的存储单元和信息处理速度，也会影响代码输入时出错的概率及输入速度。

5.2.4 代码的种类

1. 顺序码

又称系列码，是一种用连续数字代表编码对象的码。例如，在我国若以政治经济重要性排序对城市进行编码，则北京 001，上海 002，天津 003……

优点：短而简单，记录定位方法简单，易管理。

缺点：没有逻辑基础，本身不能说明任何信息的特征，新加的代码只能列在最后，删除则造成空码。

正因如此，纯粹的顺序码是很少使用的，通常将其作为其他码分类中细分类的一种补充手段。

顺序码没有逻辑含义作基础，一般不能说明信息的任何特性，但在有些场合下使用比较方便。

2. 区间码

把数据项分成若干组，每一区间代表一个组，码中数字的值和位置都代表一定意义。

例如：① 邮政编码、产品条码；

② 某企业的用户分类和代码。

表 5－1　某企业的用户分类和代码

用户类型（第一位）		采购总量（第二位）	
码	分类	码	分类
1	批发部门	1	＜9999 元
2	零售部门	2	10000～2999 元
3	教育界	3	30000～49999 元
4	国防部门	4	＞49999 元
5	其他部门	5	

区间码的类型：

(1) 多面码

一个数据项可有多方面的特性，若在码的结构中为这些特性各规定一个位置，则形成多面码。

【例 5－1】　机制螺钉。见表 5－2 所列：

表 5－2　某机制螺钉的编码

材　料	螺钉直径	螺钉头形状	表面处理
1. 不锈钢 2. 黄铜 3. 钢	1. Ø0.5 2. Ø1.0 3. Ø1.5	1. 圆头 2. 平头 3. 六角形状 4. 方形头	1. 未处理 2. 镀铬 3. 镀锌 4. 上漆

【例 5－2】　某一种男装的编码为 M38－2W1，参考生产该服装厂的服装编码见表 5－3 所列。

表 5－3　某服装厂的服装编码

类　别	尺　寸	样　式	料　子
M（男装）	38	1—9	W1（毛料）
F（女装）	39		C1（布料）
	40		
	41		

(2) 上下关联区间码

由几个意义上相互有关的区间码组成，其结构一般是由左向右排列。

例：关于某公司组织机构的代码含义见表 5－4 所列：

表 5-4　某公司组织机构的代码

公司级	科室级	小组级
1—总公司	1—销售科	1—订单处理组
2—安徽分公司	2—会计科	2—广告组
……	……	3—会计组

(3) 十进位码

码中的每一位数字代表一类（图书分类中沿用已久的十进位分类码）。此码分类比较清晰，但适用范围较窄，并且所占位数长短不一，不适于计算机处理。但位数固定，仍可使用计算机处理。

例：

500.	自然科学
510.	数学
520.	天文学
530.	物理学
531.	机构
531.1	机械
531.1.1	杠杆和平衡

3. 助记码

用文字、数字或文字数字结合起来描述。

特点：可通过联想帮助记忆（原封不动地表示代码化对象属性，易记易读）。例如，用 W-B-18 代表 18 英寸黑白电视机，W-C-29 代表 29 英寸彩色电视机。

助记码适用于数据项目较少的情况（一般少于 50 个），否则可能引起联想出错。另外，太长的助记码占用计算机容量太多，不宜采用。

4. 缩写码

此法把惯用的缩写字直接用作代码。

例如：

Ib　磅　D　码　kg　千克　cm　厘米

5. 尾数码

此法使末尾位的数字码具有一定含义，可不增加主要代码位数而进行分类，即利用尾数字修饰主要代码。例如，用 02301 表示 230mm，用 02302 表示 230cm。

5.2.5　代码的校验

1. 代码字典

事先在计算机中建立一个“代码字典”，然后将输入的代码与字典中的内容进行比较，若不一致则说明输入的代码有误。

2. 校验位

（1）校验位

为了保证代码的正确输入，在设计代码结构时，在原有代码的基础上再增加一个校验位，使其事实上成为代码的一个组成部分。校验位通过事先规定的数学方法计算出来。代码一旦输入，计算机会以同样的数学方法按输入的代码计算出校验值，并将它与输入的校验值加以比较，以验证输入是否正确。

（2）发现错误种类

抄写错误：如 1 写成 7；

易位错误：如 1234 写成 1324；

双易错误：如 26913 写成 21963；

随机错误：如包括以上两种或三种综合性错误或其他错误。

（3）确定校验位的方法

① 算术级数法

原代码：12345

各乘以权：65432

乘积之和：6＋10＋12＋12＋10＝50

以 11 为模除以乘积之和，余数作为校验码

50/11＝4…6

代码为：123456

② 几何级数法

原代码：12345

各乘以权：32 16 8 4 2

乘积之和：32＋32＋24＋16＋10＝114

以 11 为模除以乘积之和，余数作为校验码

114/11＝10…4

代码为：123454

③ 质数法

原代码：12345

各乘以权：17 13 7 5 3

乘积之和：17＋26＋21＋20＋15＝99

以 11 为模除以乘积之和，余数作为校验码

99/11＝9…0

代码为：123450

注意：以 11 为模时，若余数是 10，则按 0 处理。

5.3　系统功能结构图设计

所谓功能结构图，就是将系统的功能进行分解，按功能的从属关系表示的图表。

管理信息系统的各子系统可以看作是系统目标的下层功能，对其中的每项功能还可以继续分解为第三层、第四层……甚至更多的功能。

从概念上讲，上层功能包括（或功能）下层功能，越上层功能越笼统，越下层功能越具体，是一个由复杂到简单的过程。

在功能结构图中，图中每一个框称为一个功能模块。功能模块可以根据具体情况分得大一点或小一点。分解的最小的功能模块可以是一个程序中的每个处理过程，而较大的功能模块则可能是完成某一任务的一组程序。

5.3.1　模块的定义与属性

（1）模块是可以组合、更换和分解的单元，是组成系统的基本单元。

（2）模块的属性见表 5－5 所列。

表 5－5　模块的属性

属性类	属　性	说　明
外部属性	功能	模块能够完成的任务或实现的操作
	输入输出数据	模块使用的条件和模块之间的关系
内部属性	算法	模块内部如何实现所要求的功能
	内部变量	算法中涉及的变量

5.3.2　模块化原理

模块化即是将复杂的系统分解成不同粒度的模块的过程，最小的模块完成比较简单的、独立的任务。

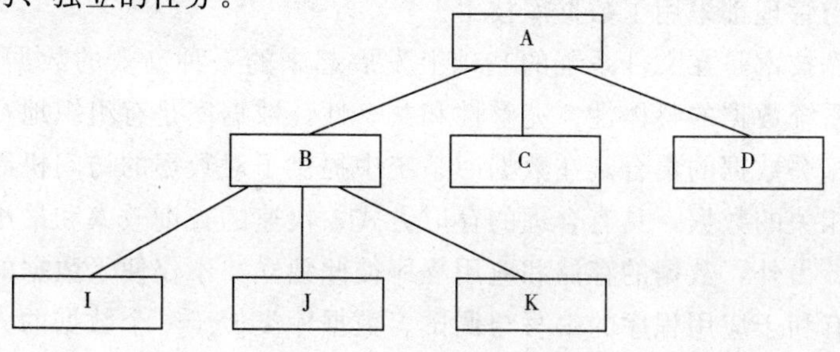

图 5－1　模块化原理示意图

5.3.3 功能结构图的定义

功能结构图是指将系统的功能进行分解，按功能的从属关系表示的图表。例如，将学校的综合管理系统按其功能可以划分为五大模块，如图 5-2 所示：

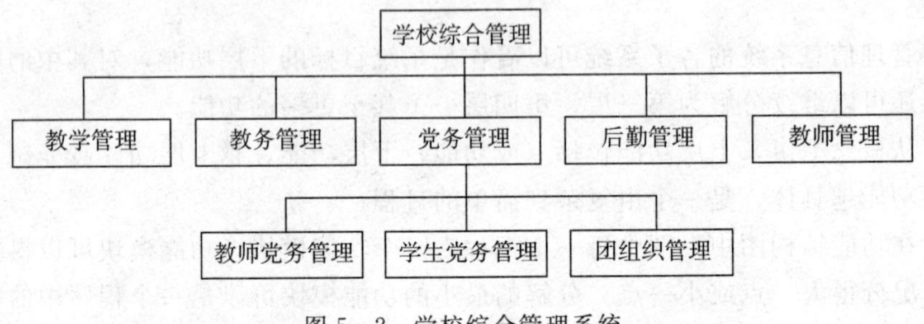

图 5-2 学校综合管理系统

5.3.4 功能结构图的设计过程

功能结构图设计过程就是把一个复杂的系统分解为多个功能较单一的模块的过程。

这种把一个信息系统设计成若干个模块的方法称作模块化。模块化是一种重要的设计思想，这种思想把一个复杂的系统分解为一些规模较小、功能较简单、更易于建立和修改的部分。

(1) 各个模块具有相对的独立性，可以分别加以设计实现。

(2) 模块之间的相互关系（如信息交换、调用关系）则通过一定的方式予以说明。

5.4 数据库设计

在管理信息系统中，存储有大量的数据。因此，在系统设计时，应该设计出一种适合计算机处理、存储的数据结构。目前，大多数管理信息系统中，数据的存储与管理都采用了数据库技术。

数据库技术是在文件系统的基础上发展起来的一种高效的数据管理技术，它能保持系统数据的整体性、完整性和共享性。数据库是有组织地存储在一定结构内的相关数据的集合。在数据库系统中提供了对数据的访问机制，能有组织地存储相关的数据，具有合理的存取方式、快速的查询效率和最小的数据冗余等特征。另外，数据的存储和应用程序彼此独立，不仅便于数据的管理与控制，而且有利于应用程序的编写与调试。数据库类似于一个数据的大仓库，能很好地实现数据共享，本身就具有数据的增、删、改等功能，能维护数据的一致性。数据库设计是系统设计的一个重要内容，设计质量的好坏直接影响系统开发的成败、系统的质量、系统的工作效率及可维护性等。

数据库设计一般包括建立数据库概念模型、数据库逻辑设计、数据库的物理设计和数据库的实现四个阶段。

（1）建立数据库概念模型。通过对现实世界的信息流进行分析、选择、命名、分类、抽象之后，建立起相应的概念模型。这个概念模型描述的是从用户角度看到的数据库，与具体实现无关。目前常用 E－R 图来描述概念模型。

（2）数据库逻辑设计。数据库逻辑设计是指对第一阶段得到的概念模型进行改进和优化，然后将其转换为某个数据库管理系统（DBMS）所能接受的数据模型。

（3）数据库的物理设计。数据库的物理设计是指在数据库逻辑设计的基础上，确定数据库物理结构设计数据模型的物理细节。主要包括确定数据的存储结构、存取路径、存取位置、索引的建立内容。

（4）数据库的实现。数据库的实现是指利用选定数据库管理系统所提供的有关操作命令，进行上机操作，建立起所有数据库。

5.4.1　建立数据库概念模型

数据库的概念模型是建立数据库逻辑模型的基础，它描述了从用户角度看到的数据库的内容及联系，纯粹是现实的反映，与数据的存储结构、存取方式、具体实现内容等无关。概念模型在用户和系统设计人员之间起到了桥梁的作用，一方面它明确反映了用户的需求，另一方面它又是建立数据逻辑模型的基础。用于描述数据概念模型的方法较多，目前一般用实体联系图（简称为 E－R 图）来对其进行描述。E－R 图由实体、联系和属性三个基本成分组成。

1. 实体

实体是现实世界中客观存在并可相互区分的事物。实体可以是人，也可以是物。例如，职工、零件、仓库、部门、供应商等都是实体。在 E－R 图中，用方框表示实体，实体名称写在方框内，如图 5－3 所示。

职工

图 5－3　实体的图例

2. 联系

实体之间可能存在各种联系。如零件与供应商之间存在供应关系，职工与部门之间存在工作（雇佣）关系。在 E－R 图中，用菱形表示联系，联系名写在菱形框内。实体间通过联系发生关系，实体与联系之间用直接连接，如图 5－4所示。

图 5-4 联系的图例

实体之间的联系有三种：

(1) 1 对 1 联系

1 对 1 联系，记为 1∶1，表示两个实体间是一一对应关系。如部门与部门经理之间的管理关系就是 1 对 1 的关系，因为一个部门只有一个部门经理，一个部门经理只管理一个部门。

(2) 1 对多联系

1 对多联系，记为 $1:N$，表示一个实体与多个另一类实体发生联系。如部门实体与职工实体之间的工作关系就是 1 对多的关系，因为一个部门可有多位职工，而一位职工只在一个部门工作。

(3) 多对多联系

多对多联系，记为 $N:M$，表示实体间是多对多的关系。如零件实体与零件供应商实体间的关系就是多对多的关系，因为一种零件可由多个供应商供应，一个供应商也可供应多种零件。

在 E-R 图中，还要在实体与联系之间的直线上标明联系的类型。

3. 属性

实体或联系的特性就是属性。如零件实体就有零件号、名称、规格、单价等属性。要注意的是，实体间的联系也有属性，如零件与供应商之间的供应关系有零件号、供应商号、供应数量等属性。任何一个实体或联系都有多种属性，但人们关心的只是重要的、有价值的属性。如零件实体还有用途、颜色等属性，但与零件供应管理关系不大，就可以忽略。

属性的集合可以表示一个实体或联系。实体或联系不同，那么它的属性值就不同。例如，不同零件的零件编号、名称、规格等属性就不同。通常可以用一个或多个属性来唯一区分不同的实体或联系，这些属性就称为关键字。例如，零件可用零件号作为关键字。

在 E-R 图中，用带有直线的圆圈表示属性，在圆圈内写出属性的名称，如图 5-5 所示。

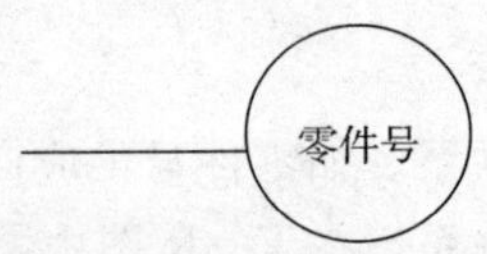

图 5-5 属性的图例

图 5－6 给出了一个完整的 E－R，用于表达零件、零件供应商实体两者之间的供应联系及它们的属性。

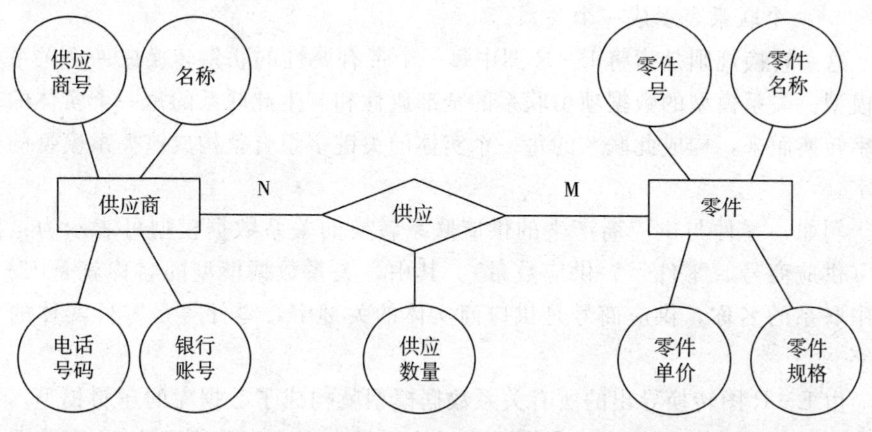

图 5－6　实体联系图

由于人们通常用实体、联系及属性三个概念来理解现实世界的问题，所以实体联系图十分接近人的思维方式，而 E－R 图采用简单的图形来表达人们对客观现实世界的认识和理解，故人们比较容易理解接受它。因此 E－R 图在沟通用户与系统设计人员间起着桥梁的作用。另外，用 E－R 图表示的概念模型独立于数据库的逻辑模型，独立于支持它的数据库管理系统。当现实世界改变时，概念模型也容易修改及扩充。

5.4.2　建立数据逻辑模型

建立数据库的概念模型后，就可根据选定的数据库管理系统所支持的数据模型（层次模型、网状模型和关系模型），将概念模型转换成数据逻辑模型。由于目前使用的数据库管理系统大多是关系数据模型，所以下面就介绍如何从 E－R 图转换导出关系数据模型。

在 E－R 图中有实体、实体之间的联系两类数据。因此，从 E－R 图转换导出关系数据模型，实际上就是将实体与联系转换成关系数据模型。其转换的基本规则相应地也有以下两条：

1. 一个实体表示成一个关系

这一转换规则是指将 E－R 图中的每个实体转换成一个关系数据模型，实体的所有属性转换成相应关系模型中的数据项，实体的关键字就是相应关系数据模型的关键字。

例如，零件供应商实体转换成的关系数据模型可表示为：供应商（供应商号、供应商名、电话号码、银行账号）。

从这一转换可以看出，实体的名称转换为关系数据模型的名称，关系数据模型圆括号内的数据项就是实体的属性。根据这一转换规则，零件实体转换成的关系数据模型可表示为：零件（零件号、零件名称、零件规格、零件单价）。

2. 一个联系表示成一个关系

这一转换规则是指将 E－R 图中每一个带有属性的联系转换成一个关系数据模型。关系模型的数据项由联系的全部属性和产生此联系的每一个实体的关键字转换而来，构成此联系的每一个实体的关键字组合就构成该关系模型的关键字。

例如，零件与供应商产生的供应联系转换的关系数据模型可表示为：供应（供应商号、零件号、供应数量）。其中，关系数据模型的名称就是 E－R 图中联系的名称，供应商号是供应商实体的关键字，零件号是零件实体的关键字。

由 E－R 图转换导出的所有关系数据模型就构成了数据库的逻辑模型。在建立逻辑模型时，通常要根据数据模型的规范化理论（范式理论），对数据模型进行优化处理，使其冗余度降低，以符合第三范式。

所谓第三范式，就是指关系（二维表）中的所有数据元素不但能够唯一地被主关键字所标识，而且彼此之间相互独立，不存在其他的函数依赖关系。根据关系规范化理论，对于不符合第三范式要求的关系，可以通过分解处理使之符合第三范式。

表 5－6 所列的关系 A（产品号、工厂名、地区，带下划线为主关键字），虽然工厂名和地区唯一地被主关键字——产品号所标识，但存在着产品号—工厂名、工厂名—地区的传递依赖关系，因此它不符合第三范式，这样的关系有大量的数据冗余。

表 5－6　关系 A

产品号	工厂名	地　区
101	长虹	绵阳
102	长虹	绵阳
103	长虹	绵阳
201	春兰	泰州
202	春兰	泰州
203	春兰	泰州

如果把关系 A（产品号、工厂名、地区）分解成关系 B（产品号、工厂名）和关系 C（工厂名、地区），则消除了原有的依赖关系，数据冗余大量减少，关系 B 和关系 C 均符合第三范式的要求，见表 5－7 所列。

表 5-7　关系 B 和关系 C

产品号	工厂名
101	长虹
102	长虹
103	长虹
201	春兰
202	春兰
203	春兰

(a) 关系 B

工厂名	地区
长虹	绵阳
春兰	泰州

(b) 关系 C

5.4.3　数据库的物理设计

数据库的物理设计是指根据实际的计算机硬件与软件环境，设计数据库在计算机物理设备上的合理存储结构和存取方法，以建立起一个既节省存储空间，又有较高存取速度等良好性能的物理数据库。要想做好数据库的物理设计，设计人员应清楚数据库的存储容量与存取速度等方面的要求，了解所选定数据库管理系统的性能指标与使用环境，计算机硬件与软件系统的特性，综合各方面的情况进行设计。

数据库的物理设计主要有以下内容：

1. 数据库文件设计

数据库文件就是指将数据库的逻辑模型转换为相应的数据库文件。一般是将关系数据库模型的名称转换为相应的数据库文件名，将关系数据库模型的数据项转换为数据库文件中的字段，还要根据数据字典等确定字段的类型、长度及小数位数等。

2. 合理地组织数据库文件

对数据库文件进行合理的组织，有利于数据的存取和提高处理速度。例如，销售明细库文件是设计为一个还是设计为若干个。若设计为若干个库文件，是按年设计还是按月设计，是按产品种类设计还是按销售地区设计。为了方便数据库文件记录的检索、统计、存取等操作，还需要建立相应的索引。建立索引时，需要确定建立哪些索引，并且确定分别是按什么字段建立索引。

3. 确定数据库文件的存取路径

为了方便数据的处理、存取，数据库文件的管理需要将关系密切、内容相关的库文件放在同一子目录下，即同一路径下，而将当期数据与历史数据库文件放在不同的目录下。例如，所有销售明细库文件可考虑放在同一目录下。

5.4.4 数据库的实现

在完成数据库的物理设计后，可利用选定的数据库管理系统所提供的有关命令（如数据描述命令和数据操作命令），建立起每一个数据库，从而完成数据库的实现。这一步工作实际上是在系统实施阶段完成的。

5.5 输出设计

输出是系统产生的结果或提供的信息。对于大多数用户来说，输出是系统开发的目的和评价系统开发成功与否的标准。因此，系统设计过程与实施过程正好相反，不是从输入设计到输出设计，而是从输出设计到输入设计。

5.5.1 输出设计的内容

输出设计的内容包括：

（1）有关输出信息使用方面的内容，包括信息的使用者、使用目的、报告量、使用周期、有效期、保管方法和复写份数等；

（2）输出信息的内容：包括输出项目、位数、数据形式（文字、数字）；

（3）输出格式，如表格、图形或文件；

（4）输出设备，如打印机、显示器、磁带、光盘等；

（5）输出介质，如输出到磁盘还是磁带上，输出用纸是专用纸还是普通白纸等。

5.5.2 输出设计的方法

1. 确定用户在使用信息方面的需求

包括使用目的、输出速度、频率、数量、安全性要求等。

2. 设计输出信息的内容

包括：信息的形式（表格、图形、文字）、输出的项目、数据结构、数据类型、位数及取值范围等。

3. 提供给用户的信息要进行格式化设计

输出格式要满足使用者的要求和习惯，达到格式清晰、美观、易于阅读和理解的要求。

注意：

(1) 尽量保持输出流内容和格式的同一性。

(2) 尽量利用原系统的输出格式，如果要修改应与相关部门协商。

(3) 输出表格要考虑系统发展的需要。

将各项有关内容收集好以后，填写到输出设计书上（表 5-8）。

表 5-8　输出设计书

输出设计书					
资料代码	GZ—01	输出名称		工资主文件一览表	
处理周期	每月一次	形式	行式打印表	种类	0—001
份数	1	报送	财务科		
项目号	项目名称	位数及编辑		备注	
1	部分代码	X (4)			
2	工号	X (5)			
3	姓名	X (12)			
4	级别	X (3)			
5	基本工资	9999.99			
6	费房费	999.99			

5.5.3　输出设备和介质

常见的输出设备和介质见表 5-9 所列。

表 5-9　常见的输出设备和介质一览表

输出设备	打印机	卡片/纸带输出机	磁带机	磁盘机	显示终端	绘图仪	缩微胶卷输出机
介质	打印纸	卡片/纸带	磁带	磁盘	屏幕	图纸	缩微胶卷
用途与特点	便于保存，费用低廉	可代替其他系统输入之用	容量大，适于顺序存取	容量大，存取更方便	响应灵活的人机对话	精度高，功能全	体积小，易保存

5.5.4 输出格式设计

不同的输出方式，其格式有区别：

1. 简单组列式

把若干组有关的输出数据按一定的顺序要求，在进行简单的组织之后，显示在屏幕或打印机上。

输出程序设计简单，输出内容直观。排序简单紧凑，适合数据项不多而数据量较大的场合采用，常作为核对、查询用的输出格式。

例：学生成绩核对表见表 5－10 所列。

表 5－10 学生成绩核对表

学 号	英 语	数 学	计算机	经济学
9820401	89	78	89	90
9820402	90	87	90	80
9820403	87	88	95	70
9820404	88	90	80	79

2. 表格式

指按有关规定或自行设计格式的传统中文表格，可用作屏幕或打印输出，是目前使用最多的输出格式之一。

由于内容的多少或受到屏幕大小的限制，因此在格式上有所不同。一般包括：

表头：标题、表头线、栏目；

表体：行间线、行；

表尾：表底线、表尾设计；

使用工具：屏幕格式设计、表格格式生成。

例：表格的格式结构——考生成绩表（表 5－11）。

表 5－11 考生成绩表

考号	姓名	专业成绩			文化程度
		主考	加试	总分	

第 页（共 页）　　　　制表人：　　　时间：

3. 多窗口关联式

多窗口关联式指屏幕输出中用于在多窗口内同时显示关联数据的输出格式。该格式可实现关联数据的实时动态响应，适于基本信息查、删、改操作。

优点：关联数据显示输出的实时性、动态性、操作简便，输出的效果形象生动。

缺点：实现复杂。

身份证号码	姓名
01001	陈进
01002	查尔斯
01003	江平
01004	高乐
01005	孙敬
……	……

身份证号码:	01002
姓　　名:	查尔斯
性　　别:	男
出 生 年 月:	1873.6
出　生　地:	伦敦
职　　业:	画家
	……

图 5－7　多窗口关联显示输出实例

4. 坐标图式

数据取值变化在坐标平面反映出来的一种图示输出格式，适用于显示或打印输出。

优点：直观，可进行多项数据的比较和观察数值变化的趋势。

缺点：打印输出比较困难。

5.6　输入设计

输入设计对系统的质量有着决定性的重要影响，因为如果输入错误，即使计算机和用户处理均十分正确，也无法获得可靠的输出信息。同时，输入设计是信息系统与用户之间交互的纽带，决定着人机交互的效率。

5.6.1　输入设计的原则

输入设计的原则如下：

(1) 最小量原则。在保证满足处理要求的前提下使输入量最小。输入量越小，出错的机会就越小，因此花费的时间也越少，数据一致性越好。

(2) 简单性原则。输入的准备、输入过程应尽量容易，以减少错误的发生。

(3) 早检验原则。对输入数据的检验尽量接近原数据发生点，使错误能及时得到改正。

(4) 少转换原则。输入数据用其处理所需形式记录，以免数据转换介质时发生错误。

(5) 减少延迟原则。输入数据的速度往往成为提高信息系统运行效率的瓶颈，为减少延迟，可采用周转文件、批量输入等方式。

5.6.2 输入设计的内容

1. 确定输入数据内容

确定输入数据项名称、数据内容、精度、数值范围等。

2. 确定数据的输入方式

数据的输入方式与数据发生地点、发生时间、处理的紧急程度有关。例如：若发生地点远离计算机，时间又是随机的，同时要求立即处理，则采用联机终端输入。对于数据发生后不需要立即处理的，可采用脱机输入。

3. 确定输入数据的记录格式

输入设计的主要内容之一。记录格式是人机之间的衔接形式，非常重要，设计得好则容易控制工作流程，减少数据冗余，增加输入的准确性，并容易进行数据的校验。

4. 输入数据正确性校验

输入设计的重要内容。输入设计最重要的问题是保证输入数据的正确性。对数据进行的检验，是保证输入正确的重要环节。

5. 确定输入设备

(1) 常用输入设备与介质

目前常见的输入设备有以下几种（表 5-12)：键盘、磁盘、读卡机（图 5-8)、光电阅读器（图 5-9)、射频输入器、触摸屏（图 5-10)、声音识别仪等。

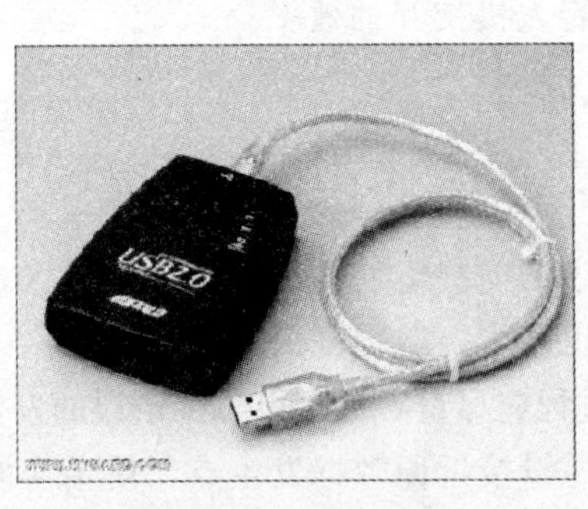

图 5-8 读卡机

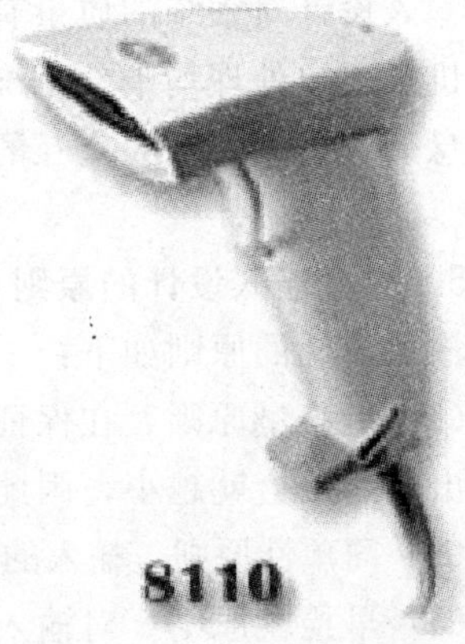

图 5-9 光电阅读器

表 5-12　常见的输入设备

设　备	终端控制台键盘	磁盘机	磁带机	光学标记读出器	扫描仪
介质		磁盘	磁带	输入卡上的光学标记	图纸
特点	适用于少量数据，直接人工输入或用于人机对话等	适用于大量数据的输入，成本低，速度快，携带方便	适用于大量数据的输入，成本低，速度快，携带方便，易于保存	可直接将光学标记转换成编码输入，效率高	适用于图形图像数据的输入

（2）选择应考虑因素

① 输入的数据量与频度；

② 数据的来源、形式、收集环境；

③ 输入类型、格式的灵活程度；

④ 输入速度和准确性要求；

⑤ 输入数据的校验方法、纠正错误的难易程度；

⑥ 可用的设备和费用。

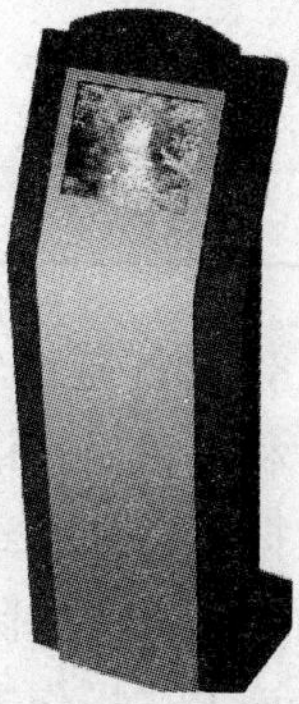

图 5-10　触摸屏

5.6.3　输入设计的格式

大多数数据的输入是通过相应的输入接口软件，通过屏幕界面完成的。

1. 简列式

把一组相关的数据项，按顺序排成几列，输入时只要按顺序逐个地键入数据，完成一组数据的输入。

格式简单、直观、易用程序实现，适用于输入数据项不多的情况。

例如：

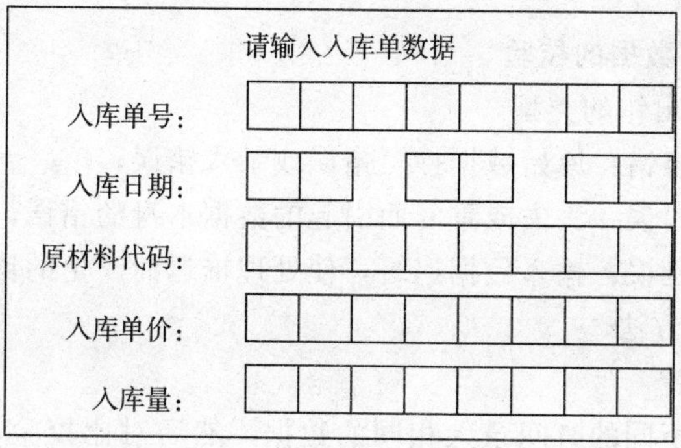

请输入入库单数据

入库单号：

入库日期：

原材料代码：

入库单价：

入库量：

2. 表格式

把一组输入的数据项排列成一张空白表的格式，操作员像填表一样输入数据，该方式称为“表格式输入方式”。

表格式输入方式符合人们日常习惯，比较受欢迎。但要注意和安排屏幕，尽量与数据载体的格式一样，这样输入操作会觉得亲切自如，不易出错。

例：职工人事信息卡录入见表 5－13 所列。

表 5－13　职工人事信息卡录入

职工代码		姓　名		性　别		籍　贯	
出生年月		政治面貌		文化程度		职　务	
部　门		职　称		参加工作时间			
工　资		电话号码		邮　编			

3. 全屏幕编辑方式

利用数据库语言系统本身提供的全屏幕编辑功能，可以在屏幕上造出一张与数据库文件一致的二维关系表。移动记录指针或选择字段，能够实现记录的追加、修改和删除等操作。

该方式操作方便、实时性高、编程简单，适合计算机专业人士使用。应注意对数据文件的安全性保护。例如：

XH	YY	SX	YW	JSJ
9801	89	90	80	95
9802	90	80	80	80
9803	89	86	90	80
9804	70	78	89	86

5.6.4　输入数据的校验

1. 输入数据出错的类型

(1) 数据内容错：原始数据抄写错误或录入错误；

(2) 数据量错误：丢失或重复而引起的数据本身的错误；

(3) 数据的延误：输入数据迟缓，使处理推迟而产生的错误。

2. 数据校验方法

(1) 重复校验

采用两人在不同的时间录入相同的数据，然后对比校验，找出不同之处，确定错误数据。

（2）视觉校验

输入时，由于计算机打印或显示输入数据，然后与原始凭证或输入记录单进行比较找出错误。

（3）汇总校验

对输入的一批数值数据，用人工求出总值，然后与计算的总值相比较进行校验。

（4）数值类型校验

检查输入的数据是否符合数据项的类型。

（5）格式校验

检查记录中各项数据项的位数和位置是否符合预先规定的格式。

（6）逻辑校验

检验输入数据在逻辑上是否矛盾。

（7）界限校验

检查某项输入数值的大小是否在预先指定的范围内。

（8）记录计数校验

计算记录的个数以检查数据是否重复输入或遗漏。

（9）平衡校验

通过检查应该平衡的有关数据来发现输入数据是否有错。

（10）对照（匹配）校验

通过检查输入数据与事先已存在数据文件中的数据是否匹配而寻找错误。

5.6.5　原始数据的格式设计

设计原始单据的原则是：

（1）便于填写。原始数据的设计要保证填写得迅速、正确、全面、简易和节约。具体地说，应做到：填写量小、版面排列简明、易懂。

（2）便于存档。单据大小要标准化、预留装订位置，标明传票的流动路径。

（3）单据的格式应能保证输入精度。

5.6.6　输入屏幕设计

从屏幕上通过人机对话输入是目前广泛使用的输入方式。因为是人机对话，所以既有用户输入，又有计算机的输出。通常，人机对话采用菜单式、填表法和应答式三种方式。

1. 菜单式

(1) 下拉式菜单(图 5-11)。

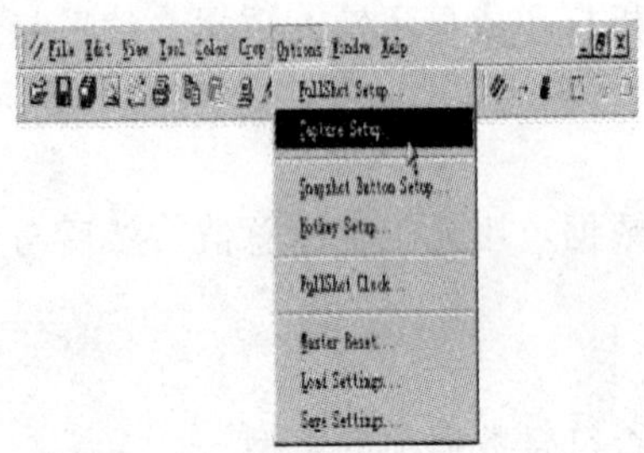

图 5-11　下拉式菜单

(2) 弹出式菜单(图 5-12)。

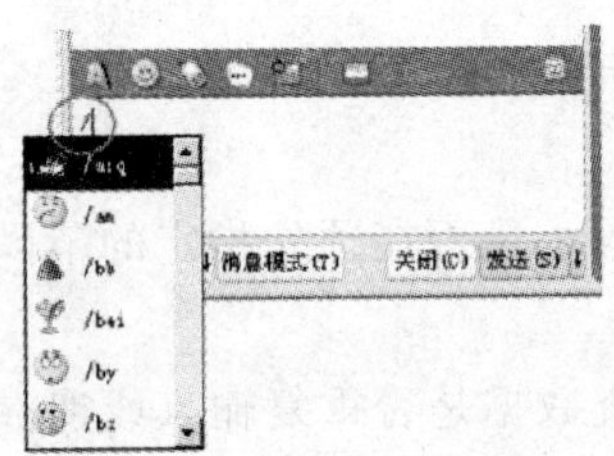

图 5-12　弹出式菜单

(3) 级联菜单(图 5-13)。

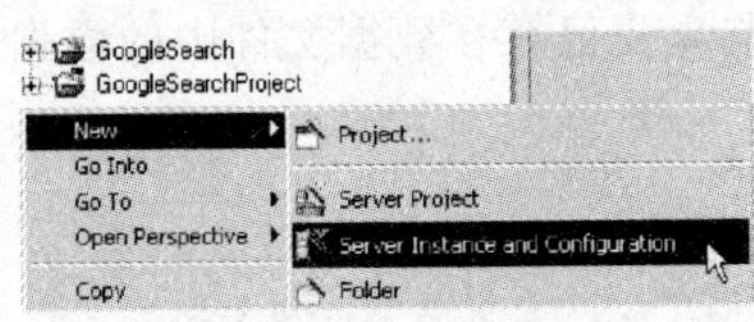

图 5-13　级联菜单

2. 填表式

填表式如图 5-14 所示。

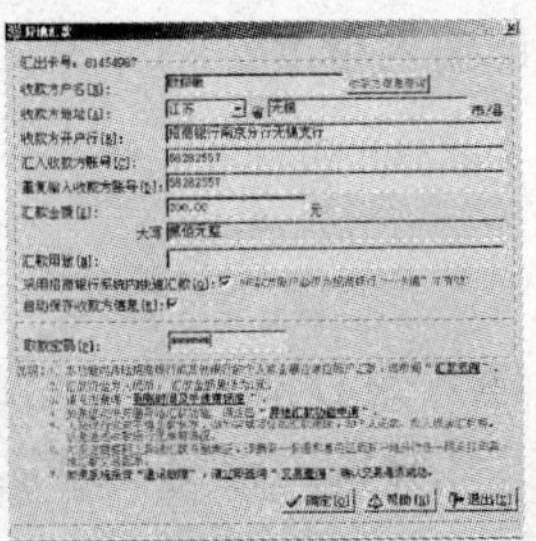

图 5-14　填表式

3. 应答式

应答式如图 5－15 所示。

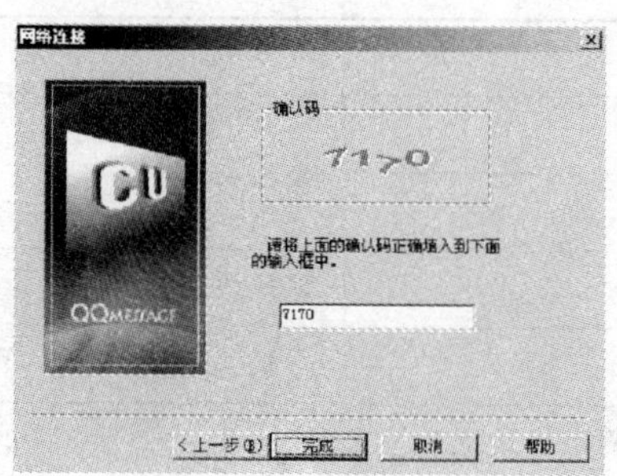

图 5－15　应答式

5.7　处理过程设计

模块结构图从整体上非常直观地描述了整个管理信息系统的组成结构，即新系统由哪些功能模块组成，这些模块间的调用关系如何，模块之间传递什么数据等。但是，在模块结构图中，没有将每个模块的具体功能与处理过程做出精确具体的描述或定义，程序编制人员还无法根据模块图来编制程序。所以，在系统设计时还要对模块结构图中的每一个模块进行具体的说明，以便系统实施阶段的程序编制工作可根据模块结构图与模块说明书比较方便且正确地编制出程序代码。

5.7.1　模块说明书

模块说明书又称模块设计书，用于说明模块的基本情况、接口、处理逻辑。模块说明书是程序编制人员进行编程的主要依据，它的编写应当简单、明了、准确。模块说明书主要包括以下三部分内容：

（1）模块说明。模块说明包括系统名、模块名、模块标识符、模块功能、编程语言等。

（2）模块接口。模块接口包括调用模块名、被调用模块名、输入输出的文件或数据库名、使用的文件或数据库标识符、使用的主要内存变量的名称与类型等。

（3）处理概要。处理概要包括简明、准确地描述模块的处理逻辑。

模块说明书格式见表 5－14 所列。

表 5-14　模块说明书

<table>
<tr><td colspan="4">一、模块说明</td></tr>
<tr><td colspan="2">系统名称：</td><td colspan="2" rowspan="2">模块功能：</td></tr>
<tr><td colspan="2">模块名称：</td></tr>
<tr><td colspan="2">模块标识：</td><td colspan="2">编程语言：</td></tr>
<tr><td colspan="4">二、模块接口</td></tr>
<tr><td rowspan="3">模块调用关系</td><td colspan="2">调用模块名称</td><td>被调用模块名称</td></tr>
<tr><td colspan="2"></td><td></td></tr>
<tr><td colspan="2"></td><td></td></tr>
<tr><td rowspan="3"></td><td>输入数据文件名（项）</td><td>输出数据文件名（项）</td><td>使用的文件或数据库</td></tr>
<tr><td></td><td></td><td></td></tr>
<tr><td></td><td></td><td></td></tr>
<tr><td rowspan="3">内存变量</td><td>变量名称</td><td>变量类型</td><td>变量说明</td></tr>
<tr><td></td><td></td><td></td></tr>
<tr><td></td><td></td><td></td></tr>
<tr><td colspan="4">三、模块处理逻辑说明</td></tr>
</table>

编写者：　　　　审核者：

编写日期：　　　　审核日期：

5.7.2　模块处理说明

模块处理逻辑说明就是要详细描述模块处理逻辑的处理过程、处理细节，程序编制人员可根据处理逻辑说明来编制具体的应用程序。模块处理逻辑说明可依据系统分析阶段描述的业务处理来进行。目前常用 IPO 图、结构化描述语言、判断树、判断表、流程图、N-S 图、伪码等工具来对模块的处理进行描述。

1. IPO 图

IPO 图是输入——加工——输出图的简称，主要是配合具有层次联系的模块结构图来详细地说明每个模块功能的一种工具。IPO 图一般包括模块的输入（I）、处理（P）、输出（O）等主要内容，格式如图 5-16 所示。

<table>
<tr><td colspan="2">系统名称：</td><td colspan="2">模块名称：</td><td>模块表示：</td></tr>
<tr><td colspan="3">上层调用模块：</td><td colspan="2">调用的下层模块：</td></tr>
<tr><td colspan="5">使用的文件或数据库：</td></tr>
<tr><td>输入（I）</td><td colspan="3">处理描述（P）</td><td>输出（O）</td></tr>
<tr><td></td><td colspan="3"></td><td></td></tr>
</table>

编写者：　　　　　　　　　　　　　　　　审核者：

编写日期：　　　　　　　　　　　　　　　审核日期：

图 5－16　IPO 图

在 IPO 图中，对于处理部分的描述是比较困难的。特别是对于一些处理过程比较复杂的模块，用自然语言对其处理过程进行描述就更为困难，并且对同样的一段文字描述，不同的人还可能产生不同的理解，出现二义性。而模块的处理逻辑说明不准确，将会给程序编制工作带来混乱。IPO 图中处理部分可用在系统分析阶段介绍的结构化语言、判断树、判断表等工具来描述，也可用流程图、N－S 图、伪码等工具来描述。每种工具都有其优点与不足，在工作中可根据实际情况及设计人员的习惯来选定不同的描述工具。

2. 流程图

流程图是一种用图形来描述处理逻辑的描述工具，它由一些几何图框表示各种类型的操作，又称为框图。在框内写上简明的文字或符号表示具体的操作，用箭头的流向表示操作的先后顺序。

图 5－17 表示的是一些常用的主要流程图符号（用方框表示一个小的处理动作，用菱形框表示逻辑判断，用平行四边形表示输入、输出动作）。

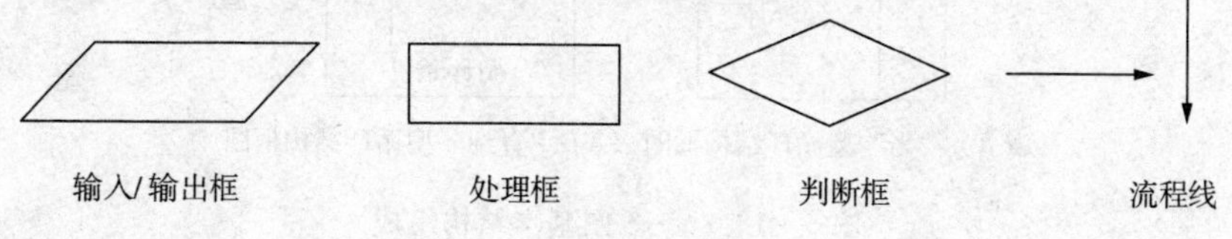

图 5－17　流程图常用符号

用流程图可以表示顺序、分支、循环三种基本结构，任何复杂的处理逻辑都可由这三种基本结构组成。

流程图具有容易阅读与理解的特点，同时又便于程序编制人员编制程序，因此是使用最早、过去使用较多的一种处理逻辑描述工具。因为流程图允许使用箭头来随意转移流程，画出的流程图不能保证是结构化的，所以目前已不提倡使用这种工具来描述处理逻辑，而用 N－S 图来替代它。

3. N－S 图

1973 年，美国的 Nassi 和 Shneiderman 提出了一种结构化的流程图，即以他们名字命名的 N－S 图，又称为结构化流程图或盒图。N－S 图是一种用于描述结构化程序的流程，由三种基本结构组成。

（1）顺序结构框

顺序结构框由若干个前后衔接、依次执行的矩形组成。矩形框内表示若干条需要顺序执行的语句或对应的操作，如图 5－18（a）所示。

（2）选择结构框

选择结构框分为简单分支结构框和多分支结构框两种，如图 5－18（b）、图 5－18（c）所示。

简单分支结构框表示根据条件判断选择执行两个分支中的一个，如 IF 语句；而多分支结构框表示根据结构条件判断选择执行多个分支中的一个，如 CASE 语句。

（3）循环结构框

循环结构框分为“当”型循环结构框和“直到”型循环结构框两种，如图 5－18（d）、图 5－18（e）所示。

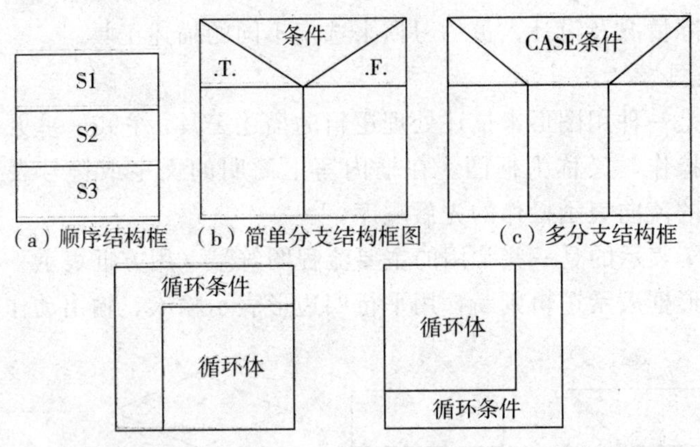

（a）顺序结构框　（b）简单分支结构框图　（c）多分支结构框

（d）“当”型循环结构框图　（e）“直到”型循环结构框图

图 5－18　N－S 图基本结构组成

“当”型循环结构是先判断循环条件是否成立而决定是否循环；而“直到”型循环结构是先循环，然后再判断循环条件是否成立而决定是否再循环。“直到”型循环结构至少会循环一次，而“当”型循环结构可能一次也不循环。

例如，图 5－19 所示的一张 N－S 图，该图表示根据商品购买数量计算商品金额。当购买数量为 100 件以上时，单价为批发价（每件 3 元）；在 100 件以下时，单价为零售价（每件 4 元）。

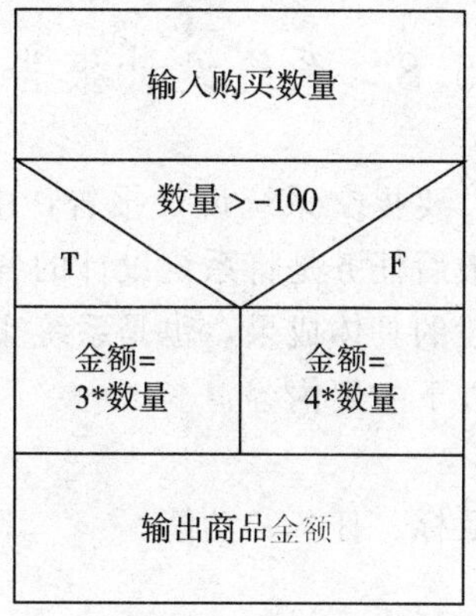

图 5-19　N-S图

N-S图的最大特点是其取消了用箭头表示的流程线，表达的只是结构化程序所允许的顺序、选择和循环等三种基本结构，取消了表达如 GOTO 语句等非标准结构。用 N-S 图表示的处理逻辑比较简明直观，层次结构清晰，嵌套关系明确，容易阅读与理解。因此，N-S 图出现后便受到广泛欢迎，并被迅速推广使用。

4. 伪码

伪码是一种自然语言词汇与程序设计语言组成的一种混合语言。它是按照某种程序设计语言的语法，并以其命令/语句关键字作为描述的逻辑框架，以一种自然语言的词汇作为其中的语言元素，以达到对模块的处理逻辑进行说明的目的。伪码并不是真正的程序代码，当然不能在计算机上执行，但形式上与程序代码相似。用伪码来描述模块的处理逻辑，工作量比用图形表示小，并且容易转换为真正的程序代码。

例如，图 5-20 中的 N-S 图表示的处理逻辑可用伪码表示如下：

```
INPUT 购买数量
IF 购买数量＞100
        购买金额 = 3 * 购买数量
ELSE
        购买金额 = 4 * 购买数量
ENDIF
输出购买金额
结束
```

以上介绍的每种处理过程描述工具都有其优点与不足，应根据实际情况及设计人员的习惯来选定不同的描述工具。

5.8 系统设计报告

系统设计工作结束后，要提交系统设计报告，由有关人员组织进行评审。因此，在系统设计阶段的最后任务是将系统设计的各项结果编辑形成系统设计报告，它既是系统设计阶段的具体成果，也是系统实施阶段的重要依据。

系统设计报告应包括以下主要内容：

1. 引言

(1) 新系统的名称、目标、任务、功能。

(2) 系统设计环境。

(3) 新系统的系统设计承担者。

(4) 参考和引用资料。

(5) 专门术语定义。

2. 系统配置设计

(1) 系统处理方式与体系结构。

(2) 计算机系统具体硬件、软件配置及费用预算。

3. 代码设计方案

(1) 代码设计的原则。

(2) 代码设计书。包括新系统使用的代码对象、名称、结构、编码方案、使用范围和期限及代码校验的设计方案。

(3) 代码设计的说明与评价。

4. 数据库设计方案

(1) 数据库的概念模型设计。

(2) 数据库的逻辑设计方案。

(3) 数据库的物理设计方案。

(4) 数据库设计的说明与评价。

5. 输入设计方案

(1) 输入内容设计。

(2) 输入方式与设备选择。

(3) 输入格式设计。

(4) 输入设计的说明与评价。

6. 输出设计方案

(1) 输出内容设计。

(2) 输出方式与设备选择。

(3) 输出格式设计。

(4) 输出设计的说明与评价。

7. 模块结构设计

(1) 子系统划分及各个子系统的功能设计。

(2) 子系统的功能模块结构图。

(3) 模块设计说明书。

(4) 模块设计的说明与评价。

一旦系统设计报告被审查批准后，系统设计阶段的工作即告结束，整个系统开发工作便进入下一个阶段——系统实施阶段。

本章小结

系统设计的任务是在前一段系统分析的基础上，进一步明确新系统如何满足管理系统的要求。系统设计要考虑系统的系统性、灵活性、可靠性、经济性。

本章主要介绍了管理信息系统设计阶段的工作内容，即在系统分析报告的基础上，结合实际条件，设计一个能在计算机上实现的具体设计方案，即设计出新系统的物理模型。

本章主要内容包括代码设计、功能结构设计、数据库设计、输入/输出设计、处理过程设计等，最后介绍了系统设计的阶段性成果——系统设计报告的主要内容。

复习与思考

1. 选择题

(1) 系统设计的任务是：在系统分析提出的（　　）的基础上，科学合理地进行（　　）的设计。

A. 概念模型　B. 逻辑模型　C. 物理模型　D. 数学模型

(2) 由于（ ）网络拓扑结构能从逻辑上仿真其他各种结构，所以通常选择它作为企业信息系统的物理结构拓扑结构。

A. 总线型　B. 星型　C. 环型　D. 网型　E. 混合型

(3) 在系统设计过程中，比较恰当的设计顺序是（　　）。

A. 输入设计——输出设计——文件设计——向管理人员提出报告

B. 文件设计——输入设计——输出设计——向管理人员提出报告

C. 输出设计——输入设计——文件设计——向管理人员提出报告

D. 向管理人员提出报告——输入设计——输出设计——文件设计

(4) 系统设计工作的重点在于（　　）。

A. 了解当前系统的状况　B. 了解对系统的要求

C. 对数据收集与调研　D. 以上都不是

2. 判断题

(1) 一个代码应唯一标志它所代表的事物或属性。（　　）

(2) 区间码的优点是信息处理比较可靠，排序、分类、检索等操作易于进行，而且易于维护。 ( )

(3) 一个复杂的系统可以被层层分解为多个功能较为单一的功能模块。这种把一个信息系统设计成若干模块的方法称为模块化。 ( )

(4) 在输入设计中，提高效率和减少错误是两个最根本的原则。 ( )

(5) 当输入操作员发现输入的原始数据出错时，应立刻自己修正该错误。 ( )

(6) 一个良好的输入设计应确保输入员的填写量尽可能的大，以此来降低错误率。 ( )

(7) 系统流程图只给出了每一处理功能的名称，而处理流程图需要用各种符号具体的规定处理过程的每一步骤。 ( )

3. 问答题

(1) 系统设计的主要工作有哪些？

(2) 简述代码的功能。

(3) 简述绘制信息系统流程图的思路。

(4) 简述输出设计的内容。

(5) 简述输入设计的原则。

(6) 可以用哪些方法来校验数据输入中的错误？

(7) 系统设计报告应包括哪些内容？

(8) 试述我国身份证号中代码的意义，它属于哪种码？这种码有何优点？

(9) 某种代码由两位字符组成，第一位为英文字母，第二位为 0～9（数字），试问共可组成多少种代码？

第6章　系统实施

【本章要点】

- 系统实施的任务和内容
- 物理系统的实施
- 程序设计的基本要求
- 系统测试的特点、原则与方法
- 系统测试的步骤与流程
- 系统转换的任务与方式
- 系统维护的内容、类型与方法
- 系统评价的指标体系
- 系统评价的方法与系统评价报告

章首案例：

双汇集团实施连锁配送管理系统案例

双汇集团是以肉类加工为主，跨行业、跨地区、跨国经营的特大型食品集团，是中国最大的肉类加工基地。双汇商业公司已经在河南、河北、四川、湖北等省开设了200多家连锁店。在销售运行模式上，采取连锁统一形象、统一标准、统一服务、统一配送、统一管理。

如此庞大的连锁销售体系，必须采用先进完善的电子信息处理技术和计算机软件系统，以实现对物流、资金流和信息流的高效控制与管理。在双汇集团高层领导的重视下，一个专门的信息化小组成立。

经过多次的考察研究，最终双汇集团决定从国外引进先进的人才、技术及管理思想成立了自己的软件公司——双汇软件公司。软件公司成立后，首先基于在北美成功应用的连锁商业管理系统，针对双汇需求进行修改和汉化，迅速开始了商业公司连锁配送管理系统的实施工作。

凭借雄厚的技术开发实力和先进的项目管理经验，双汇软件公司在很短的时间内即完成了具有国际先进水平的“SW连锁配送管理系统”的汉化及客户化工作，并迅速付诸实施。

系统实施得到了双汇集团以及双汇商业公司有关领导的高度重视，同时也得到了各部门的积极配合。这使得项目的实施首先具备了成功的前提条件。

集团成立了项目实施管理委员会，由双汇集团主管信息副总、双汇商业公司副总经理及双汇软件公司副总经理等成员担任管理委员会领导职务。管理委员会下设实施小组，由双汇软件公司技术总监兼任总负责人。小组制订了详细的实施工作进度计划。

实施过程严格遵循双汇软件公司《项目实施管理规范》。对实施中的每个环节都形成和保留有关的文档。严格控制工程进度，从而保证了按期完成。

培训是这次系统实施的一个重大内容。在工程实施的各个阶段，双汇软件公司针对不同的对象安排了一系列培训课程，内容涵盖管理理念、IT技术、系统原理、操作使用等各个方面。完善而有针对性的培训使用户对系统有了足够的理解，并且使最终用户得以迅速掌握系统的使用方法。这在很大程度上保证了项目实施的成功。

SW商业连锁配送系统的实施，为双汇连锁店在全国各地大规模发展，实现大物流、大配送在管理手段上提供了有力保障。

双汇集团实施连锁配送管理系统案例说明系统实施阶段领导重视以及订立完善的进度计划、人员培训等工作的重要性。本章即探究系统实施阶段的任务内容和具体步骤。

6.1 系统实施概述

系统实施是指将新系统的设计方案转化为能够实际运行的系统。既要成功地实现新系统，取得用户对系统的信任，又要维持正常的工作秩序。因此，在系统正式开始实施之前，要制订出周密的计划和安排，由项目负责人进行全面的组织协调工作，确定出系统实施的方法、步骤、所需的时间和费用，并且要监督计划的执行，做到既有计划又有检查，以保证系统实施工作的顺利进行。

6.1.1 系统实施的任务

1. 系统实施的任务和内容

系统实施的任务就是以系统设计方案为依据，按照系统实施方案进行具体的实现，最终建立一个能够实际运行的系统，交付用户使用。实施阶段的任务和工作内容包括以下五个方面：

（1）硬件购置。硬件准备工作主要是购置、安装和调试硬件设备以及机房设备等。购置和安装设备过程中，不同的设备性能特点各不相同，需要有不同的、专门的技术人员参与和承担。

（2）软件购置。首先应根据系统设计报告购置系统软件、辅助软件、应用软件和应用软件包，并对之进行消化和二次开发，使之适应系统的要求；其次是编写和调试应用程序，以实现系统的功能；最后测试系统，以保证系统能够完成设计功能并能正常运行。软件准备是系统实施阶段最主要的工作任务之一。

(3) 人员培训。系统投入运行后，需要很多人参与其中的工作，如录入人员、管理人员等，他们将承担系统中人工过程的处理和计算机的操作工作。为了保证系统的调试和运行的顺利进行，应根据他们的基础，提前对其进行培训。如果等到硬件、软件都准备完后再考虑人员培训问题，就会造成资源的闲置和浪费。

(4) 数据准备。数据准备是一项非常烦琐的工作，需要大量的人力、物力和时间。一般来说，主要包括历史数据的整理、增删、分类、编码等。在整理过程中，如发现信息缺少或不一致等情况，应由有经验的管理人员及时补充或修改，并把整理出来的数据转化为系统要求的格式。必要时，还需将准备好的数据录入到计算机中。

(5) 系统转换。系统转换是指新系统代替旧系统。转换的方法要根据系统的特点来选择。向用户移交整个物理系统和所有的文档资料，制定严格的管理制度和操作制度，正确运行系统。

2. 系统实施的特点与方法

系统实施是管理信息系统开发工作的后期阶段，与系统分析、系统设计阶段相比，工作量大，投入的人力、物力多，组织管理工作繁重是系统实施阶段的主要特点。

对于规模不同的系统，应采用不同的实施方法。通常采用结构化系统实施方法，分为简单系统内模块和复杂系统内模块。

简单系统内模块相对来说比较少，可先实现层次结构图中的上层模块，逐步向下，最后实现基础功能模块。实现上层模块时，其下层模块可视为“有名无实”的“空缺”模块，即可先设置基础功能模块名、输入输出参数，而本身的处理有待今后实现或象征性地表示出某些显示信息。

复杂系统内模块较多，不易全面铺开，应分阶段实施。分阶段实施是将整个系统划分为几个“版本”，分期分批地去实现。首先实现系统的轮廓或框架，然后在此基础上不断添加新的功能，逐步完善，最后达到系统所要求的全部功能。

6.1.2 物理系统的实施

物理系统的实施包括计算机系统和通信网络系统设备的订购、机房的准备和设备的安装调试等一系列活动。

1. 计算机系统的实施

按照系统物理配置方案的要求，选择购置该系统所需的硬件设备（计算机系统）和软件系统。硬件设备包括主机、外围设备、稳压电源、空调装置、机房的配套设施以及通信设备等，软件系统包括操作系统、数据库管理系统、各种应用软件和工具软件等。

计算机硬件设备选择的基本原则是在性能、价格、可靠性、稳定性、可维护性等方面能够满足所开发的管理系统的设计要求。值得注意的是，选择计算机系统时要充分进行市场调查，了解设备运行情况及厂商所能提供的服务等。

在建立硬件环境的基础上，还需建立适合系统运行的软件环境，包括购置系统软件和应用软件包。按照设计要求配置的系统软件包括操作系统、数据库管理系统、程序设计语言处理系统等。在企业管理系统中，有些模块可能有商品化软件可供选择，也可以提前购置，其他则需自行编写。在购买或配置这些软件前，应先了解其功能、适用范围、接口及运行环境等，以便做好选购工作。

计算机硬件和软件环境的配置，应当与计算机技术发展的趋势相一致，硬件选型要兼顾升级和维护的要求；软件特别是数据库管理系统，应选择 C/S 或 B/S 模式下的主流软件产品，为提高系统的可扩展性奠定基础。

2. 网络环境的实施

计算机网络是现代管理系统建设的基础，按其连接的区域大小分为局域网和广域网。局域网通常指一定范围内的网络，可以实现楼宇内部和邻近的几座大楼之间的内部联系。广域网设备之间通常利用公共电信网络，以实现远程设备之间的通信。

常用的通信线路有双绞线、同轴电缆、光纤电缆以及微波和卫星通信。

一般管理信息系统通常采用局域网。网络环境的建立应根据所开发的系统对计算机网络环境的要求，选择合适的网络操作系统产品，如服务器的选择，路由器、交换机等设备的选用，并按照目标系统将采用的 C/S 或 B/S 工作模式，进行有关的网络通信设备与通信线路的架构与连接、网络操作系统软件的安装和调试、整个网络系统的运行性能与安全性测试及网络用户权限管理体系的实施等。

6.2 程序设计

程序设计的任务就是将系统设计阶段得到的系统物理模型转换成能够实现的系统，即采用某种程序设计语言进行编码，完成每个模块乃至整个系统的代码开发，实现人和计算机的通信。其主要依据是系统设计阶段的 HIPO 图以及数据结构和编码设计。

在进行程序设计工作中，应尽量采用各种开发工具进行编码，以加快开发进程。

6.2.1 程序设计与工具选择

1. 程序设计标准

程序设计的目的是为了编写出能满足系统设计功能要求，并能正确运行的系统。程序设计工作完成后，是否达到了最初的目的和要求需要进行衡量和检查。程序设计标准包括以下几方面：

（1）可靠性。可靠性是指系统运行的可靠性，主要包括两个方面内容，一方面是程序或系统的安全可靠性，如数据存取的安全可靠性、通信的安全可靠性、操作权限的安全可靠性，这些工作一般都要靠在系统分析和设计时严格定义；另一方面是程序运行的可靠性，这一点只能靠调试时严格把关来保证编程的工作质量。

（2）规范性。规范性即系统各功能模块的划分以及每个功能模块中各子功能模块的划分、各子功能模块程序的书写格式和命名、所有变量的命名等都应该按照整个系统的统一规范进行，这对于今后程序的阅读、修改和维护都是十分必要的。

（3）可读性。可读性是指程序清晰，没有太多繁杂的技巧，能够使他人容易读懂。可读性对于大规模工程化的开发软件非常重要。

（4）可维护性。可维护性是指程序各部分相互独立，没有调用子程序以外的其他数据关联。也就是说，不会发生那种在维护时牵一发而动全身的连锁反应。一个规划性、可读性、结构划分都很好的程序模块，它的可维护性也是比较好的。

（5）健壮性。健壮性是系统能够识别并禁止错误的操作和数据输入，不会因错误操作、错误数据输入及硬件故障而造成系统崩溃。

（6）高效率。效率主要是指系统运行速度、存储空间等指标。程序设计应该做到程序占用的存储空间尽量少，程序运行完成规定功能的速度尽量快。

（7）重用性。重用性是指大量的程序代码能够反复使用。这样可以减少程序的代码，节约编程的时间，也有利于今后的维护。

2. 程序设计方法

目前，采用的程序设计方法主要有结构化程序设计方法、原型式的程序开发方法、面向对象的程序设计方法以及可视化的程序设计技术。

（1）结构化程序设计方法。结构化程序设计的主要目标是将程序划分为许多独立的功能模块，减少每个功能模块的复杂性。

结构化程序设计主要包含以下两方面：限制使用 GO TO 语句；采用逐步求精的设计方法。在系统程序框架实现阶段，采用结构化程序设计方法是比较合适的。

（2）原型式的程序开发方法。在系统各个功能模块的程序实现阶段，原型式的程序开发方法是非常有效的方法。

使用此方法的具体步骤是：首先将系统设计中得到的 HIPO 图中所有功能相似、要被多个功能模块程序调用的、带有普遍性的子功能模块，如报表子功能模块、菜单子功能模块、统计分析和图形子功能模块等选出来，并将它们集中起来。然后寻找是否存在能利用的现有应用程序或可以利用的软件开发工具，如果找到了所需的程序和软件，就可以直接采用或稍加修改后使用；如果没有，再考虑开发相应的能够适合于各功能模块的通用模块，并利用这些工具生成这些程序的模块原型。

(3) 面向对象的程序设计方法。面向对象的程序设计方法一般应该与面向对象设计方法（OOD）的内容相对应，它是一个简单直接的映射过程，即将OOD范式直接用面向对象程序设计语言，如C＋＋、Visual C 、Smalltalk 等来取代即可。例如，用C＋＋中的函数和计算机功能来取代OOD范式中的处理功能等。在系统实现阶段，面向对象的程序设计具有的优点是其他方法所无法比拟的。

(4) 可视化的程序设计技术。可视化程序设计技术的主要思想是用图形工具和可重用部件来交互地编制程序。它把现有的或新建的模块代码封装于标准接口封包中，作为可视化程序设计编辑工具中的一个对象，用图符来表示和控制。可视化程序设计技术中的封包可能由某种语言的一个语句、功能模块或数据库程序组成，由此获得的是高度的平台独立性和可移植性。在可视化程序设计环境中，用户还可以自己构造可视控制部件，或引用在其他环境下构成的符合封包接口规范的可视控制部件，增加了程序设计的效率和灵活性。

3. 软件工具的选择

随着计算机在信息系统中的广泛应用，对各种软件工具的研究十分迅速，各种各样的软件及程序的自动设计、生成工具日新月异，为各种信息系统的开发提供了强有力的技术支持。利用这些软件生成工具，可以大量减少手工编程环节的工作，避免各种编程错误的出现，极大地提高系统开发的效率。

一般来说，比较流行的工具有常用编程语言类、数据库类、程序生成类工具、系统开发类工具、客户/服务器工具及面向对象编程工具等。其各自性能特点如下：

(1) 常用编程语言类。常用编程语言工具主要指各种常用的程序设计语言，如Visual Basic、Visual C、Visual C＋＋、Delphi 等。

(2) 数据库类。数据库类工具主要有两类：一类是以微机关系数据库为基础的小型数据库系统；一类是大型数据库系统。前者以 Access、Visual FoxPro的各种版本为典型产品；后者以 SQL Server、Oracle、Sybase、Informix、DB2 等最为典型。

(3) 程序生成类工具。程序生成类工具是一种基于常用数据处理功能与程序相对应的自动编程工具，一般称为第四代程序生成语言（4GL）工具，大多结合在流行软件产品中，构成其中的一部分，它能实现系统中某些模块程序代码的自动生成。

(4) 系统开发类工具。系统开发类工具是在程序生成类工具的基础上发展的，除了具有 4GL 的各种功能外，更加综合化、图形化、可视化。一般可归为两类：专用功能开发工具（包括各类套装软件、专用图表生成工具等）和综合系统开发工具（如 CASE、Jasmine、Team Enterprise Developer 等）。

（5）客户/服务器工具。客户/服务器工具是指可进行基于网络环境的系统开发工具，是完全符合管理信息系统发展趋势和要求的新型系统开发工具，如 Delphi Client/Server、PowerBuilder Enterprise、Java、Visual C++等。

（6）面向对象编程工具。面向对象编程工具是指与面向对象开发方法相对应的各类 OOP 工具，主要代表性产品有 Java、Visual C++、Smalltalk 等。这类工具针对性强，必须与面向对象开发方法相结合，很可能成为今后主流系统的开发工具。

6.2.2　程序设计的风格

程序的可读性对于软件，尤其是对软件的质量有重要影响，因此在程序设计过程中应当充分重视。为了提高程序的可读性，在程序设计风格方面应注意以下几点。

1. 适当的程序注释

程序中适当加上注释后，可以使程序成为一篇“自我解释”的文章，读程序时不必翻阅其他说明材料。

注释原则上可以出现在程序中的任何位置，但是如果能使注释和程序的结构配合起来，则效果更好。注释一般分为两类：序言性注释和描述性注释。

序言性注释出现在模块的首部，内容包括模块功能说明，界面描述（如调用语句格式、所有参数的解释和该模块需调用的模块名等），某些重要变量的使用、限制，开发信息（如作者、复查日期、修改日期）等。

描述性注释嵌在程序之中，用来说明程序段功能或数据的状态。

书写注释时应注意：

（1）注释应和程序一致，修改程序时应同时修改注释；否则，会起反作用，使人更难明白。

（2）注释应提供一些程序本身难以表达的信息。

（3）为了方便用户今后维护，注释应尽量多用汉字。

2. 注意程序的书写格式

恰当的书写格式将有助于阅读，在结构化程序设计中一般采用所谓“缩格法”来写程序，即把同一层次的语句行左端对齐，而下一层的语句则向右边缩进若干格书。缩格法能体现程序逻辑结构的深度。此外，在程序段与段之间安排空白行，也有助于阅读。

3. 选择恰当的变量名

理解程序中的每个变量的含义是理解程序的关键，所以变量的名字应该适当选取，使其直观，易于理解和记忆。例如，采用有实际意义的、不用过于相似的变量名，同一变量名称不要具有多种意义。此外，在编程前最好能对变量名的选取约定统一标准，以后阅读理解就会方便得多。

6.3 系统测试

为了保证新系统运行的正确性和有效性，将一切可能发生的问题和错误尽量排除在正式运行之前，需要进行系统测试工作。对系统测试工作要事先准备好测试方案，以提高工作效率，压缩时间，降低费用。完成系统测试后，应编写测试报告，绘制程序框图，打印系统源程序清单等。

6.3.1 系统测试的特点与原则

测试是为了发现程序和系统中的错误而执行程序的过程。它的目标是在精心控制的环境下，通过系统的方法来检查程序，以便发现程序中的错误。测试工作是保证系统质量的关键，也是对系统最终的评审。

1. 测试的特点

与系统开发的其他阶段相比，测试具有若干特殊的性质，主要表现在以下四个方面：

（1）挑剔性。测试是对质量的监督和保证，所以“挑剔”和“吹毛求疵”应成为测试人员奉行的信条。

（2）复杂性。一个好的测试用例是指这个测试用例发现一个尚未发现的错误的概率很高。

（3）不彻底性。在实际测试中，穷举测试工作量非常大，实际上是行不通的，这也就注定了测试的不彻底性。

（4）经济性。测试得越多，成本就越高，因此选择测试用例时，应注意遵守“经济性”原则。

2. 测试的基本原则

由于测试工作具有复杂性、不彻底性，其综合性强，技术含量高，还要求测试者具有丰富的经验。因此，测试工作需要一定的原则。

（1）测试队伍的建立。要让程序人员找出自己程序中的错误往往是比较困难，因此为了保证测试的质量，应分别建立开发和测试队伍。

（2）测试用例的设计。设计测试用例时，要考虑测试用例的可操作性、有效性、效率和成本等因素。程序运行测试用例所产生的各种结果或测试数据应该能够便于分类整理，形成详细的文字记录和实验报告，并存入系统程序文档中。

（3）测试数据的选择。测试用例中测试数据的选择要覆盖各种可能的情况，不仅要选择合理的、期望的输入数据作为测试用例，而且应该选择一些不合理的和非期望的输入数据作为测试用例。

(4) 测试功能的确定。测试程序或系统时，既要检查其是否完成了它应该做的工作，又要检查它是否还做了它不应该做的事情。

(5) 测试文档的管理。测试文档的管理主要包括测试用例和测试结果的保存和管理，这是一个非常重要的问题，应引起开发人员和用户的重视。

3. 测试的步骤

测试主要分为模块测试、集成测试、系统测试和验收测试等四步，每一步都是在上一步的基础上进行的。

(1) 模块测试。模块测试是对单个模块进行的测试，目的是根据模块的功能说明检验模块是否有错误，以保证每个模块作为一个单元能够正确运行。

(2) 集成测试。集成测试是将经过模块测试的模块按照设计要求组装起来形成一个子系统进行测试，主要目标是发现与接口有关的问题。

(3) 系统测试。系统测试是把经过测试的子系统装配成一个完整的系统来进行测试。系统进行测试主要解决各子系统之间的数据通信、数据共享等问题，测试系统是否满足用户要求。

(4) 验收测试。在系统测试完成后，要进行用户的验收测试。验收测试把系统作为单一的实体进行测试，测试内容与系统测试基本一样，但是它是在用户积极参与下进行的，而且主要使用实际数据（系统将来要处理的数据）进行测试。

经过上述测试过程，软件就基本满足开发的要求，测试宣告结束，在验收后，将软件提交给用户。

6.3.2　系统测试的方法

系统测试的常用方法有三种：静态测试、动态测试和程序正确性证明。

1. 静态测试

静态测试又称代码复审，是指通过人工方式评审系统文档和程序。目的在于检查程序的静态结构，找出编译过程中不能发现的程序算法错误。这种方法手续简单，行之有效。经验表明，组织良好的静态测试可以发现程序中30%～70%的编码和逻辑设计错误。静态测试的方法主要有三种：

(1) 个人复查。个人复查是指程序源代码编写结束后，由程序员自行进行的检查。由于是自查，出于程序员对自身所编写的程序的心理偏爱，习惯性错误不易发现，自身对程序功能算法的理解错误也很难纠正。一般这种形式效率不高，仅限于小型程序模块的检查。

(2) 小组复查。由未参与系统程序设计的、有经验的3～5个程序员组成测试小组，对系统程序进行复查。通过对系统软件资料和源程序的检查、分析和手工模拟，从中发现并纠正存在的各种错误。由于是人工方式，运行速度较慢，一般采用少量简单的测试用例进行。

（3）会审。测试小组的组成同上。测试小组成员在进行会审时应仔细阅读有关资料，根据错误类型清单（包括常见的各种编程错误）实施会审，通过测试小组成员与程序员的提问、讲解、回答及讨论的各种交互过程，发现并纠正错误。同时，审定有关系统程序的功能、结构及风格等。

2. 动态测试

动态测试是运用事先设计好的测试用例，有控制的运行程序，从多种角度观察程序运行时的行为，对比运行结果与预期结果的差别以发现错误。也就是说，动态测试是为了发现错误而执行程序。一般源程序通过编译后，要先经过静态测试，然后再进行动态测试。

动态测试的方法主要有两种：白箱法和黑箱法。

（1）白箱法

白箱法是把被测试的程序看成是一个透明的箱子，对系统内部过程性细节做细致的检查。它是以程序内部的逻辑结构及相关信息来设计或选择测试用例的，使测试数据覆盖被测试程序的所有逻辑路径。因此，白箱测试法又称为结构测试法或逻辑驱动测试法。白箱法主要用来发现模块内部的逻辑错误。

（2）黑箱法

黑箱法是将被测试的程序看成是一个黑箱子，完全不考虑程序的内部结构和处理过程，只用测试数据来验证被测程序的功能，看其是否满足需求分析的要求，是否会发生异常情况。因此，黑箱测试法也称为功能测试法或数据驱动测试法，主要是为了发现以下错误：功能方面，是否有不正确的功能；接口方面，是否能正确接受输入，并输出正确的结果；性能方面，是否能满足要求；是否有数据结构错误或外部信息访问错误；是否有初始化或终止性错误。

3. 程序正确性证明

程序正确性证明技术目前还处于初始阶段，在使用这种测试技术时，必须提供实现程序功能的严格数学模型，然后根据程序代码确定它的功能说明。证明程序正确性，对于评价小程序可能有一些价值，但是在证明大型软件系统正确性时，不仅工作量巨大，而且在证明过程中，很容易包含错误，因此是不实用的。

6.3.3 系统测试的过程

1. 系统测试的过程

测试是开发过程中一个独立、非常重要的阶段，也是保证开发质量的重要手段之一。

测试过程基本上与开发过程平行进行。在测试过程中，需要对整个测试过程进行有效的管理，保证测试质量和测试效果。一个规范化的测试过程通常包括以下基本的测试活动。

（1）拟定测试计划。在制订测试计划时，要充分考虑整个项目的开发时间和开发进度以及一些人为因素、客观条件等，使得测试计划是可行的。测试计划的内容主要有测试的内容、进度的安排、测试所需的环境和条件（包括设备、被测项目、人员等）、测试培训安排等。

（2）编制测试大纲。测试大纲是测试的依据，它明确详尽地规定了在测试中针对系统的每一项功能或特性所必须完成的基本测试项目和测试完成的标准。无论是自动测试还是手动测试，都必须满足测试大纲的要求。

（3）设计和生成测试用例。根据测试大纲，设计和生成测试用例。在设计测试用例时，产生测试设计说明文档，其内容主要有被测项目、输入数据、测试过程、预期输出结果等。

（4）实施测试。测试的实施阶段是由一系列的测试周期组成的。在每个测试周期中，测试人员和开发人员将依据预先编制好的测试大纲和准备好的测试用例，对被测软件或设备进行完整的测试。

（5）生成测试报告。测试完成后，要形成相应的测试报告，主要对测试进行概要说明，列出测试的结论，指出缺陷和错误。另外，给出一些建议，如可采用的修改方法、各项修改预计的工作量、修改的负责人等。

通常，测试与纠错是反复交替进行的。如果使用专业测试人员，测试和纠错可以平行进行，从而节约总的开发时间。另外，由于专业测试人员有丰富的测试经验、采用系统化的测试方法、能全时的投入，而且独立于开发人员的思维，使得他们能够更有效地发现许多单靠开发人员很难发现的错误和问题。

2. 系统测试的流程

系统测试的流程如图 6－1 所示。

系统测试过程一般由程序测试、功能测试和系统调试三部分组成。

（1）程序测试。对所设计的程序进行语法检查和逻辑检查，测试程序运行的时间和存储空间的可行性。程序测试一般从代码测试、程序功能测试两方面进行。

程序逻辑检查的方式是代码测试。通常需要编写各种测试数据，通过考察程序对正常数据、异常数据和错误数据输入的反映，检验程序执行的逻辑正确性以及程序对各种错误的监测和处理能力。

程序经过代码测试后，验证了它的逻辑正确性，但是否实现了规定的功能尚未可知。因此，还应该测试其应用功能的需求，即面向程序的应用环境，考察是否达到了设计的功能和性能指标。

（2）功能调试。通常系统总是由多个功能模块组成的，而每个功能模块又是由一个或多个程序构成的。因此，在完成对单个程序的测试以后，应当将组

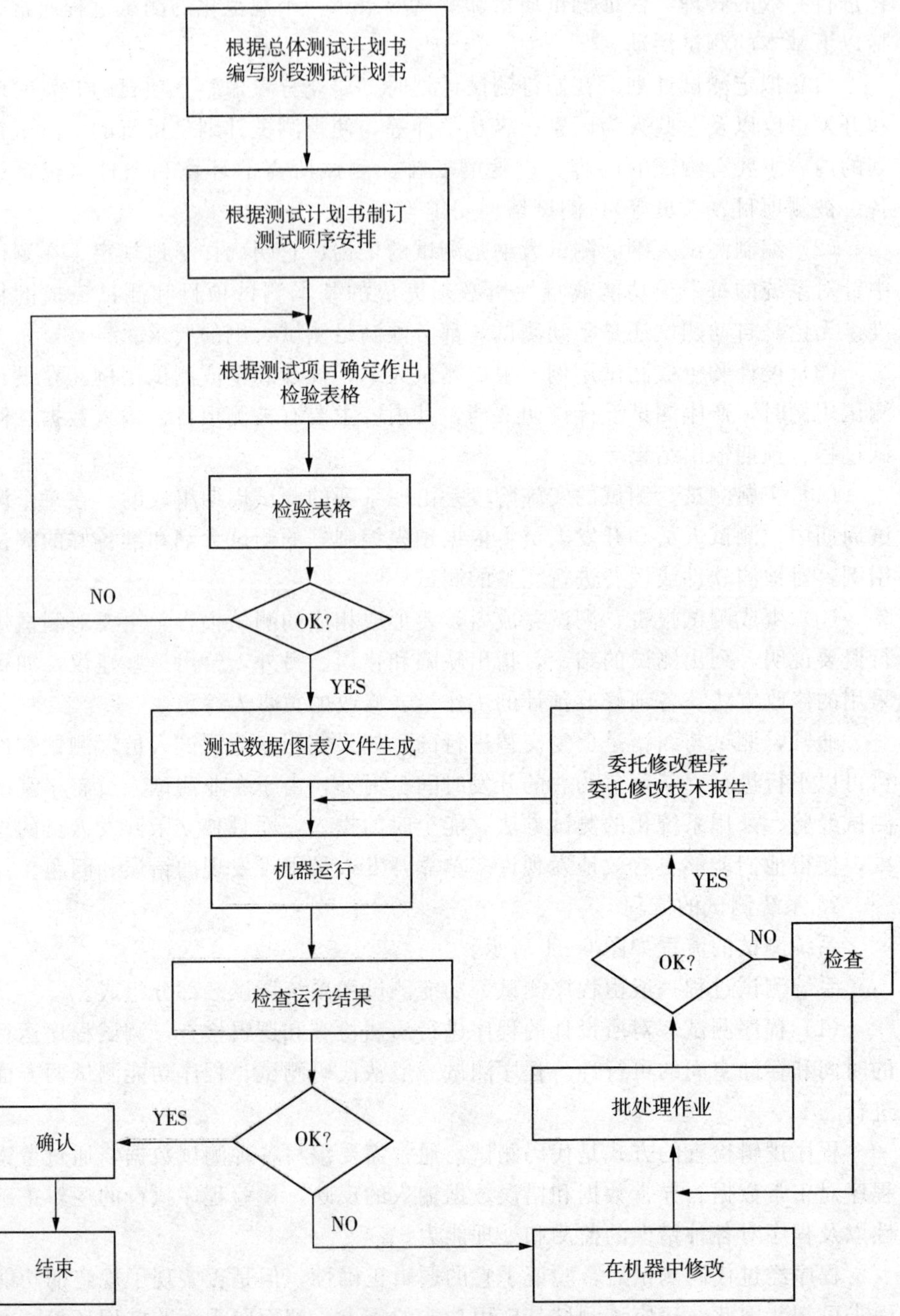

图 6－1　系统测试的流程

成一个功能模块的所有程序按照其逻辑结构加以组合，以功能模块为单位，检查该功能模块内各程序之间的接口是否匹配，控制关系和数据传递是否正确，联合操作是否正确及模块运行效率是否较高。

(3) 系统调试。在实际环境或模拟环境中调试系统是否正常。主要检查各子系统之间的接口正确性、系统运行功能是否达到目标要求、系统的再恢复性等。其目的就是保证调试系统能够适应运行环境。一般也从两方面进行：

① 主控程序和调度程序调试。将所有控制程序与功能模块的接口“短路”，以某种联系程序代替原功能模块，验证控制接口和参数传递的正确性，并发现和解决资源调度过程中的效率等问题。

② 程序总调。将主控程序和调度程序与系统中的各功能模块及所有程序联合起来进行整体调试。调试应对系统的各种可能的使用形态及组合考察，全面测试新系统的综合性能，以确认是否达到设计目标。

除了上述常规测试以外，有时根据系统需求还可进行一些特殊测试，如峰值负载测试、容量测试、响应时间测试、恢复能力测试等。另外，交付使用之前，还可进行实况测试，以考察系统在实际运行环境下的运行合理性与可靠性。

6.4　系统转换

系统转换是指由原来的系统运行模式过渡为新开发的管理系统的过程。

6.4.1　系统转换的任务

新系统通过系统测试后，必须通过系统转换，才能正式交付使用。因此，系统转换的任务就是完成新老系统的平稳过渡，这个过程需要开发人员、系统操作员、用户单位领导和业务部门的协作才能完成。

6.4.2　系统转换的准备工作

系统转换过程中，除了确定系统转换的方式外，数据整理及系统初始化是最基础的工作。

数据整理是从原系统中整理出新系统运行所必要的基础数据和资料，即把原系统中的数据加工处理为符合新系统所要求的格式，具体工作包括历史数据的整理、数据资料的格式化、分类和编码、个别数据及项目的调整等。对于原来采用人工方式处理的信息系统，这部分工作量十分巨大，应当提前进行准备，否则会影响系统转换的正常实施。

系统初始化是新系统投入运行之前必须完成的另一个工作。所谓系统初始化，是指对系统的运行环境和资源进行设置、系统运行和控制参数设定、数据加载以及系统与业务工作的同步调整等内容，其中数据加载是工作量最大且时间最紧迫的重要环节。由于需要在运行之前必须将大量的原始数据一次性输入至系统中，正常的业务活动中也要不断产生新的数据信息，它们也必须在新系统正式运行前存入系统，因此系统初始化过程中的数据加载是新系统启动的先决条件，应突击完成并确保输入数据的正确性。对于原系统的不同基础，若为手工方式，则全部过程均只能人工进行；若为计算机系统，则可通过计算机进行数据格式转换，相对而言工作量少些。

在系统转换过程中，可能又会发现一些系统的错误和功能缺陷。对于这些问题，应对照系统目标决定是否进行系统修改。一般来说，对于程序的错误和漏洞必须改正，但若是超出系统目标和设计方案的其他问题，应视影响的范围、程度和工作量的大小而定，不可一概而论。在新系统中，应允许存在某些不足，可通过在运行过程中的维护和系统更新方式逐步解决。

6.4.3 系统转换的方式

进行系统转换，一般可以采用以下几种方式：直接转换、并行转换、阶段转换和试点转换。

(1) 直接转换。直接转换是指在某一特定时刻，旧系统停止使用，同时新系统立即投入运行。这种方式操作简单、费用节省，但是风险较大。例如，电话号码升位采用的就是这种方式，它规定在某年某月某日的某一时刻，旧系统停止使用，新系统开始交接。但应注意，一旦新系统发生严重错误而不能正常运行，将会导致业务工作的混乱，造成巨大的损失。因此，必须采取一定的预防性措施，充分做好各种准备，制订严密的转换计划。这种转换方式仅适用于小型管理信息系统的转换。

(2) 并行转换。并行转换是在一段时间内新旧系统并存，各自完成相应的工作，并互相对比、审核。新旧系统并行一段时间后，再停止原系统的工作，让新系统单独运行。这种方式安全保险，但费用较高，转换过程中需要投入两倍的工作量，不过用户可以通过新旧系统平行运行过程，熟悉新系统，确保业务工作平稳有序。并行转换一般应用于银行、财务和某些企业的核心系统的转换过程。

(3) 阶段转换。阶段转换是分阶段、按部分地完成新旧系统的交替过程。在新系统投入正常运行前，将新系统分阶段、分批次逐步代替原系统的各部分，最后完全取代原系统。这种方式实际上是上述两种方式的折中方案，既可以保证转换过程的平稳和安全，减少风险，又可以避免较高的费用，但也存在新旧系统对应部分的衔接不平滑的问题。管理信息系统的转换大多采用这种方式。

(4) 试点转换。试点是一个执行了所有操作的试验系统，如一个部门或地区分部。试点转换是指先在一个试点安装运行新系统，如果试点成功，可以采取上述3种转换方法中的一种继续推广新系统。这种转换方式时间短、费用低。试点的成功转换可大大增强系统用户或管理者对新系统的信心。

6.4.4 系统转换注意的问题

在实际的系统转换工作中，并行转换方式用得较多，因为这样做不仅安全，技术上也相对简单。当然，也有为数不多的系统是将 4 种转换方式配合起来使用，例如，在阶段方式中的某些部分采用直接转换方式，其他部分采用并行转换方式。

无论一个系统采用何种转换方式，都应该保持系统的完整性，或者说，系统的转换结果是可靠的。因此，系统转换也存在着一个控制问题。在新旧系统交替前，必须为系统建立验证控制，如用户应掌握新旧系统处理的全部控制数字记录，用此来验证系统转换是否破坏了系统的完整性。

6.5 系统维护与评价

管理信息系统在投入正常运行后，就进入了系统运行和维护阶段。在系统的整个使用中，都伴随着系统维护工作的进行。系统维护的目的是保证管理信息系统正常且可靠地运行，并能使系统在运行中不断得到改善和提高，以充分发挥作用。因此，系统维护的目的就是保证系统中的各个因素随着环境的变化始终处于良好的、正确的工作状态。维护工作不仅是保证系统正常使用的手段，也是派生新系统的重要途径。严格地说，没有有效的系统维护就没有管理系统本身。

6.5.1 系统维护的内容与类型

系统维护面向系统中的各种构成因素，按照维护对象的不同，系统维护的内容可分为以下几类：

(1) 应用系统的维护。系统的业务处理过程是通过程序的运行而实现的，一旦程序发生问题或业务发生变化，就必然引起程序的修改和调整，因此系统维护的主要活动是对程序进行维护。

(2) 数据的维护。业务处理对数据的需求是不断发生变化的，除系统中主体业务数据的定期更新外，还有许多数据需要进行不定期的更新，或随环境、业务的变化而进行调整。数据内容的增加、数据结构的调整，数据达到的备份与恢复等也都是数据维护的工作内容。

(3) 代码的维护。当系统应用范围扩大和应用环境变化时，系统中的各种代码需要进行一定程度的增加、修改、删除以及设置新的代码。

(4) 文档的维护。根据应用系统、数据、代码及其他维护的变化，对相应文档进行修改，并对所进行的维护进行记载。

(5) 硬件设备的维护。主要包括计算机系统、计算机配套设备的日常管理和维护。一旦机器发生故障，要有专门人员进行修理，以保障系统的正常运行。随着业务的不断扩展，有时还要对硬件设备进行调整和补充。

6.5.2 系统维护的类型

按照软件维护的不同性质，系统维护可划分为正确性维护、适应性维护、完善性维护和预防性维护四种维护类型：

(1) 正确性维护。改正在系统开发阶段已发生的而系统测试阶段尚未发现的错误。一般来说，这类故障是由遇到了以前从未有过的某种输入数据的组合，或者是系统的硬件和软件有了不正确的界面而引起的。在软件交付使用后发生的故障，有些是不太重要，并且可以回避，有些则很重要，甚至影响企业的正常营运，必须制订计划，进行修改，而且要进行复查和控制。

(2) 适应性维护。为适应软件的外界环境变化而进行的修改。一方面是适应企业外部环境变化的维护。政府法令、竞争对手的变化等，都会引起系统修改的需要，如生产率、承包方式等变化会使财务计划、核算作相应修改。另一方面，计算机技术发展十分迅速，采用新设备、新技术在扩大系统功能和改善系统性能方面要进行维护。例如，操作系统版本的变更或计算机的更替引起的软件转换是常见的适应性维护任务；“数据环境”的变动，如数据库和数据存储介质的变动，新的数据存取方法的增加等，也需要进行适应性维护。进行适应性维护应该像开发新软件一样，安排计划进行，以利于实施。

(3) 完善性维护。为扩充功能和改善性能而进行的修改。这里指对已有的软件系统增加一些在软件需求规范书中没有规定的功能与性能特征，还包括对处理效率和编写程序的改进。例如，有时可将几个小程序合并成一个单一的运行良好的程序，从而提高处理效率；有时却因系统内存不够，或处于多道程序的设计巧合，希望把占用整个机器容量的一个大程序分成只占小容量内存且运行时间相同的小程序段，使软件设计优化。总之，完善性维护就是在应用软件系统使用期间，为不断改进系统的功能和性能，以满足用户日益增长的需求所进行的维护工作。

(4) 预防性维护。预防性维护主要思想是维护人员不应该被动地等待用户提出要求才进行维护工作，而应该选择那些还有较长使用寿命，目前虽能运行但不久就需要作较大变化或加强的系统进行维护，目的是为减少或避免以后可能需要的前三类维护而对软件配置进行的工作。

6.5.3 系统维护的方法

1. 提高系统的可维护性

系统的可维护性对于延长系统的生存期具有决定的意义，因此必须考虑如何才能提高系统的可维护性。为此，需从五个方面入手。

(1) 建立明确的软件质量目标和优先级。一个可维护的程序应是可理解的、可靠的、可测试的、可修改的、可移植的、可使用的和高效率的。要实现所有的目标，需要付出很大的代价。对于管理信息系统，我们更强调可使用性、可靠性和修改性等目标，同时规定其优先级。这样有助于提高软件的质量，并对软件生存期的费用产生有利的影响。

(2) 使用提高软件质量的技术和工具。模块化是系统开发过程中提高软件质量、降低成本的有效方法之一，也是提高可维护性的有效技术。它的优点是如果需要改变某个模块的功能，只要改变这个模块即可，对其他模块影响很小；如果需要增加某些功能，仅增加完成这些功能的新的模块或模块层，同时程序错误也容易定位和纠正。结构化程序设计则把模块化又向前推进了一步，不仅使得模块结构标准化，而且模块间的相互作用也标准化了。采用结构化程序设计可以获得良好的程序结构，提高现有系统的可维护性。

(3) 进行明确的质量保证审查。质量保证审查对于获得和维护系统各阶段的质量是一个很有用的技术。审查还可以检测系统在开发和维护阶段内发生的质量变化，可对问题及时采取措施加以纠正，以控制不断增长的维护成本，延长系统的有效生命期。

(4) 选择可维护的程序设计语言。程序是维护的对象，要做到程序代码本身正确无误，同时要充分重视代码和文档资料的易读性和易理解性。因此，要注意编码规则、风格，尽量采用结构化程序设计和通用性高的程序设计语言，把与机器和系统相关的部分减少到最低限度。

(5) 改进系统的文档。系统是对程序总目标、程序各组成部分之间的关系、程序设计策略、程序实现过程的历史数据等的说明和补充。因此，在开发过程中各阶段产生的文档资料要尽可能采用形式描述语言和自动的文件编辑功能。文档是维护工作的依据，文档的质量对维护有着直接的影响。一个好的文档资料应能正确地描述程序的规格，描述的内容局部化，并且易读、易理解。

完成各项系统维护工作后，应及时提交系统维护报告，就所做的系统维护的具体内容进行总结，加入到系统维护的有关文档中。

2. 系统维护的管理

在系统维护的工作中，特别是在进行程序维护、数据维护和代码维护时，由于系统各功能模块之间的耦合关系，可能会出现连锁反应的问题。因此，维护工作一定要特别慎重。系统维护工作的步骤是：

(1) 提出修改要求。由系统操作人员或某业务部门的负责人根据系统运行中发现的问题，向系统主管领导提出具体项目工作的修改申请。

(2) 报送领导批准。系统主观人员在进行一定的调查后，根据系统目前的运行情况和工作人员的工作情况，考虑这种修改是否必要、是否可行，并做出是否进行这项修改工作、何时进行修改的明确批复。

(3) 分配维护任务。维护工作得到领导批准后，系统主管人员就可以向程序人员或系统硬件人员下达维护任务，并制订出维护工作的计划、明确要求、完成期限和复审标准等。

(4) 实施维护内容。程序人员和系统硬件人员接到维护任务后，按照维护的工作计划和要求，在规定的期限内实施维护工作。

(5) 验收工作成果。由系统主管人员对维修部分进行测试和验收。若通过了验收，由验收小组写出验收报告，并将该修改的部分嵌入到系统中，取代原来相应的部分。

(6) 登记修改情况。登记所做的修改，作为新的版本通报用户和操作人员，说明新的功能和修改的地方，使他们尽快地熟悉并使用好修改后的系统。

6.5.4 系统评价

管理信息系统的评价就是对系统在运行一段时间后的技术性能及经济效益等方面的评价。评价的目的是检查系统是否达到预期的目标，技术性能是否达到设计的要求，系统的各种资源是否得到充分的利用，经济效益是否理想，并指出系统的长处与不足，为以后的改进和扩展提出意见。

在评价一个管理信息系统时，最重要的是建立评价指标体系。系统评价体系一般由系统建设、系统性能和系统应用等方面构成。

1. 系统建设评价

(1) 系统规划目标的科学性。分析管理信息系统规划目标的科学性，并考虑经济上、技术上、管理上和法律上的可行性。

(2) 规划目标的实现程度。分析管理信息系统是否达到或超过规划阶段提出的规划目标。

(3) 先进性。满足用户的需求，充分利用资源，融合先进管理知识，先进组织管理，设计的科学性、适应性。

(4) 经济性。投资与所实现的功能相适应程度。

(5) 资源利用率。对计算机、外部设备、各种硬件及系统资源的利用程度。

(6) 规划性。系统建设遵循相关的国际标准、国家标准和行业标准，有关文档资料全面性和规范程度。

2. 系统性能评价

(1) 可靠性。系统所设计的硬件系统和软件系统的可靠性。

(2) 系统效率。系统完成各项功能所需要的资源，通常以时间来衡量，如周转时间、响应时间和吞吐量等。

(3) 可维护性。确定系统中的错误及修改错误所需做努力的大小，通常以系统的模块化程度、简明性及一致性来衡量。

(4) 可扩充性。系统的处理能力和功能的可扩充程度。分为系统结构、硬件设备和软件功能的可扩充性等。

(5) 可移植性。系统移至其他硬件环境下所需要做出努力的程度。

(6) 安全保密性。系统抵御硬件设备、软件系统和用户操作、自然灾害及敌对者采取的窃取或破坏系统的能力，系统采取的安全保密措施。

3. 系统应用评价

(1) 经济效益。系统所产生的经济效益，如降低成本、提高竞争力、改进服务质量、获得更多利润等，通常以货币化来衡量。

(2) 社会效益。系统为国家、地区和民众的公共利益所做出的贡献，不能用货币化指标衡量的效益。例如，思想观念的转变、技术水平的提高、促进经济社会协调发展、决策科学化、生产力水平的提高、公共信息服务、合理利用资源和改变工作方式等。

(3) 用户满意程度。用户对系统的功能、性能、用户界面的满意程度。通常以人机界面友好、操作方便、容错性强、系统易用性、界面设计清晰合理、帮助系统完整等衡量。

(4) 系统功能应用程度。系统的目标和功能实现了多少，用户应用到什么程度，是否达到预期的目标和技术指标。

6.5.5 系统评价的方法

1. 定性评价与定量评价

管理信息系统可以用定性与定量的方法进行评价。定性方法主要包括：

(1) 结果观察法。完全通过观察对系统的效果进行评价。

(2) 模拟法。采用人工或计算机做定性的模拟计算，估计实际效果。

(3) 对比法。与基本相同的系统进行对比，得出大概的结果。

(4) 专家打分法。同行专家评审打分，再加权平均。

定量方法主要有：德尔菲（Delphi）方法、贝德儿（Beded）方法、卡尼斯（Chames）方法等，但现实中使用得不多。

2. 技术性能评价

系统技术性能方面的评价主要是评价现有系统硬件和软件在技术性能上是否能够满足应用系统的要求。主要评价内容有：

(1) 对管理信息系统的功能评价。在新系统的开发规划中，已经明确地规定了新系统要实现的功能目标。因此，对新系统功能评价，就是按照规划来检查新系统的功能实现情况。比如，预期的功能是否已经全部实现，是否能够满足用户的要求，服务质量如何，人员组织和安全保密措施是否完善等。

(2) 系统操作方面的评价。这方面的评价主要是根据输入、出错率、输出的及时性和利用情况等进行评价。例如，是否能够正确的提供输入数据，输出结果是否可用和适用等。

(3) 对现有硬件和软件的评价。对管理信息系统中现有硬件和软件进行评价的目的是，检查系统内是否有未被充分利用的资源，或者由于某些资源不足与性能不够完善而影响了系统功能和效率的提高。

对硬、软件系统评价的方法和工具是硬件监控器程序、系统运行记录和现场实际观测记录。

利用性能监控器和软件监控程序进行评价。硬件监控器既能收集到CPU工作情况的数据，也能收集到外部设备工作情况的数据。软件监控程序可以记录特定程序或程序模块执行情况的数据，因此利用监控器和监控程序可以对闲置的资源、瓶颈设备以及负荷不均匀等情况及时进行检测，从而帮助人们识别系统工作效率过低的各种原因。

根据系统运行记录和现场观测情况进行评价。新系统日常运行记录是进行系统评价的主要参考资料。通过对运行记录的分析，可以检查使用得最多、最频繁的软件设计是否合理、目前效果如何以及系统的故障率等其他问题。另外，通过对计算机运行情况的现场观测，可以有效地观察系统资源安排是否合理。

3. 系统经济评价

系统经济方面的评价是对实际费用和实际效益进行比较。对管理信息系统经济效益评价时，要处理好宏观经济效益与微观经济效益、目前经济效益与长远经济效益、直接经济效益与间接经济效益的关系。

宏观经济效益是系统带给社会的全部利益，包括直接和间接的效益，其费用包括系统自身用的和系统外为此付出的相关费用。微观经济效益是从企业角度出发得到的系统实际经济效益。目前经济效益是指近期可得到的，长远经济效益是指未来才显示出来的，直接经济效益主要是指可以用货币或定量计算的经济效益。然而，有些效益无法定量分析，只能定性分析，称其为间接经济效益。评价时，应该做到直接和间接经济效益的统一。

管理信息系统的经济效益的基本指标是年经济效益的变化。这主要取决于下列要素：系统正式投入运行后，由于合理地利用现有的生产资源，产品量有所增加；因减少工时损失和生产设备停工损失，劳动生产率得到提高，缩短了产品生产周期；由于改善了组织管理，因此物资储备减少，产品质量提高，非产品费用降低。上述因素可由一些综合性指标进行计算，常用的评价指标有：年利润增长额（年节约额）、年经济效益、系统的投资效益系数和投资回收期等。

管理信息系统同其他先进技术的应用一样，必然会给企业带来一系列的变化，促进管理工作的进一步科学化。这类综合性的经济效益称为系统的间接经济效益，这种效益是无法用具体统计数字计算出来的，只能做定性分析。因此，衡量管理信息系统的间接经济效益应从以下五个方面进行。

(1) 管理体制是否进一步合理化。任何一个企业都是由技术、生产、经济、组织等多个子系统组成的复杂的整体系统。企业的各个环节都是相互衔接、相互配合和相互制约的。我国进行的企业管理体制和组织机构中还存在着诸多弊端。管理信息系统实行了信息资源的集中管理，应该加强垂直和横向的业务联系，做到纵横结合，使各职能部门在分工的基础上相互协调一致。由于管理信息系统实质上是实现完善的信息管理，它与现行的管理系统是有区别的，管理信息系统在实现信息管理的同时，也使企业的管理体制进一步合理化。

(2) 管理方法是否进一步科学化。管理信息系统的建立，应该使企业的经济管理由静态管理变为动态管理。因此，评价时还需审查管理信息系统是否辅助和加强了以计划和控制为核心的动态管理。

(3) 管理基础数据是否进一步科学化。与手工信息处理系统不同，进入管理信息系统的数据应该及时和正确。反过来，管理信息系统的运行应该促进管理基础数据向统一化、规范化的方向发展。

(4) 管理效果是否进一步最佳化。管理信息系统辅助企业管理，应当促使管理人员更多地应用经济数学方法和定量分析技术，如生产计划的方案优化和产品销售的统计预测等，从而由定性决策变为定量决策。对此亦应做出评价。

(5) 管理人员的劳动性质是否发生了变化。这方面的评价主要是看管理信息系统建立之后，是否把管理人员真正地从繁杂的数据处理（如记账、汇总）中解脱出来并且能帮助管理人员去从事更有创造意义的分析与决策活动。

为了对管理信息系统的间接经济效益做出评价，可以采用专家评估或直接调查的方式进行。

6.5.6 系统评价报告

系统评价结果应写出系统评价报告。评价报告一般包括以下几个方面：

(1) 系统运行的一般情况。从系统目标及用户接口方面考察系统，包括：系统功能是否达到设计要求；用户付出的资源（人力、物力、时间）是否控制在预定界限内，资源的利用率是否合格；用户对系统工作情况的满意程度（响应时间、操作方便性、灵活性等）。

(2) 系统的使用效果。从系统提供信息服务的有效性方面考察系统，包括：用户对所提供的信息的满意程度（哪些有用，哪些无用，引用率）；提供信息的及时性；提供信息的准确性和完整性。

(3) 系统的性能。系统的性能包括：计算机资源的利用情况（主机运行时间有效部分的比例；数据传输与处理速度的匹配、外存是否够用，各类外设的利用率)；系统可靠性（平均无故障时间、抵御误操作的能力、故障恢复时间)；系统可扩充性。

(4) 系统的经济效益。系统的经济效益包括：系统费用，包括系统的开发费用和各种运行维护费用；系统效益，包括有形效益和无形效益，如库存资金的减少、成本下降、生产率的提高、劳动费用的减少、管理费用的减少、对正确决策影响的估计等投资效益分析。

(5) 系统存在的问题及改进意见。

上述五方面的评价内容中，系统的技术性能评价和经济效益评价是整个系统评价的主要内容。

本章小结

系统实施就是根据系统设计报告确定的系统物理模型进行系统实现的问题。

首先明确了系统实施的内容和方法，介绍了系统物理平台的实现，为系统的实现提供硬件、软件和物理环境；然后叙述了程序代码编写的一般方法、工具选择及程序设计风格；讨论了软件系统测试的原则、方法、步骤与流程；分析了系统转换的常用方式和主要工作，为新系统的投入运行做准备；最后阐述了系统维护的内容、系统维护的基本方法和工作程序，对系统评价指标体系、评价方法以及系统评价报告也作了具体介绍。

复习与思考

1. 简述系统实施的基本任务和方法。
2. 程序设计语言的特性表现在哪些方面？如何选择软件工具？
3. 系统测试分为哪几步？如何理解系统测试的流程？
4. 白箱法、黑箱法测试系统有何特点？
5. 什么是系统转换？系统转换有哪几种方式？如何选择转换方式？
6. 为什么要做系统维护工作？系统维护的内容包括哪些方面？
7. 系统评价的目标是什么？系统评价有哪些指标？
8. 系统评价报告包括哪几个方面？

第三篇　应用篇

管理科学与信息技术的紧密结合，使管理信息系统广泛应用于管理的各个领域并形成了各具特色的信息系统。本篇系统地介绍了管理信息系统应用的几个方向：MRPⅡ、ERP、供应链管理、客户关系管理、电子商务、决策支持系统等。

另外，本篇还介绍了一个实际管理信息系统的开发、设计过程，使读者将管理信息系统的理论知识和实践结合起来，从而更全面地理解和掌握有关理论知识。

第7章 制造资源计划（MRPⅡ）

【本章要点】

● 订货点法，MRP，闭环MRP，MRPⅡ

● MRP的基本原理

● MRPⅡ的原理及其组成

章首案例：

玉柴制造资源计划（MRPⅡ）系统应用案例

广西玉柴机器股份有限公司（玉柴公司）是我国最大的中、重吨位车用柴油机生产基地，拥有总资产32.9亿元，净资产23.5亿元，固定资产净值11.5亿元，占地面积171万平方米，建筑面积105万平方米，员工7000余人。

1994年6月，玉柴公司决定引进国外成熟的MRPⅡ软件，在玉柴公司推行。在广泛调研的基础上，玉柴公司决定引进CA公司的CA－MANMAN/X软件。CA－MANMAN/X工具使用户具备了对迅速多变的市场和用户需求做相应调整的能力，是真正的4GL开发环境。它允许实行多级保密，维护、修改用户报告、菜单和屏幕，并能开发自己的应用程序。写报告功能使每个人均能以最有效方式选取、格式化或分析CA－MANMAN/X的信息。

MRPⅡ软件的使用给玉柴带来了一定的经济效益，主要表现在以下两方面。

库存方面：物料存储量的准确性得到提高，缺料、待料情况减少，同时储备数量与金额减少；业务人员摆脱了大负荷、低水平的手工作业，减少了不必要的重复工作；库存准确性提高，也提高了客户服务水平；库存系统同其他系统的集成，管理部门可以随时查询，对各仓库库存数及占用资金心中有数，方便管理和监督；物料周转率提高，呆滞比例下降，在应用系统的前三个月，库存占用资金下降了6370万元，占原来库存水平的40%，按照年利率为7%计算，为446万元。

人工方面：实施MRPⅡ后，业务员就是操作员，取消了原来长期以来专职微机操作员岗位，如按每人年收入1万元计算，减少的60个岗位可以节省费用60万元。

两项可计算的经济效益总和为每年506万元。

7.1 MRPⅡ的形成与发展

工业企业是一个以生产为核心，对产、供、销等活动进行全面控制的开放系统。若要整个企业正常运转，就离不开符合客观生产过程需要的管理系统。它的目标就是要通过对生产过程中信息的管理，使物流和信息流得以同步运行，从而使管理工作更加有序高效，为实现企业的经营目标服务。

制造资源计划（Manufacturing Resource Planning，简称 MRPⅡ）正是实现这一目标的现代化管理方法，它是由美国著名的管理专家奥列弗·怀特（Oliver. W. Wight）在 20 世纪 70 年代末提出，并在 80 年代经过美国生产与库存管理协会（APICS）的大力宣传和组织推动得到了普及和应用。MRPⅡ是在物料需求计划（Material Requirements Planning，简称 MRP）的基础上进一步发展起来的以 MRP 为核心，以计划与控制为主线，体现物流与资金流信息集成的管理信息系统，它正确反映了企业生产中人、财、物等要素和产、供、销等活动的内在逻辑联系，能够有效地组织企业的所有资源进行生产，因而在制造企业获得了广泛的应用。

计算机技术的应用使得对各种信息的处理有了巨大的突破。MRPⅡ的形成和发展正是企业管理人员在实践中不断探索计算机技术如何体现企业管理规律的结果，它不仅是一个技术工具，更是一种新的生产管理思想和组织生产方式。伴随着计算机及相关技术的发展，结合管理科学的进步，MRPⅡ的形成大致经历了以下阶段。

第一阶段：以订货点方法为基础的库存事务信息系统。

第二阶段：以降低库存为目标的物料需求计划（基本 MRP）系统。

第三阶段：以实现有效控制为目的的闭环物料需求计划（闭环 MRP）系统。

第四阶段：以物流与资金流信息集成的制造资源计划（MRPⅡ）系统。

图 7-1 说明了 MRPⅡ的发展过程。

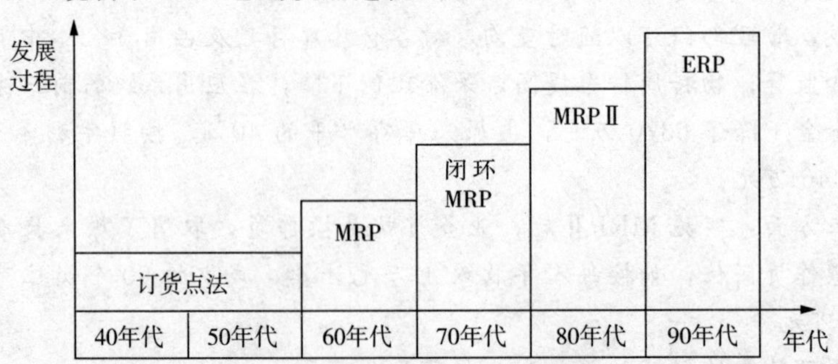

图 7-1　MRPⅡ的发展过程

20 世纪 90 年代以来，随着科技的进步以及科技向企业生产与控制方面的渗透，管理活动中对信息集成度的要求延伸到了对企业的整个资源的利用和管理，企业资源计划（ERP）系统也随即产生。进入 21 世纪后，Internet 技术的成熟使得电子商务时代的 ERP 把信息系统拓展到企业外部，实现了包括供应商和客户资源的信息集成，解决了在全球化环境下如何提高企业竞争力的问题。

7.2　MRP 的基本原理

7.2.1　订货点方法的局限性

制造业生产过程是将原材料转化为产品的过程。为了对订货点法及 MRP 等进行解释，必须要知道“物料”一词的概念。所谓物料（item 或 material），是指为了产品出厂，需要列入计划、控制库存、控制成本的所有不可缺少的物的总称。也就是说，不仅是指原材料、零件，还包括在制品、半成品，外购件，甚至产成品、工装工具、能源等。

在 MRP 出现之前，在传统的生产管理中，为了保证产品及时生产，一般采用监视库存的方法，即一旦库存降低，就重新订货。到了 20 世纪 30 年代，美国管理学家 R. H. Wilson 通过对库存物料随时间推移而被使用和消耗规律的研究，提出了用统计方法确定订货点，首开库存管理研究之先河。

库存订货点法是一种使库存量不得低于安全库存的库存补充方法，它的实质是随着物料逐渐消耗，库存逐渐减少，当库存量降到某个时刻，就必须发出订货（库存补充）通知，使物料在到达前，剩余的库存量处于安全库存区域内。库存补充就是为了让库存量达到某一规定的状态，保证在任何时候仓库都有一定数量的存货。而安全库存设置的目的是为了应对需求的波动。通常将需要发出订货通知时刻的库存量称为订货点，如图 7-2 所示。

订货点的基本公式是

订货点＝单位时区的需求量×订货提前期＋安全库存量

如果某物料的需求量为每周 50 件，提前期为 4 周，并保持两周的安全库存量，那么该物料的订货点为

$$50\times4+100=300$$

当物料的现有库存和已发出的订货之和低于订货点时，就必须进行新的订货，以达到足够的库存来保证新的需求。

从图 7-2 中可以看出，在消费平稳的情况下，订货点是一个固定量。当消费加快时，如果保持订货点不变，就必须使用安全库存；为了保证一定的安全库

存，必须增加订货量予以补充；若不增加订货量，也不使用安全库存，就必须提高订货点。这样，订货点就因会受到消费速度的变化而不再是一个固定值。

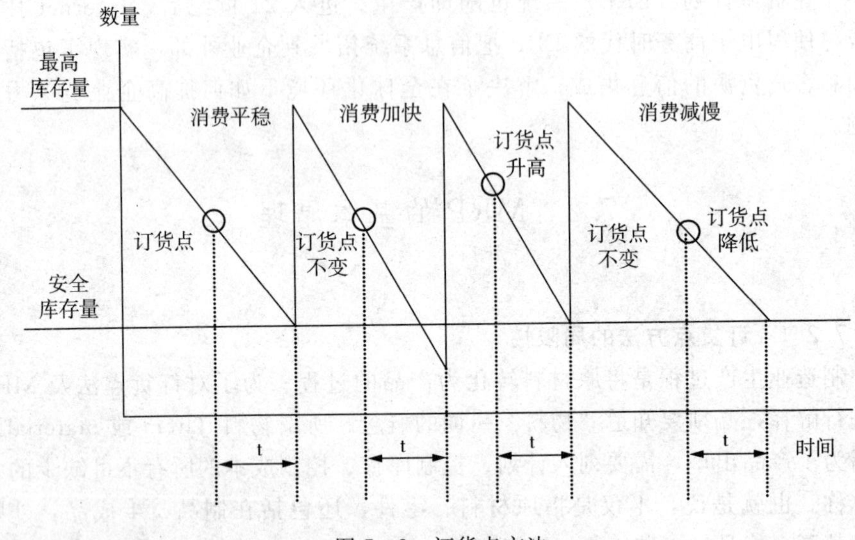

图 7-2 订货点方法

根据以上分析，订货点方法一般应用在以下条件：

(1) 物料的消耗相对稳定；

(2) 物料的供应比较稳定；

(3) 物料的需求是独立的；

(4) 物料的价格不是很高。

由于受到条件的制约，并且它不能反映物料的实际需求，往往为了满足生产需求或安全库存而不断提高订货点的数量，造成较多的库存积压和库存资金占用量，从而使产品的成本升高，缺乏市场竞争力。

7.2.2 MRP 的基本思想

订货点法是彼此孤立地推测每个物料的需求量，并没有考虑它们之间的关联，从而会造成库存积压和物料短缺同时出现的不良状况。由于该方法的局限性，尽管在当时的生产环境下起到了一定的作用，但随着市场的变化和产品复杂性的增加，其应用受到了一定的限制。围绕着“怎样才能在规定的时间、规定的地点，按照规定的数量得到真正需要的物料”问题的探索，逐步形成了物料需求计划（MRP）系统。

制造业都是围绕它的产品开展生产经营活动的。装配式制造业生产工艺顺序通常是：首先将原材料制成各种毛坯，再将毛坯加工成各种零件，零件进一步组装成部件，最后将零件和部件组装成产品。根据这一顺序，如果要求按一定的交货时间提供不同数量的各种产品，就必须提前一定的时间加工所需数量的各种零件，要加工零件，又必须提前一定时间准备所需数量的各种毛坯，直到提前一定时间准备各种原材料。MRP 就是根据产品生产数量和部件的生产周期，逆推计算物料需求量和需求时间的系统。

20 世纪 60 年代中期，美国的管理专家 IBM 公司的约瑟夫・奥里奇(Dr. Joseph A. Orlicky)博士提出了“物料独立需求和相关需求”的学说，把企业生产中需要的物料分为独立需求和相关需求，并按需要时间的先后及提前期的长短，分时段确定各物料的需求量。独立需求是指某个物料的需求量不依赖于企业内其他物料的需求量而独立存在，即来自用户的对企业产品和服务的需求。这种物料需求最明显的特征是需求的对象和数量不确定，只能通过预测方法粗略地估计。相反，相关需求是指某个物料的需求量可以由企业内其他物料的需求量来确定，即企业内由原材料向产品转化过程中各环节之间所发生的需求，也称为非独立需求。相关需求量可以根据对最终产品的独立需求精确地计算出来。

根据“物料独立需求和相关需求”学说，人们形成了“在需要的时候提供需要的数量”的认识，并在 20 世纪 60 年代中期，由 MRP 鼻祖奥列弗・怀特(Oliver. W. Wight）在深入调查美国企业管理状况的基础上，提出了物料需求计划（Material Requirements Planning)。基本思想是，围绕物料转化组织制造资源，实现按需要准时生产。MRP 主要运用网络计划原理，按照产品结构确定物料之间的从属和数量关系，将每一物料作为计划对象，以完工日期为基准倒排计划，根据提前期的长短区别各个物料下达时间的先后顺序。MRP 既能保证物料在需要用的时刻齐全，又确保在不需要用的时刻不会造成物料积压，从而达到了降低库存量和占用资金的目的。

7.2.3　MRP 系统的基本原理

MRP 的基本思想是“既要降低库存，又要不出现物料短缺”。依照这个逻辑，MRP 的任务就是从最终产品的生产计划（独立需求）逆推计算相关物料（相关需求）的需求量和需求时间；根据物料的需求时间、生产周期以及订货周期来确定其开始生产及订货的时间（图 7－3）。

从逻辑流程图可以看到，MRP 需要回答以下 6 个问题：

（1）生产什么？

（2）需要什么？

（3）还缺什么？

（4）何时需要？

（5）需要多少？

（6）何时订货？

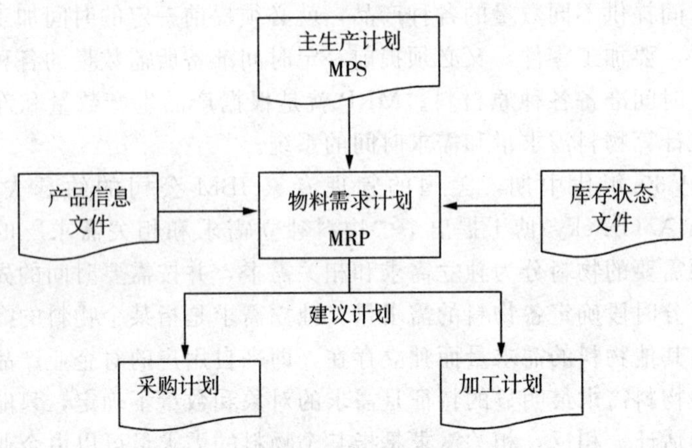

图 7-3　MRP 逻辑流程图

以上这些问题是任何制造业都必须回答且带有普遍性的问题。MRP 要完成任务，编制出物料的采购计划和生产加工计划，必须首先落实产品的出产计划，即生产什么的问题。出产计划所列的是企业向外界提供的最终产品项，是独立需求。它是根据销售合同或市场预测，由企业的主生产计划（Master Production Schedule，MPS）来确定的。产品出产计划是 MRP 的主要输入，是 MRP 运行的主动力。第二，MRP 还需输入产品的结构或物料清单（Bill of Material，BOM）。产品结构不仅列出构成成品的所有部件、组件、零件等的组成清单，同时还反映产品项目的结构层次以及制成最终产品的各个阶段的选择顺序。第三，库存状态文件。它是保存企业所有产品、零部件、在制品、原材料等库存状况的数据库。MRP 每运行一次，它就发生一次大的变化。MRP 系统关于缺什么、需要多少、何时订货等重要信息，都是通过 MRP 的运行储存在库存状态文件中。

MRP 可以提供多种不同内容与形式的输出，其中主要的是各种生产和库存控制用的计划和报告。例如，零部件投入出产计划、原材料需求计划、库存状态记录、计划将要发出的订货、对已发出订货的调整、完成情况的报告等。

综上所述，MRP 依据产品结构、物料的相关需求，在消耗不均衡情况下实现需要时供给需要的数量，既保证了安全库存，又减少了库存积压。这些与订货点法相比是一个质的进步。但是，MRP 还只是一个库存订货的计划方法，并且计划的实现是建立在一定的条件之上。因此，它只是 MRPⅡ发展的初级阶段，但却是 MRPⅡ的核心部分。

7.3　MRPⅡ系统

7.3.1　闭环 MRP 及其组成

MRP 系统的正常运行是建立在以下两个假设的基础上：一是生产计划是可行的，即假定有足够的设备、人力和资金来保证生产计划的实现；二是假设采购计划是可行的，即有足够的供货能力和运输能力来保证完成物料供应。但是在实际生产中，能力资源和物料资源总是有限的，因而往往会出现生产计划无法完成的情况。为了使生产计划符合客观实际，保证计划的可执行性，即要能做到计划适应资源，需要及时做好企业上下及内外的沟通，既要有自上而下的目标和计划信息，又要有自下而上的执行和反馈信息。这就是闭环 MRP 的基本思想。

在 MRP 中输出的需求计划，只是一种建议性的加工和采购计划，它必须同能力计划（Capacity Requirement Planning，CRP）结合起来，经过反复运算平衡后才有可能执行。闭环 MRP 就是在基本 MRP 的基础上增加了能力需求计划和执行及控制计划的功能。闭环包括两层含义，一是指把生产能力计划、车间作业计划和采购作业计划纳入到 MRP 中，形成管理运作的闭环；二是指在计划执行过程中，必须有来自车间、供应商和计划人员的反馈信息，构成信息的闭环（图 7－4）。

闭环 MRP 把需要与可能结合起来，通过反复运算，实现生产计划与生产能力的平衡，形成一个“计划——执行——评价——反馈——计划”的闭环过程，实现了一个完整的计划与控制系统。

7.3.2　MRPⅡ的原理与组成

闭环 MRP 解决了计划与控制问题，使 MRP 向前推进了一步。但是，它并没有说明执行计划以后为企业带来什么效益以及这些效益是否实现了企业的总体目标。企业的经营状况和效益最终是要用货币形式来表示的，因此在成功地应用闭环 MRP 时，人们自然联想到能否使系统在精确处理物料计划信息时，同步地处理财务信息。也就是说，根据库存量计算费用，对物料赋予货币属性计算成本，用金额表示能力编制预算。总之，能否把生产活动与财务活动联系到一起以便获得资金信息，随时控制和指导生产经营活动，使之符合企业的整体目标。

MRPⅡ系统是在闭环 MRP 的基础上，把企业的宏观决策纳入系统，即把说明企业远期经营目标的经营规划、企业销售收入和产品系列的销售与运作规划纳入到系统中来。这几个层次确定了企业宏观规划的目标与可行性，形成一个小的宏观层闭环。同时，又把对产品成本的计划与控制纳入到系统的执行层，对照企业的总体目标，检查计划执行的效果。这样，就把闭环 MRP 向前推进一步，把一切制造资源，包括人工、物料、设备、能源、市场、资金等都考虑进来。它涉及企业的经营计划、销售与运作计划、主生产计划、物料清单与物料需求计划、能力需求计划、车间作业管理、物料管理、产品成本管理、财务管理等技术环节。MRPⅡ实现了物流、信息流同资金流的集成，能为企业生产经营提供一个完整的计划，使企业各部门的活动协调一致，从而提高企业的效率和效益，如图 7－5 所示。

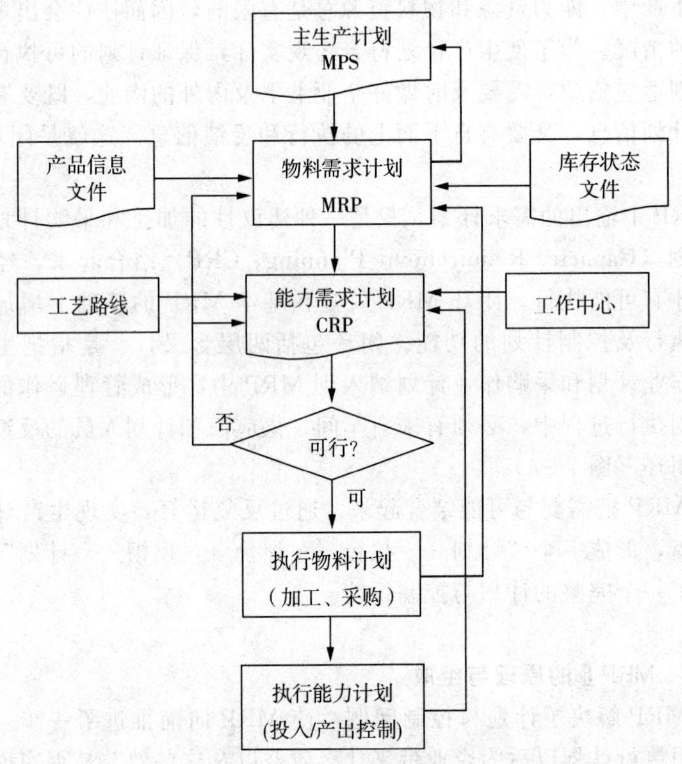

图 7－4 闭环 MRP 逻辑流程图

1977 年 9 月，美国著名的生产管理专家奥列弗·怀特（Oliver. W. Wight）倡议给同资金信息流结合的 MRP 系统一个新的名称。为了表示 MRPⅡ是 MRP 的延续和发展，用了同样以 M、R、P 为首的三个英文名词，即制造资源计划——Manufacturing Resource Planning。MRPⅡ与 MRP 的主要区别就是运用了管理会计的概念。为了同 MRP 区别记为 MRPⅡ，可以说是第二代 MRP。

在 MRPⅡ逻辑流程图中，右侧是计划与控制流程，它包括决策层、计划层和执行层。经营规划和销售与运作规划具有宏观的性质，主生产计划是宏观向微观的过渡性计划，物料需求计划是主生产计划的具体化，能力需求计划把物料需求转化为能力需求，而车间作业计划与采购作业计划是物料需求计划和能力需求计划的执行阶段。中间是基础数据，要储存在计算机系统的数据库中，并且反复调用。这些数据信息的集成，把企业各个部门的业务沟通起来，可以理解为计算机数据库系统。左侧是简要的财务系统。流程图中最后一个框图是“业绩评价”，是对实施 MRPⅡ系统的成绩和效果进行评议，以便进一步改进提高。

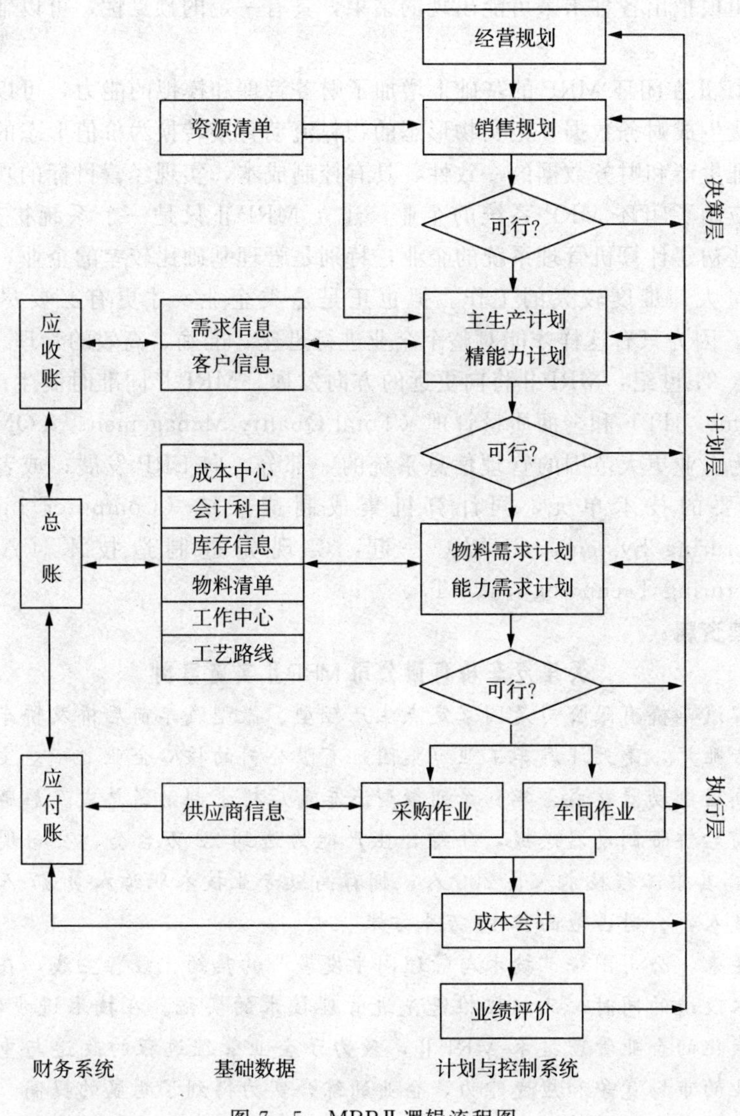

图 7－5　MRPⅡ逻辑流程图

7.3.3 MRPⅡ管理模式的特点

MRPⅡ是多系统的集成。MRPⅡ把企业中的各子系统有机地结合起来，形成一个面向整个企业的一体化的系统。

数据共享性。MRPⅡ的所有数据来自于企业的中央数据库，企业各部门也都依据同一数据库提供的信息，按照规范化的程序进行管理和决策。

具有模拟功能。MRPⅡ是经营生产管理规律的反映，能按照规律建立的信息逻辑模拟出各种未来可能出现的结果，具有一定的预见性，可以辅助高层决策。

MRPⅡ在闭环 MRP 的基础上增加了财务管理和模拟的能力，可以由生产活动直接生成财务数据，把实物形态的物料流动直接转换为价值形态的资金流动，保证生产和财务数据的一致性，具有控制成本，实现经营目标的功能。对于已经应用了闭环 MRP 系统的企业，建立 MRPⅡ只是一个系统扩充问题。而对那些初建计算机管理系统的企业，特别是管理基础比较差的企业，则是一项工作量大、难度较大的工作。但也正是这类企业，才更有必要尽快实现 MRPⅡ，因为只有这样才能对整个企业进行迅速、准确、高效的管理。

进入 21 世纪，MRPⅡ将向更远的方向发展。MRPⅡ同准时制生产（Just－in－time，JIT）和全面质量管理（Total Quality Management，TQM）相结合，作为企业更大范围的管理信息系统的一部分，向 ERP 发展；或者，作为一个重要的技术单元，同计算机集成制造系统（Computer Integrated Manufacturing System，CIMS）一起，实现先进制造技术（Advanced Manufacturing Technology，AMT）。

阅读资料：

天津汽车桥有限公司 MRPⅡ实施案例

天津汽车桥有限公司是国家定点生产轻型、微型汽车前后桥及轿车制动器总成的专业厂，是天津汽车工业（集团）有限公司的核心企业之一。主要生产夏利系列后制动器总成、华利系列微型汽车前后桥带制动器总成及雁牌系列轻型汽车前后桥带制动器总成，年综合生产能力达到 22 万台套。公司现有员工 2200 人，其中工程技术人员 200 人，拥有高级专业技术职称人员 27 人，中级人员 106 人，公司占地面积 13 万平方米。

几年来，公司围绕“技术与管理同步发展”的集约化经营主线，在进行大规模技术改造的同时，又积极推进先进管理技术的实施。在技术进步的同时，运用现代化的企业管理技术 MRPⅡ，致力于企业管理过程的改造与重组，增强了企业的市场竞争和应变能力，企业的综合实力得到了明显的提高。

1. 系统实施背景

天津汽车桥有限公司的计算机应用起步于 1991 年。当时，由于对管理信息系统的认识不足，要求不高，以为只要能打印一些报表，做好一些简单的统计工作就可以了。因此只是由本公司的计算机技术人员，根据业务工作的需要，编制了各部门独立应用的业务管理软件，但没有经过全公司的系统分析，而是简单地模仿手工，在宏观上没有统一起来。几年来，随着公司的快速发展，传统的管理模式和管理手段已不能适应公司开拓发展的需要，主要表现在以下几个方面：

(1) 企业生产经营活动中产生的大量信息依然采用人工报表方式，导致信息传递慢、准确性差且不能共享，造成物流、信息流、资金流不能集成和统一，企业整体运行效率低下。

(2) 各部门间计划数据不一致，计划灵活性差，跟不上市场的变化。随着产品品种和产量的增加，物流的日益复杂表现得更为突出，经常出现不能100%交付和生产过程中出现物料短缺的情况，影响了生产的正常进行。

(3) 库存资金占用、采购成本居高不下，1995年度库存资金占用高达5505万元，周转次数只有2次。为了有效地解决企业面临的问题，使企业尽快从计划经济体制下的传统管理模式转变到市场经济体制下的现代化集成管理模式，使企业管理步入科学化、规范化、现代化的轨道，以最优质的产品、最低的成本、最快的产品开发速度去适应市场的要求，企业决策层做出从1996年6月开始实施当今最为流行的制造资源计划MRPⅡ系统的决定。

2. 系统实施目标和选型

(1) 系统目标：通过实施MRPⅡ系统，引进先进的管理思想和管理手段，全面优化企业的业务流程，实现信息的快速传递和高度共享，把企业的各种制造资源和产、供、销各个环节通过科学的方法实行有效的、合理的计划、组织、控制和调整，使之在生产经营中协调有序地充分发挥作用，达到既要连续、均衡的生产，又要最大限度地减少库存资金的占用、降低成本，提高企业整体素质和经济效益的目标。

(2) 系统选型：立足于高起点、高水平，通过对MRPⅡ管理思想的消化吸收，能够在较短的时间内全面提高企业管理水平，这是我们选择MRPⅡ系统供应商的原则。为此，我们分析了当今国内外MRPⅡ系统的应用现状和发展趋势，结合我公司的实际情况，在广泛的市场和技术调研的基础上，进行了系统的选型和论证。经过多方比较，对系统的适应性、功能及供应商的开发能力、技术支持和服务等多方面进行论证考查，并重点考察了成功客户的实施效果，最后决定选用天津企之星信息技术公司的“企星MRPⅡ系统”。

整套系统的构成和特点如下：

① 企星MRPⅡ系统，包括：计划管理、基础数据管理、销售管理、采购管理、生产管理、设备管理、库存管理、人事工资管理、财务管理、质量管理、通用档案、万能分析工具、经理查询13个子系统，各子系统高度集成、

信息共享，覆盖了23个部门的业务管理流程。

② 硬件系统：COMPAQ服务器两台，终端用户46个。

③ 软件系统：网络操作系统 WINDOWS NT 3.5；终端操作系统 WINDOWS 3.1，WINDOWS 95。

3. 系统实施过程

自1996年6月开始引入“企星MRPⅡ系统”后，成立了以总经理为组长的领导小组和以管理部、技术部及生产计划部等有关职能部门的管理和计算机技术人员参加的实施小组。在系统实施过程中，企之星公司提供了强有力的技术支持和服务，在对公司的计划、制造、采购、销售部门进行深入调查和分析的基础上，对企业业务流程进行了评估，提出了系统实施的具体方案和步骤，整个系统的实施主要经历了以下四个阶段：

(1) 教育和培训阶段

MRPⅡ不仅是一项新技术，而且是一种新的管理思想。我们基于MRPⅡ始于培训、终于培训的指导原则，将培训贯穿于系统实施的各个阶段。培训方式包括了集中授课、现场指导、模拟演示的方式；培训人员包括了决策层、中层领导、技术人员和业务操作人员各个层次；培训内容主要有：

① 对决策层和中层人员进行MRPⅡ原理、管理思想及软件操作的培训，使之转变管理观念和管理方式，掌握各种信息的查询、分析方法；

② 对技术和管理人员进行MRPⅡ原理、网络知识、数据库编程及系统使用的培训；

③ 对操作人员，结合系统的使用进行了普及性培训，使之掌握本岗位的软件使用和操作方法。

(2) 基础数据准备阶段

MRPⅡ是一个以计划管理为中心，实现企业管理整体优化的人机结合系统，是一种信息管理系统。系统的运行过程也就是大量数据的处理过程，要求输入的数据必须规范化。数据规范化是实现数据准确性及信息集成的首要条件。因此，我们从理顺及统一物流和信息流的角度出发，收集整理了直接影响系统运行质量的八大类基础管理信息。

① 编码信息：包括物料编码、客户与供应商编码、部门编码、会计科目编码等；

② 产品信息：包括产品结构（BOM)、产品检验标准等；

③ 工艺信息：包括加工中心数据、工艺路线数据等；

④ 需求信息：包括市场预测、合同等；

⑤ 计划信息：包括前置期、各种定额、安全库存等；

⑥ 库存信息：包括库存数量、金额、库位等；

⑦ 供需方信息：包括客户档案和供应商档案；

⑧ 财务信息：包括科目结构、标准成本等。

(3) MRPⅡ开环运行阶段

各种基础数据录入后，在手工管理环境下，针对MRPⅡ各管理模块，一个一个地进行模拟试验，如主生产计划、MRP计划、车间管理、库存管理模块。通过模拟运行检验各类基础数据的准确性与合理性，弄清各类数据间的关系及一种数据的准确度对其他数据的影响，及时进行调整，使员工目睹MRPⅡ模式的做法和时效。为了使系统管理有章可循，制定了《计算机使用管理制度》、《基础数据维护管理程序》、《MRP计划管理程序》、《库存管理程序》、《MRPⅡ系统编码规则》等10项MRPⅡ管理程序，促使实施工作逐步迈向规范化运行轨道，保证了各种输入数据的规范性、准确性和及时性。

(4) MRPⅡ的闭环运行阶段

在开环运行基本正常的情况下，实行原来手工管理向MRPⅡ系统切换的闭环管理，实现了从预测和顾客订单开始MPS（主生产计划）、MRP（物料需求计划）及CRP（能力需求计划）计算车间作业和采购作业管理生成产品成本数据的闭环MRPⅡ系统的运行。

4. 系统实施效果

企星MRPⅡ系统已运行了近三年，运行结果表明该系统的实施是成功的，它不仅给企业带来了显著的经济效益，同时也带来了良好的社会效益。

(1) 定性效益

① 提高了企业信息的标准化和规范化程度，加快了信息反馈和处理速度，使管理人员从事务性的工作中解脱出来，致力于实质性的工作，提高了管理工作效率。

② 改善经营决策。企业建立了产、供、销计划管理，实现了财务管理的电算化，公司领导能够及时掌握企业经营状况，针对市场变化进行经营决策，提高了企业的应变力和竞争力。

③ 促进了公司基础管理工作水平的提高。通过对MRPⅡ管理思想和方法的学习和应用，增强了整体计划管理意识，各部门间的相互协调与合作观念得到加强，实现了管理思想的变革，1998年被天津市政府命名为“科学管理、基础管理达标企业”。

④ 均衡生产、稳定质量。由于公司各部门以统一的计划数据为基础进行生产组织、物料采购及生产用料的定额发放，从而整体工作的协调性与计划性提高，保证了企业实现均衡连续生产，提高了设备利用率，生产周期缩短，采购成本下降，并有效地控制了废品的产生。废品损失由1995年的116万元下降到1998年的54万元，下降了54%。

⑤ 企星MRPⅡ系统的实施，为汽车行业树立了MRPⅡ项目应用的成功典范。同时，为企业培养了一批懂管理、懂技术，尤其是懂MRPⅡ管理思想

与方法，具有 MRPⅡ系统实施经验的骨干力量。

(2) 定量效益

① 工业总产值（1990 年不变价）由 1995 年的 15872 万元增加到 1998 年的 31922 万元。

② 库存资金占用由1995 年的 5505 万元下降到 1998 年的 3503 万元，1996—1998 三年累计减少利息支出 309 万元。

5. 系统实施体会

(1) 领导的直接参与和支持是系统成功实施的关键。

在 MRPⅡ的实施过程中，最常遇到的不仅仅是技术问题，更棘手的是人力的调配、业务流程重组、传统管理思想和行为的人为障碍等管理问题，必须有足够权威的领导对这些问题做出有效的决策，MRPⅡ系统既是技术的实施，更是管理的革命。

(2) 培养企业自己的既懂管理、又懂计算机技术的复合型人才队伍，是系统有效运行的保障。

MRPⅡ系统的实施是一个复杂的系统工程，在系统运行过程中，可能会出现一些管理或技术问题，这就要求企业有高素质的人才进行及时处理，以确保系统正常运行。

(3) 软件供应商的技术支持和服务是系统成功实施的必要条件。

天津汽车桥有限公司 MRPⅡ系统的成功实施是通过与企之星信息技术有限公司双方紧密合作实现的，来自企之星公司的强大技术支持力量和“企星 MRPⅡ系统”自身的技术优势，使系统实施半年后就取得了明显的效果，并为企业培养了系统实施骨干人员和系统二次开发人员，给企业带来了先进的 MRPⅡ管理思想和管理方法。

(4) 企业管理中其他现代管理方法（JIT、ISO9000 等）和 MRPⅡ有机结合，通过数据共享，能更大程度地提高其应用效果。

MRPⅡ系统可以为 ISO9000 中合同评审、分承包方供货业绩评定、文件和资料管理、统计技术应用、检验和试验管理等要素提供翔实、可靠的数据，并利用其文件管理和快速的统计分析功能，完成 ISO9000 要求的多项管理内容；可以通过 MRPⅡ的计划和车间作业管理模块，按拉动式生产的要求下达生产看板和取料看板，保证物流有序，减少在制品数量。企之星公司集多年大中型企业的实施经验，在这方面进行了有益的尝试，取得了满意的效果。

本章小结

制造资源计划 MRPⅡ是集物流、资金流信息集成的管理信息系统，它正确反映了企业生产中人、财、物等要素和产、供、销等活动的内在逻辑联系，能够有效地组织企业的所有资源进行生产，从而使管理工作更加有序高效，为实现企业的经营目标服务。

本章从订货点法开始，简要说明了该方法的产生过程及在日常库存管理中的局限性；着重以物料需求计划 MRP 为基础，从 MRP 到闭环 MRP，详细讲述 MRPⅡ的发展演变过程及 MPRⅡ的组成原理。

复习与思考

1. 订货点法存在哪些局限性？
2. MRP 系统的原理是什么？
3. 简述 MRPⅡ与 MRP 的区别与联系。

第8章 企业资源计划（ERP）系统

【本章要点】

- ERP 概述
- ERP 与 MRP 的区别
- ERP 的功能
- ERP 的实施

章首案例：

教你两分钟理解 ERP

一天中午，丈夫在外给家里打电话：“亲爱的老婆，晚上我想带几个同事回家吃饭可以吗?”（订货意向）

妻子：“当然可以，来几个人，几点来，想吃什么菜?”

丈夫：“6 个人，我们 7 点左右回来，准备些酒、烤鸭、番茄炒蛋、凉菜、蛋花汤……你看可以吗?”（商务沟通）

妻子：“没问题，我会准备好的。”（订单确认）

妻子记录下需要做的菜单（MPS 计划），具体要准备的东西：鸭、酒、番茄、鸡蛋、调料……（BOM 物料清单），发现需要：1 只鸭蛋、5 瓶酒、4 个鸡蛋……（BOM 展开），炒蛋需要 6 个鸡蛋，蛋花汤需要 4 个鸡蛋（共用物料）。

打开冰箱一看（库房），只剩下 2 个鸡蛋。（缺料）

来到自由市场，妻子：“请问鸡蛋怎么卖?”（采购询价）

小贩：“1 个 1 元，半打 5 元，1 打 9.5 元。”

妻子：“我只需要 8 个，但这次买 1 打。”（经济批量采购）

妻子：“这有一个坏的，换一个。”（验收、退料、换料）

回到家中，准备洗菜、切菜、炒菜……（工艺线路），厨房中有燃气灶、微波炉、电饭煲……（工作中心）。

妻子发现拔鸭毛最费时间（瓶颈工序，关键工艺路线），用微波炉自己做烤鸭可能来不及（产能不足），于是在附近的餐厅里买了现成的（产品委外）。

下午 4 点，接到儿子的电话：“妈妈，晚上几个同学想来家里吃饭，你帮忙准备一下。”（紧急订单）

“好的，你们想吃什么，爸爸晚上也有客人，你愿意和他们一起吃吗?”

“菜你看着办吧，但一定要有番茄炒鸡蛋，我们不和大人一起吃，6：30

左右回来。”（不能并单处理）

“好的，肯定让你们满意。”（订单确定）

“鸡蛋又不够了，打电话叫小贩送来。”（紧急采购）

6：30，一切准备就绪，可烤鸭还没送来，急忙打电话询问：“我是李太太，怎么订的烤鸭还不送来？”（采购委外单跟催）

“不好意思，送货的人已经走了，可能是堵车吧，马上就会到的。”

门铃响了。

“李太太，这是您要的烤鸭。请在单上签一下字。”（验收、入库、转应付账款）

6：45，女儿的电话：“妈妈，我想现在带几个朋友回家吃饭可以吗？”（又是紧急订购意向，要求现货）

“不行呀，女儿，今天妈妈已经需要准备两桌饭了，时间实在是来不及，真的非常抱歉，下次早点说，一定给你们准备好。”（这就是 ERP 的使用局限，要有稳定的外部环境，要有一个起码的提前期）

……

送走了所有客人，疲惫的妻子坐在沙发上对丈夫说：“亲爱的，现在咱们家请客的频率非常高，应该要买些厨房用品了（设备采购），最好能再雇个小保姆（人力资源系统也有缺口）。

丈夫：“家里你做主，需要什么你就去办吧。”（通过审核）

妻子：“还有，最近家里花销太大，用你的私房钱来补贴一下，好吗？”（最后就是应收货款的催要）

现在还有人不理解 ERP 吗？记住，每一个合格的家庭主妇都是生产厂长的有力竞争者。

8.1 ERP 概述

8.1.1 ERP 的产生

20 世纪 90 年代初，世界经济格局发生了重大变化，市场变为顾客驱动，企业的竞争变为 TQCS（Time，Quality，Cost，Server）等全方位的竞争。随着全球市场的形成，一些实施 MRPⅡ的企业感到，仅仅面向企业内部集成信息已经不再能满足实时了解信息、响应全球市场需求的要求。

MRPⅡ的局限性主要表现在：经济全球化使得企业竞争范围扩大，这就要求企业在各个方面加强管理，并要求企业有更高的信息化集成，要求企业的整体资源进行集成管理，而不仅仅对制造资源进行集成管理；企业规模不断扩大，多集团、多工厂要求协同作战，统一部署，这已超出 MRPⅡ的管理范围；

信息全球化趋势的发展要求企业之间加强信息交流和信息共享，信息管理要求扩大到整个供应链的管理。

在这种背景下，美国加特纳咨询公司（Gratner Group Inc.）根据市场的新要求在1993年首先提出了企业资源计划（Enterprise Resource Planning，ERP）概念，随着科学技术的进步及其不断向生产与库存控制方面的渗透，解决合理库存与生产控制问题所需要处理的大量信息和企业资源管理的复杂化，要求信息处理的效率更高。传统的人工管理方式难以适应以上系统，只有依靠计算机系统来实现。而且，信息的集成要求扩大到企业的整个资源的利用和管理。

8.1.2 ERP的概念

所谓ERP，是指一种企业再造的解决方法。ERP就是借由信息科技的协助，对企业的组织、制度与作业流程重新加以规划，朝着合理化与效率化的要求以达成组织精简、作业整合的目的。对内而言，它整合企业体之多元资源，透过系统的最佳规划与分配以达资源之有效应用；对外而言，它透过网络与系统来有效结合客户与供货商，形成水平或垂直整合成虚拟企业之全球竞争实体。

8.1.3 ERP的发展趋势

（1）从企业内部的管理向企业价值链的两端发展，即销售端的客户关系管理（CRM）和采购供应链管理（SCM）。

（2）向适应细分的市场方向发展。不同的行业、同行业中的不同规模和类型的企业对ERP的需求也是不同的，由此产生了各种行业ERP，如服装行业ERP、机械行业ERP、烟草行业ERP等。

（3）向模块化、组件化、可重构、可扩展的方向发展。市场、企业在变化，ERP也要跟着变；另一方面，企业个性化需求越来越高。要想向用户提供低成本、短实施期的并满足用户个性化需求的ERP系统，需要采用大批量定制（Mass Customization）的方法。

（4）从规范化向规范化和人性化有机集成的方向发展。这里的人性化管理指的是“以人为中心”的管理。ERP可以帮助管理规范化，但带来的问题是，限制了人的主动性、创造性的发挥。同时，也影响了ERP的实施效果。因此，需要研究在什么地方采用规范化的管理比较好，什么地方采用规范化和人性化管理相结合的方法比较好，什么地方采用人性化管理的方法比较好，真正使ERP系统成为“人机一体化”系统。

（5）知识链管理是ERP的另一个发展方向。从20世纪80年代起，国外经济学家即提出知识是经济增长的重要因素，在21世纪知识经济的环境中，

ERP 将企业或社会的知识资源纳入其管理中，即把知识的创造、识别、获取、开发、分解、储存、传递、继承、共享和使用等组织成一条与生产经营关联的知识链，并进行有效而优化的管理。

8.1.4　ERP 的管理思想

ERP 的核心管理思想就是实现对整个供应链的有效管理，主要体现在以下三个方面：

1. 对整个供应链资源进行管理的思想

在知识经济时代，仅靠自己企业的资源不可能有效地参与市场竞争，还必须把经营过程中的有关各方（如供应商、制造工厂、分销网络、客户等）纳入一个紧密的供应链中，才能有效地安排企业的产、供、销活动，满足企业利用全社会一切市场资源快速、高效地进行生产经营的需求，以期进一步提高效率和在市场上获得竞争优势。换句话说，现代企业竞争不是单一企业与单一企业间的竞争，而是一个企业供应链与另一个企业供应链之间的竞争。ERP 系统实现了对整个企业供应链的管理，适应了企业在知识经济时代市场竞争的需要。

2. 精益生产、同步工程和敏捷制造的思想

ERP 系统支持对混合型生产方式的管理，其管理思想表现在两个方面：其一是"精益生产 LP（Lean Production）"的思想，它是由美国麻省理工学院（MIT）提出的一种企业经营战略体系。即企业按大批量生产方式组织生产时，把客户、销售代理商、供应商、协作单位纳入生产体系，企业同其销售代理、客户和供应商的关系已不再是简单的业务往来关系，而是利益共享的合作伙伴关系，这种合作伙伴关系组成了一个企业的供应链，这即是精益生产的核心思想。其二是"敏捷制造（Agile Manufacturing）"的思想。当市场发生变化，企业遇有特定的市场和产品需求时，企业的基本合作伙伴不一定能满足新产品开发生产的要求，这时，企业会组织一个由特定的供应商和销售渠道组成的短期或一次性供应链，形成"虚拟工厂"，把供应和协作单位看成是企业的一个组成部分，运用"同步工程（SE）"，组织生产，用最短的时间将新产品打入市场，时刻保持产品的高质量、多样化和灵活性，这即是"敏捷制造"的核心思想。

3. 事先计划与事中控制的思想

ERP 系统中的计划体系主要包括：主生产计划、物料需求计划、能力计划、采购计划、销售执行计划、利润计划、财务预算和人力资源计划等，而且这些计划功能与价值控制功能已完全集成到整个供应链系统中。

另一方面，ERP 系统通过定义事务处理（Transaction）相关的会计核算科目与核算方式，以便在事务处理发生的同时自动生成会计核算分录，保证了

资金流与物流的同步记录和数据的一致性，从而实现了根据财务资金现状可以追溯资金的来龙去脉，并进一步追溯所发生的相关业务活动，改变了资金信息滞后于物料信息的状况，便于实现事中控制和实时做出决策。

此外，计划、事务处理、控制与决策功能都在整个供应链的业务处理流程中实现，要求在每个流程业务处理过程中最大限度地发挥每个人的工作潜能与责任心，流程与流程之间则强调人与人之间的合作精神，以便在有机组织中充分发挥每个人的主观能动性与潜能。实现企业管理从“高耸式”组织结构向“扁平式”组织结构的转变，提高企业对市场动态变化的响应速度。

总之，借助 IT 技术的飞速发展与应用，ERP 系统得以将先进的管理思想变成现实中可实施应用的计算机软件系统。

阅读资料：

戴姆勒—克莱斯勒成功实施 ERP

戴姆勒—克莱斯勒（Daimler Chrysler）于 1998 年 7 月是由德国戴姆勒—奔驰公司和美国克莱斯勒公司合并而成。1998 年 11 月 17 日，合并后的公司股票在美国纽约和德国法兰克福上市。合并之前，戴姆勒—奔驰公司在世界高级轿车和 6 吨以上卡车市场占领导地位。克莱斯勒公司在美国三大汽车公司排名第三，在面包车市场占领先地位。合并后的公司为世界第三大汽车生产商，在全球拥有雇员 384723 人。2004 年，其总营业额达到 1421 亿欧元。

ERP 实施概况

采用了 SAP 的 ERP 产品，已实施的模块包括财务、制造和物流管理。在 1998 年前后，德国戴姆勒—奔驰公司和美国克莱斯勒公司合并之前，他们已分别实施了 R/3 的财务管理模块。在合并之后，该模块仍被独立使用。2002 年，奔驰事业部开始单独实施 SAP 的制造和物流模块，而克莱斯勒事业部实施了 100 个 SAP 模块的实例，总数超过 320 个安装点，其中包括亚洲 11 个国家。随后，他们还在欧洲 15 个国家进行推广，其中大部分实例都采用 SAP 的 R/34.6C 版。目前，全球用户数量超过 50000。

8.2 ERP 系统与 MRPⅡ的区别

ERP 是在 MRPⅡ基础上进一步发展的企业管理系统，为了进一步弄清 ERP 系统的概念及其主要功能，需要弄清 ERP 与 MRPⅡ之间的区别。

1. 在资源管理范围方面的区别

MRPⅡ主要侧重于对企业内部人、财、物等资源的管理，ERP 系统在 MRPⅡ的基础上扩展了管理范围，它把客户需求和企业内部的制造活动以及供应商的制造资源整合在一起，形成企业一个完整的供应链（Supply Chain）并对供应链上的所有环节进行有效管理，这些环节包括订单、采购、库存、计划、生产制造、质量控制、运输、分销、服务与维护、财务管理、人事管理、实验室管理、项目管理、配方管理等。

2. 在生产方式管理方面的区别

MRPⅡ系统把企业归类为几种典型的生产方式来进行管理，如重复制造、批量生产、按订单生产、按订单装配、按库存生产等，对每一种类型都有一套管理标准。而在20世纪80年代末、90年代初期，企业为了紧跟市场的变化，多品种、小批量生产以及看板式生产等是企业主要采用的生产方式，单一的生产方式向混合型生产发展，此时ERP能很好地支持和管理混合型制造环境，满足了企业的这种多角化经营需求。

3. 在管理功能方面的区别

ERP除了MRPⅡ系统的制造、分销、财务管理功能外，还增加了支持整个供应链上物料流通体系中供、产、需各个环节之间的运输管理和仓库管理；支持生产保障体系的质量管理、实验室管理、设备维修和备品备件管理；支持对工作流（业务处理流程）的管理。

4. 在事务处理控制方面的区别

MRPⅡ是通过计划的及时滚动来控制整个生产过程，它的实时性较差，一般只能实现事中控制。而ERP系统支持在线分析处理OLAP（Online Analytical Processing）、售后服务及质量反馈，强调企业的事前控制能力，它可以将设计、制造、销售、运输等通过集成来并行地进行各种相关的作业，为企业提供了对质量、适应变化、客户满意、效绩等关键问题的实时分析能力。

此外，在MRPⅡ中，财务系统只是一个信息的归结者，它的功能是将供、产、销中的数量信息转变为价值信息，是物流的价值反映。而ERP系统则将财务计划功能和价值控制功能集成到整个供应链上，如在生产计划系统中，除了保留原有的主生产计划、物料需求计划和能力计划外，还扩展了销售执行计划SOP和利润计划。

5. 在跨国（或地区）经营事务处理方面的区别

现在企业的发展，使得企业内部各个组织单元之间、企业与外部的业务单元之间的协调变得越来越多，越来越重要。ERP系统应用完善的组织架构，从而可以支持跨国经营的多国家地区、多工厂、多语种、多币制应用需求。

6. 在计算机信息处理技术方面的区别

IT技术的飞速发展、网络通信技术的应用，使得ERP系统得以实现对整个供应链信息进行集成管理。ERP系统采用客户/服务器（C/S）体系结构和分布式数据处理技术，支持Internet/Intranet/Extranet、电子商务（E－business、E－commerce）、电子数据交换EDI。此外，还能实现在不同平台上的相互操作。

阅读资料：

个性化的ERP系统：安徽中鼎ERP系统

安徽中鼎股份有限公司（以下简称“中鼎股份”）创办于1980年。公司主要产品为：汽车和摩托车等主机用橡胶密封件、家电用橡胶制品及OA机器胶辊等。汽车用橡胶制品不仅成功地进入一汽、上海大众、上海通用、南汽集团、神龙公司、郑州日产、江西江铃、广州本田、安徽江汽等国内主要汽车生产厂，并出口到美国通用、福特、克莱斯勒，日本本田、三菱等国际知名汽车公司。公司历年来综合经济效益一直名列全国橡胶制品行业前茅，在国内较具规模的5家橡塑密封企业中销售收入与利润总额排在首位。

为进一步提高产品质量，降低成本，加强企业在市场上的应变力和竞争力，将公司打造成具有世界水平的现代企业，公司领导决定于2001年实施ERP工程。软件选用北京利玛软件信息技术有限公司CAPMS8产品，2003年系统上线运行，实施周期3年。2003年12月由原安徽省经贸委组织有关专家对项目进行鉴定验收，并经过了中国赛宝实验室软件评测中心对软件系统的现场测试，建成了具有中鼎股份生产经营特点的个性化ERP系统，并于2004年荣获安徽省科技进步二等奖。

1. 项目背景

(1) 企业生产经营特点

① 典型混合型制造模式。前期炼胶过程属流程制造的特点；后期胶成型制品又属离散制造的特点。

② 按订单制造生产类型（Make To Order）。生产计划主要是按订单驱动，以销定产，即按客户订单设计模具和配方进行炼胶和产品制造。

③ 产品为多品种小批量。表现为产品更新快，交货周期短，产品系列多，品种规格复杂。目前品种规格已达3万多种，每年生产的品种数（约8640个）中有1/3为新产品。

④ 异地库存比重大。为适应主机厂“零库存”的要求，中鼎公司在全国汽车主机厂设有近200个“在途库”。“在途库”方便了主机厂，却加大了中鼎公司库存管理的难度，仅2000年“在途库”损失就达150万。

（“在途库”：中鼎公司习惯上将设在主机厂的“异地库”称为“在途库”，而不是指运输途中的库存。）

(2) 存在管理技术问题

① BOM维护的特殊性：既要满足离散制造层次结构式BOM的需要，又要满足流程制造矩阵式BOM（配方）的需要，BOM具有双重性，手工维护十分困难。

② 订单能力评审困难：主要受自制模具配套情况和硫化设备能力双重因素的影响。不同硫化设备搭配同一模具或同一设备搭配不同模穴的模具，其生

产能力各不相同。由于销售公司无法准确地掌握自制模具和硫化设备的排程情况，造成订单承诺困难。

③ 生产计划排程难度大：a. 多品种小批量生产，工艺过程差别大；b. 产能计算异常复杂，设备要求细化到每个机台，时间要求细化到分钟；c. 经常性的紧急插单和需求变动（占正常生产计划的 45%）更增加了排程的难度。如何根据企业的资源约束条件合理地确定生产作业计划，减少制造提前期，满足快速多变的主机市场需求，排程和调度已成为生产管理的瓶颈问题。

④ 胶料生产属流程制造：a. 胶料是中鼎公司产品的主要原料，炼胶过程属流程制造，不同胶料的配方不同；b. 炼胶设备有容积限制，同一种胶料可在不同设备上混炼，不同比重的胶料在同一设备上存在最佳批量，人工经验管理很难做到对胶料生产过程的优化排程和调度。

（3）解决方案

根据企业的生产经营特点和管理上存在的瓶颈问题，中鼎公司 ERP 系统解决方案的技术关键主要是：个性化的生产管理系统、BOM 的分层配置、异地库本地化管理等，其中个性化生产管理系统是重点。

2. 个性化的生产管理系统

（1）个性化生产管理系统构成

众所周知，标准 ERP 是无限能力计划方式。对于多品种、小批量和按订单制造的中鼎公司，采用无限能力生产计划管理方式显然不太适合，需要引入基于有限能力的生产管理系统。为此，中鼎公司在标准 ERP 的基本框架之上，引进了基于 TOC 约束理论的先进的计划与排程（Advanced Planning and Scheduling，APS）技术，形成了具有企业个性化特点的有限能力顺排生产管理系统。

中鼎公司 ERP 的生产管理系统主要由：主生产计划子系统（MPS）、先进排程管理子系统（APS）、胶料生产管理子系统（JLAPS）所组成。其基本框架如图 8-1 所示。

（2）主生产计划子系统（MPS）

① 主要功能：根据销售订单的数量和交货期形成主生产计划；对主生产计划进行粗能力平衡；将平衡后的订单通过 MRP 运算分解到各事业部或车间。

② 功能特点：将粗能力平衡和 MRP 运算功能嵌入到主生产计划模块中。

（3）先进排程管理子系统（APS）

各事业部或车间利用 APS 系统，根据分解后的主生产计划，按照产品的工艺过程和资源约束条件，自动分配资源（机器设备和人力资源），并根据资源的工作日历及班次，自动安排生产作业计划和物料需求计划。管理人员还可以根据安排结果，在 APS 系统上进行手工调整。

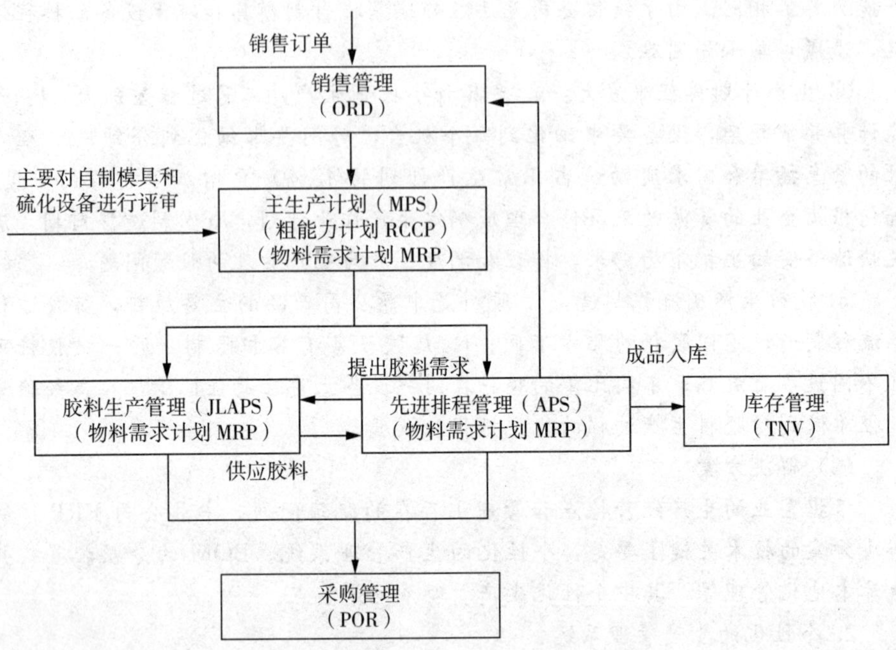

图 8-1　中鼎生产管理系统基本框架示意图

APS 系统大大地提高了生产排程的速度和质量，解决了受自制模具配套情况和硫化设备能力双重因素影响排程难的问题，克服了标准 ERP 在计划执行层存在的缺陷，减少了制造提前期，适应了快速多变的主机市场需求。

① 主要功能：生成日自制件生产计划、外购（外协）件以及胶料日需求计划；通过产能计算和产能平衡对生产任务进行排程，产生日机台作业计划；通过自动生成作业记录卡，实现对各工作中心的生产进度的跟踪与监控，确保作业计划按时完成。

② 功能特点：集成了物料需求、细能力需求以及车间任务和车间作业功能，使生产计划——物料需求计划——能力平衡——车间执行——生产调度一气呵成。

③ 排程简述：总计划员运行 MPS 主生产计划，经粗能力平衡后，将可以安排的任务设置为锁定状态，以防止确认的计划被修改。

APS 模块读入主生产计划已经锁定的任务；

按产品 BOM 结构展开到 APS，进行生产任务排序，确定优先级；

将设定好的优先级，按由高到低的顺序遍历任务队列；

根据产能定义和计算，将每一任务按机台与模具资源分配到单个机台上；

如果当天没有可用机台，就顺延到下一天。以此类推，直到队列中的任务全部被安排。

如有些任务被安排到订单的交货期之后，系统自动通知销售公司，使其与客户重新协商订单的交货日期，并根据重新确定的交货日期进行生产排程。

（4）胶料生产管理子系统（JLAPS）

它是根据企业炼胶生产而设置的一个专用模块，其特点是将流程制造和APS技术整合为一个相对独立的胶料生产管理子系统。

JLAPS的主要功能是根据各事业部提出的胶料需求，依据配方和库存，产生原料需求计划并将胶料需求计划转化为具体作业任务，解决了胶料生产设备的容积、胶料比重的最佳批量配合以及炼胶生产排程和调度等问题。

3. BOM的分层配置

所谓BOM的分层配置，是指（以减震制品为例）：

（1）在装配层，对最终产品按结构式BOM展开，只挂到胶料和外协骨架等组装件，这是BOM的横向分级管理，它在MPS子系统中展开。

（2）在加工层，各事业部根据生产工艺对装配层进行再分解，如胶料则按矩阵式配方展开；骨架则继续按结构式BOM再展开，这是BOM的纵向分级管理，它在APS和JLAPS子系统中展开。

（3）各事业部负责维护其BOM数据，并在系统中增加了权限控制功能，以保证BOM数据的安全管理。

4. “在途库”本地化管理

“在途库”本地化管理主要有以下三个技术环节：

（1）采用虚拟库技术，从逻辑上将物理上分散在异地的库存资源按货区、货位进行本地化管理；

（2）在业务流程中增加了“发货通知单”环节，以加强对“在途库”资金占用的监控；

（3）“在途库”的数据传输采用了VPN技术。

“在途库”的管理流程如图8-2所示：

当客户通知送货时，销售公司开具“发货通知单”到总库提货；

库存管理系统使用“销售转库功能”，将总库货物转入“在途库”；

客户领用后，按当时的市价开具“提货单”，由“在途库”出库；

财务部门根据提货单开具财务销售发票，由系统自动生成应收账款。

5. 实施效果

（1）应用情况

① 物流管理、生产管理、财务管理、资源管理、公共模块五大系统，17个子系统全部上线运行，涵盖了ERP的主要功能，形成一个集成化的管理信息系统。

② 财务数据从业务中自动驱动，实现了价值流与物流同步控制、业务与财务的一体化管理。

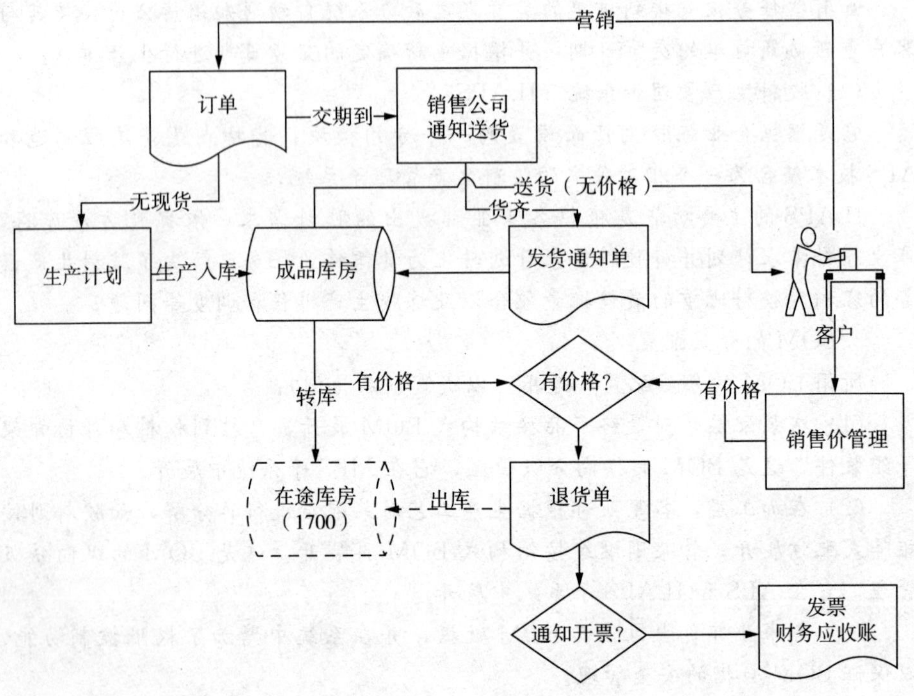

图 8-2　“在途库”管理流程示意图

③ 应用涵盖公司产供销、人财物；涵盖所有物料和产品系列；涵盖物流、资金流、信息流。目前，中鼎公司所有生产经营活动均通过计算机进行管理，彻底地抛弃了手工账和人工管理，ERP 系统已成为企业离不开的管理工具。

④ 系统处理逻辑和功能设置实用、合理，符合企业的生产经营特点，解决了中鼎公司管理上的关键瓶颈问题。

⑤ 现有计算机 750 台（约 5 人一台），平均在线约 450 台（占计算机拥有量的 60%）；每天新增数据量约 40MB，数据总容量已达到 10G。

（2）应用特点

① 在技术上：一是系统构架的创新，即对标准 ERP 生产管理系统进行改造，并与先进的生产排程技术相融合，形成一个全新的生产管理系统；二是将先进的管理技术融合在 ERP 系统中，如 APS 排程、BOM 分层配置、虚拟库等技术的运用。

② 在实施上：软件功能与企业需求有机结合，软件技术与管理技术有机结合，规范性的实施程序与灵活性实施策略有机结合等，有效地提高了项目的成功概率。

③ 在管理上：将一些先进的管理技术和管理思想固化在企业的管理流程中，有效地推动了企业业务流程优化，建立了“统一管理、分级核算”的管理

方式，形成了具有中鼎特色的管理模式，提升了企业的整体管理水平。

（3）经济效益

企业经济效益的提高产生于诸方面的因素，很难对ERP的作用进行具体的区分和量化，但从以下列举的部分实施前（2001年）与实施后（2003年）的相对指标中，可反映出中鼎公司实施ERP系统产生的经济效益。

① 销售利税率：2001年为22.80%，2003年为29.56%，销售利税率的提高反映了企业获利能力的提高。

② 成本利润率：2001年为13.79%，2003年为29.02%，成本利润率的提高反映了企业成本费用的下降。

③ 年终库存资金占用：2003年与2001年相比，销售收入增加1.3倍，库存资金却降低0.48倍，其中胶料和车间在制品库存分别下降30%和23%。

④"在途库"资金占用：2000年，产品销售收入20247万元，"在途库"资金占用1458万元；2003年，产品销售收入48001万元，"在途库"资金占用却减少到1400万元。

成本费用和库存资金的下降、获利能力的提高，均说明企业管理水平的提高，应该说ERP系统在其中起到了很大的直接作用。

中鼎公司从实施ERP系统中感受到信息化系统给企业带来的巨大效益，所以，从2004年起，又开始进入信息系统建设的二期工程，主要实施内容为：条形码管理系统、网络安全系统、PDM管理系统。目前已完成条形码管理系统（包括与ERP系统的集成）和网络安全系统的建设；PDM管理系统正在实施与完善之中。ERP系统和二期工程的完成将为企业建立完整的CIMS系统奠定良好的基础。

8.3 ERP系统的功能

在企业中，一般的管理主要包括以下几方面的内容：生产控制（计划、制造）、物流管理（分销、采购、库存管理）、财务管理（会计核算、财务管理）和人力资源管理。这几大系统本身就是集成体，它们互相之间有相应的接口，能够很好地整合在一起来对企业进行管理。另外，要特别一提的是，随着企业对市场争夺的日益激烈，已经有越来越多的ERP厂商将客户关系管理纳入到ERP系统，下面将对这几个功能进行一下简要的介绍。

8.3.1 财务管理模块

1. 会计核算

会计核算主要是记录、核算、反映和分析资金在企业经济活动中的变动过程及其结果。它由总账、应收账、应付账、现金、固定资产、多币制等部分构成（图 8－3）。

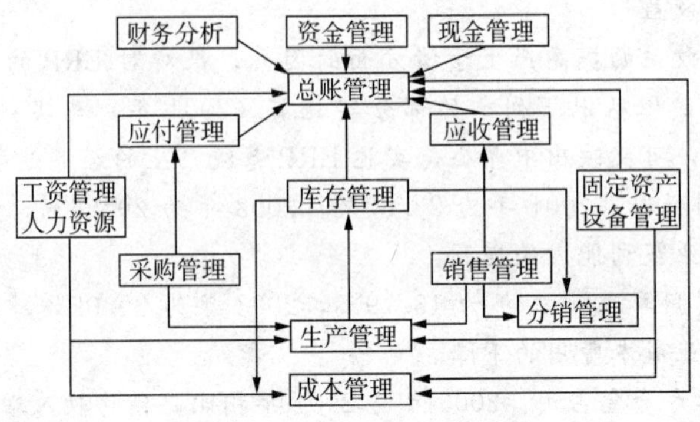

图 8－3　会计核算

（1）总账模块

它的功能是处理记账凭证输入、登记，输出日记账、一般明细账及总分类账，编制主要会计报表。它是整个会计核算的核心，应收账、应付账、固定资产核算、现金管理、工资核算、多币制等各模块都以其为中心互相进行信息传递。

（2）应收账模块

是指企业应收的由于商品赊欠而产生的正常客户欠款账。它包括发票管理、客户管理、付款管理、账龄分析等功能。它和客户订单、发票处理业务相联系，同时将各项事件自动生成记账凭证，导入总账。

（3）应付账模块

会计里的应付账是企业应付购货款等账，它包括发票管理、供应商管理、支票管理、账龄分析等。应付账模块能够和采购模块、库存模块完全集成以替代过去烦琐的手工操作。

（4）现金管理模块

主要是对现金流入、流出的控制以及零用现金及银行存款的核算。现金管理模块包括对硬币、纸币、支票、汇票和银行存款的管理。在 ERP 中提供了票据维护、票据打印、付款维护、银行清单打印、付款查询、银行查询和支票查询等和现金有关的功能。此外，现金管理模块还和应收账、应付账、总账等模块集成，自动产生凭证，过入总账。

（5）固定资产核算模块

即完成对固定资产的增减变动以及折旧有关基金计提和分配的核算工作。固定资产核算模块能够帮助管理者对固定资产的现状有所了解，并能通过该模块提供的各种方法来管理资产以及进行相应的会计处理。固定资产核算模块的具体功能有：登录固定资产卡片和明细账，计算折旧，编制报表以及自动编制转账凭证，并转入总账。固定资产核算模块和应付账、成本、总账模块集成。

（6）多币制模块

这是为了适应当今企业的国际化经营对外币结算业务的要求增多而产生的。多币制将企业整个财务系统的各项功能以各种币制来表示和结算，并且客户订单、库存管理及采购管理等也能使用多币制进行交易管理。多币制和应收账、应付账、总账、客户订单、采购等各模块都有接口，可自动生成所需数据。

（7）工资核算模块

自动进行企业员工的工资结算、分配、核算以及各项相关经费的计提。它能够登录工资、打印工资清单及各类汇总报表，计算各项与工资有关的费用，自动做出凭证，导入总账。这一模块是和总账、成本模块集成的。

（8）成本模块

成本模块将依据产品结构、工作中心、工序、采购等信息进行产品的各种成本的计算，以便进行成本分析和规划。还能用标准成本或平均成本法按地点维护成本。

2. 财务管理

财务管理的主要功能是基于会计核算的数据，再加以分析，从而进行相应的预测、管理和控制活动。财务管理侧重于财务计划、控制、分析和预测。

（1）财务计划：根据前期财务分析做出下期的财务计划、预算等。

（2）财务分析：提供查询功能和通过用户定义的差异数据的图形显示进行财务绩效评估、账户分析等。

（3）财务决策：财务决策是财务管理的核心部分，中心内容是做出有关资金的决策，包括资金筹集、投放及资金管理。

在企业中，清晰分明的财务管理是极其重要的。所以在 ERP 整个方案中，财务管理是不可或缺的一部分。与一般的财务软件不同，ERP 中的财务模块作为 ERP 系统中的一部分，和系统的其他模块有相应的接口，能够相互集成，比如：它可将由生产活动、采购活动输入的信息自动计入财务模块生成总账、会计报表，取消了输入凭证烦琐的过程，几乎完全替代以往传统的手工操作。一般 ERP 软件的财务部分分为会计核算与财务管理两大块。

8.3.2 生产控制管理模块

1. 主生产计划

主生产计划是根据生产计划、预测和客户订单的输入来安排将来的各周期中提供的产品种类和数量，它将生产计划转为产品计划，在平衡了物料和能力的需要后，精确到时间、数量的详细的进度计划。主生产计划是企业在一段时期内的总活动的安排，是一个稳定的计划，是以生产计划、实际订单和对历史销售分析得来的预测产生的。

2. 物料需求计划

在主生产计划决定生产多少最终产品后，再根据物料清单，把整个企业要生产的产品数量转变为所需生产的零部件数量，并对照现有的库存量，可得到还需加工多少、采购多少的最终数量。这才是整个部门真正依照的计划。

3. 能力需求计划

能力需求计划是在得出初步的物料需求计划之后，将所有工作中心的总工作负荷，在与工作中心的能力平衡后产生的详细工作计划。能力需求计划是一种短期的、实际应用的计划。

4. 车间控制

这是随时间变化的动态作业计划，是将作业分配到具体各个车间，再进行作业排序、作业管理、作业监控。

5. 制造标准

在编制计划中需要许多生产基本信息，这些基本信息就是制造标准，包括零件、产品结构、工序和工作中心，都用唯一的代码在计算机中识别。

① 零件代码：对物料资源的管理，对每种物料给予唯一的代码识别。

② 物料清单：定义产品结构的技术文件，用来编制各种计划。

③ 工序：描述加工步骤及制造和装配产品的操作顺序。工序包含加工工序顺序，指明各道工序的加工设备及所需要的额定工时和工资等级等。

④ 工作中心：使用相同或相似工序的设备和劳动力组成的，从事生产进度安排、核算能力、计算成本的基本单位。

8.3.3 物流管理模块

1. 分销管理

销售的管理是从产品的销售计划开始，对其销售产品、销售地区、销售客户各种信息的管理和统计，并可对销售数量、金额、利润、绩效、客户服务做出全面的分析，这样在分销管理模块中大致有三方面的功能。

(1) 对于客户信息的管理和服务

它能建立一个客户信息档案，对其进行分类管理，进而对其进行针对性的客户服务，以达到最高效率地保留老客户、争取新客户。在这里，要特别提到的是CRM软件，即客户关系管理，ERP与它的结合必将大大增加企业的效益。

(2) 对于销售订单的管理

销售订单是ERP的入口，所有的生产计划都是根据它下达并进行排产的。而销售订单的管理贯穿了产品生产的整个流程，包括：

① 客户信用审核及查询（客户信用分级来审核订单交易）；

② 产品库存查询（决定是否要延期交货、分批发货或用代用品发货等）；

③ 产品报价（为客户作不同产品的报价）；

④ 订单输入、变更及跟踪（订单输入后，进行变更的修正及订单的跟踪分析）；

⑤ 交货期的确认及交货处理（决定交货期和发货事物安排）。

（3）对于销售的统计与分析

这时系统根据销售订单的完成情况，依据各种指标做出统计，比如客户分类统计、销售代理分类统计等，再就这些统计结果来对企业实际销售效果进行评价。

① 销售统计（根据销售形式、产品、代理商、地区、销售人员、金额、数量来分别进行统计）。

② 销售分析（包括对比目标、同期比较和订货发货分析，从数量、金额、利润及绩效等方面作相应的分析）。

③ 客户服务（客户投诉纪录，原因分析）。

2. 库存控制

用来控制存储物料的数量，以保证稳定的物流支持正常的生产，但又最小限度地占用资本。它是一种相关的、动态的及真实的库存控制系统。它能够结合、满足相关部门的需求，随时间变化动态地调整库存，精确地反映库存现状。这一系统的功能又涉及：

（1）为所有的物料建立库存，决定何时订货采购，同时作为交与采购部门采购、生产部门作生产计划的依据。

（2）收到订购物料，经过质量检验入库，生产的产品也同样要经过检验入库。

（3）收发料的日常业务处理工作。

3. 采购管理

确定合理的定货量、优秀的供应商和保持最佳的安全储备。能够随时提供定购、验收的信息，跟踪和催促外购或委外加工的物料，保证货物及时到达。建立供应商的档案，用最新的成本信息来调整库存的成本。具体有：

（1）供应商信息查询（查询供应商的能力、信誉等）；

（2）催货（对外购或委外加工的物料进行跟催）；

（3）采购与委外加工统计（统计、建立档案，计算成本）；

（4）价格分析（对原料价格分析，调整库存成本）。

8.3.4　人力资源管理模块

1. 人力资源规划的辅助决策

（1）对于企业人员、组织结构编制的多种方案进行模拟比较和运行分析，并辅之以图形的直观评估，辅助管理者做出最终决策。

（2）制定职务模型，包括职位要求、升迁路径和培训计划，根据担任该职位员工的资格和条件，系统会提出针对本员工的一系列培训建议。一旦机构改组或职位变动，系统会提出一系列的职位变动或升迁建议。

（3）进行人员成本分析，可以对过去、现在、将来的人员成本做出分析及预测，并通过 ERP 集成环境，为企业成本分析提供依据。

2. 招聘管理

人才是企业最重要的资源。优秀的人才才能保证企业持久的竞争力。招聘系统一般从以下几个方面提供支持：

（1）进行招聘过程的管理，优化招聘过程，减少业务工作量；

（2）对招聘的成本进行科学管理，从而降低招聘成本；

（3）为选择聘用人员的岗位提供辅助信息，并有效地帮助企业进行人才资源的挖掘。

3. 工资核算

（1）能根据公司跨地区、跨部门、跨工种的不同薪资结构及处理流程制定与之相适应的薪资核算方法。

（2）与时间管理直接集成，能够及时更新，对员工的薪资核算动态化。

（3）回算功能。通过和其他模块的集成，自动根据要求调整薪资结构及数据。

4. 工时管理

（1）根据该国或当地的日历，安排企业的运作时间以及劳动力的作息时间表。

（2）运用远端考勤系统，可以将员工的实际出勤状况记录到主系统中，并把与员工薪资、奖金有关的时间数据导入薪资系统和成本核算中。

5. 差旅核算

系统能够自动控制从差旅申请、差旅批准到差旅报销整个流程，并且通过集成环境将核算数据导入财务成本核算模块中去。

8.4 ERP 系统的实施

在企业 ERP 系统的过程中，实施是一个极其关键也是最容易被忽视的环节，因为实施的成败最终决定着 ERP 效益的充分发挥。ERP 实施情况已经成为制约 ERP 效益发挥的一大瓶颈因素。因此，企业的 ERP 项目只有在一定科学方法的指导下，才能够成功实现企业的应用目标。

8.4.1　ERP 系统的实施应注意的问题

1. 选好软件

选择 ERP 软件必须遵循以下四个步骤：理解 ERP 原理，分析企业需求，选择软件，选择硬件平台、操作系统和数据库。

如果在购买 ERP 软件之前，对 MRP/MRPⅡ/ERP 的原理不甚了解，认为可以通过培训来弥补，那就大错特错了。拿生活中的常识来说，如果有人到商场花几十万元买一件不知道是什么又不知道怎么使用的商品时，肯定会说他是个十足的傻瓜。但这类事情在选购 ERP 软件时却很常见。在购买 ERP 软件之前，还需要分析企业自身特点，了解企业迫切需要解决的问题，哪类软件能适应企业并帮助企业解决实际问题。

企业选择软件，要根据企业的产品特点、生产组织方式、经营管理特点的不同来选择适用的软件。

2. 选择好的管理咨询公司

前面的详细分析说明选择一家富有经验的管理咨询公司的重要性。企业聘请管理咨询公司，可负责完成总体规划的设计，对企业领导和全体员工进行 ERP 理念的培训、项目的详细实施计划等。

3. 制定具体的量化目标

谈成功离不开目标；没有目标，成功与否就无从谈起。上 ERP 项目如果没有统一的目标，或者是太抽象，没有具体的、量化的、可考核的目标，就没有办法在系统实施完后进行对比和评判。在实施 ERP 时不能再实行粗放式管理，否则会埋下不成功的潜在危机。

在双方合作合同签订前，供求双方一定要在技术协议条款中明确 ERP 的实施目标，具体实施内容，实现的技术，实施的计划、步骤以及分阶段项目成果、验收办法。

4. 做好业务流程重组

业务流程重组是对企业现有业务运行方式的再思考和再设计，应遵循以下基本原则：必须以企业目标为导向调整组织结构，必须让执行者有决策的权力，必须取得高层领导的参与和支持，必须选择适当的流程进行重组，必须建立通畅的交流渠道，组织结构必须以目标和产出为中心而不是以任务为中心。做法是由管理咨询公司在 ERP 实施前进行较长时间的企业管理状况调研，提出适合企业的改进的管理模型，同时该管理模型必须考虑到企业的发展，并得到企业管理层的批准。

5. 有针对性地实施 ERP，解决企业管理瓶颈

一个完整的 ERP 系统是一个十分庞杂的系统，它既有管理企业内部的核心软件 MRPⅡ，还有扩充至企业关系管理（客户关系管理 CRM 和供应链管

理SCM）的软件；既有管理以物流/资金流为对象的主价值链，又有管理支持性价值链——人力资源、设备资源、融资等管理以及对决策性价值链的支持。任何一个企业都不可能一朝一夕就可实现这一庞大的系统。每个企业都有自己的特点和要解决的主要矛盾，需要根据自身实际情况确定实施目标和步骤。

ERP不仅是一种软件，更是一个企业解决方案。因此，即使是同一套软件，不同的企业其实施方法也有所不同。例如，实施哪些模块？如何进行分级培训？ERP管理到哪一级？管理细到什么程度？与手工管理并轨时间多长？什么时间甩掉手工管理？如何强化MRPⅡ计划的实施？这些都要根据企业的需求和管理基础来确定，并制订切实可行的目标和实施计划，确保ERP的成功实施。

6. 通过培训和制定制度，提高员工素质，保证系统的正常运行

企业实施ERP是一个循序渐进、不断完善的过程，只有员工素质的不断提高，才能确保系统的不断深入。可以通过给企业员工定规章制度，把员工的经济效益与工作内容结合起来，这样员工的积极性可得到提高，熟悉业务的自觉性也可得到增强。

8.4.2 ERP实施步骤

1. 建立实施策略

从商务和技术角度上来计划项目的范围、确定项目的目标，具体制定出企业实施应用管理的策略和纲要。这一阶段的工作，包括建立由公司主要领导为首的项目实施领导小组和各部门有关人员参加的项目实施小组，并开始对员工进行初步的业务管理观念和方法培训，制定出企业实施应用管理的策略和目标。

2. 业务流程分析

业务流程是企业在经营过程中因业务发展的需要而产生的，支撑着日常业务系统的正常运行。包括采购流程、销售流程、仓储物流、应收应付、设计开发、计划生产、客退客诉、售后服务等。这些关键业务流程支撑着企业日常的运行和发展，只要企业持续经营，这些业务流程将会一直存在和运行。

业务流程分析主要是定义子单元任务内容，即对现行的管理进行深入地回顾和描述，从而精准认识业务和技术上的具体要求。一般在这个分阶段要编写一个项目定义分析报告，借助IPO图的形式来描述项目的流程，并从中找出希望改进的地方，为进一步解决方案的设计创造条件。为此，需对项目实施小组的成员进行比较系统的培训。

3. 设计解决方案

结合业务管理的基本概念和具体的软件功能，逐项进行回顾、分析，以便对每个管理业务流程提出解决方案。

4. 建立应用系统

建立应用系统阶段需根据前一阶段（设计解决方案）拟订的方案，对管理上（或组织上）需改进之处制订改进方案，包括调整分工、规范流程、统一方法、标准信息编码等。建立起一个符合企业实际情况的系统。

5. 建立用户文档

按软件工程要求必须提供二次开发文档，对管理改进的流程及方法等方面，也须编写或修改原来的制度、职责、流程图。用户文档可用来培训最终用户及备案。

6. 系统切换

各职能部门按照各自的日常业务，参照已文档化的流程，进行联合演习测试，达到要求再逐步进行切换。一般来讲，存在新老系统并行期，风险更小。

7. 运行维护及改善

安全、可靠、可行地并行一段时间后，即可正式投入运行。在运行中做好相关记录、报告，及时地发现运行中的问题，以便进行维护和提高。

ERP 系统在我国企业的发展实施过程中，联想、TCL、康佳、美的等少数企业赢得了成功，有些企业却在大额资金投入的情况下走向了失败。从一些成功的案例和失败的教训中可以看出，企业在 ERP 实施系统过程中还存在以下几个方面的问题，即：企业原有的信息化建设水平较低；缺乏 ERP 实施风险的预测；企业主体意识差；企业对 ERP 系统管理认识不够；企业自身的管理问题和认识问题；项目实施中培训力度不够等。

本章小结

本章从 ERP 系统的概述、功能、实施等几个方面对企业资源计划进行了简单的介绍，目的是使学生对企业管理系统的新发展有所了解，认识到企业管理信息系统是随着管理理念和方法的发展以及市场的不断变化而发展变化的，以便在实际工作中将企业信息化管理工作推向更新、更高的领域。

复习与思考

1. 什么是 ERP？它的核心管理思想是什么？
2. 简述 ERP 系统与 MRPⅡ的区别和联系。
3. 简述 ERP 系统的功能。
4. 简述你对 ERP 未来发展的看法。

第9章　客户关系管理

【本章要点】

- 客户关系管理的概念
- 客户关系管理系统简介
- 客户关系管理与数据挖掘
- 企业实施 CRM 的主要步骤和应该注意的问题

章首案例：

客户关系管理

从一个经典的故事说起……

泰国的东方饭店是亚洲最有名的饭店之一，它的客房几乎天天客满，如果不提前预订一般很难入住。东方饭店的顾客绝大部分是西方国家的商务人士，而其中又有相当一部分是它的老顾客。东方饭店之所以能够获得客户的青睐，一个重要的原因就是它的客户关系管理。

下面是台湾一位知名企业家于先生对东方饭店的感受。于先生一年前住过东方饭店，给他留下了很好的印象，一年后，他到泰国出差，又选择了东方饭店。于先生很晚才住进饭店。第二天早上，他一走出房门，就有服务生上前询问："于先生是要用早餐吗？"于先生很奇怪，反问："你怎么知道我姓于？"服务生说："我们饭店规定，晚上要记熟每一位顾客的姓名。"

于先生愉快地乘电梯下至餐厅所在楼层，刚出电梯，餐厅服务生忙迎上前："于先生，里面请。"

于先生十分疑惑，又问道："你怎么知道我姓于？"服务生微笑答道："我刚接到楼层服务电话，说您已经下楼了。"

于先生走进餐厅，服务小姐殷勤地问："于先生还要老位子吗？"于先生的惊诧再度升级，心中暗忖，"上一次在这里吃饭已经是一年前的事了，难道这里的服务小姐依然记得？"服务小姐主动解释："我刚刚查过记录，您去年6月9日在靠近第二个窗口的位子上用过早餐。"于先生听后有些激动了，忙说："老位子！对，老位子！"于是服务小姐接着问："老菜单？一个三明治，一杯咖啡，一个鸡蛋？"此时，于先生已经极为感动了，"老菜单，就要老菜单！"

后来，因业务调整，于先生有三年没有去泰国。在于先生生日那天，他突然收到东方饭店发来的生日贺卡，里面还有一封短信。信中写道："亲爱的于先生，您有三年没有来过我们饭店，我们都很想念您。希望能再次见到您。祝您生日愉快！”

迄今为止，世界各国已有 20 万人曾经住过东方饭店。用他们自己的话说，每年只要有 1/10 的老顾客光顾，东方饭店将永远客满。

9.1　客户关系管理综述

9.1.1　客户关系管理的起源和发展

CRM 是营销管理的自然演变，而并非技术进步的结果。西方工业界不断用各种工具和方法进行产业升级：流程、财务、IT 和人力资源，目前进展到最核心的堡垒——营销。

最早发展 CRM 的国家是美国，早在 1980 年便有所谓的“接触管理”(Contact Management) 业务，专门用来收集客户与公司联系的所有信息；到 1990 年，“接触管理”演变成电话服务，开展客户资料分析以支持“客户关怀”(Customer Care)。

从 20 世纪 80 年代中期开始，为了降低成本，提高效率，增强企业竞争力，许多公司进行了业务流程的重新设计。为了对业务流程的重组提供技术支持，很多企业采用了企业资源计划系统 ERP (Enterprise Resource Planning)，这一方面提高了企业内部业务流程的自动化程度，使员工从日常事务中解放出来，另一方面也对原有的流程进行了优化。

20 世纪 90 年代中期推出了整合交叉功能的 CRM 解决方案，把内部数据处理、销售跟踪、国外市场和客户服务请求融合一体，不仅包括软件，还包括硬件、专业服务和培训，为公司雇员提供全面的、及时的数据，让他们清晰了解每位客户的需求和购买历史，从而提供相应的服务。

但 CRM 这一概念直到 20 世纪 90 年代末才开始深入到一些公司。

20 世纪 90 年代后期，因特网技术的迅猛发展加速了 CRM 的应用和发展。从那时起，CRM 市场一直处于一种爆炸性增长的状态。

9.1.2　客户、关系和管理

1. 客户

狭义：仍然指企业产品或服务的最终用户，包括现实的客户和需要企业去寻找和确立的潜在客户。

广义：指所有与企业有互动行为或可能有互动行为的单位或个人，它包括直接客户、合作伙伴或分销商，甚至包括政府机构、社区。

2. 关系

(1) 关系发生于人与人之间，以排除人同机器之间的关系概念。

（2）一个关系同时具有行为和感觉两种特性，而对于光有某种行为没有感觉或光有感觉没有适当的行为，应该说是“欠缺的关系”。

企业在加强关系的同时，不要只关注关系的行为特征（物质因素），也要考虑关系的另一个特点，即客户的感觉等非物质的情感因素。从效果上说，后者不易控制和记录，但你的竞争对手也很难拷贝。

（3）关系建立、发展有一个生命周期，即关系建立、发展、维持到破灭周期。

（4）关系是一种“束缚”，脱离关系有“逃离代价”。即关系有一种“束缚”，或者说对关系双方有所约束的特性，使得想脱离关系的一方有某种程度的“逃离代价”。

（5）关系有时间跨度，好的感觉要慢慢积累，因此企业要有足够的耐性进行培养。

（6）关系建立阶段，作为“追求方”的企业付出比较多。关系稳固后，企业才开始获得回报。

如今是供过于求的时代，作为“被追求方”的客户一般是比较挑剔的，只要有一个让他感觉不好，都可能导致企业的努力前功尽弃。

3. 管理

管理就是对资源的控制和有效分配，以实现特定管理单位所确定的目标。

CRM 中的管理是指对客户关系的生命周期要积极地介入和控制，使这种关系能最大限度地帮助企业实现它所确定的经营目标。

客户关系管理的目的仍然是企业的经营目标。一个无法帮助企业实现经营目标的客户关系管理是“无用”的管理，即使客户百分之百的满意，企业也没有任何理由和兴趣去管理这种关系。

9.1.3 客户关系管理的定义

客户关系管理（CRM，Customer Relationship Management）是一项综合的 IT 技术，也是一种新的运作模式，它源于“以客户为中心”的新型商业模式，是一种旨在改善企业与客户关系的新型管理机制。客户关系管理是一项企业经营战略，企业据此赢得客户，并且留住客户，让客户满意。通过技术手段增强客户关系，并进而创造价值，最终提高利润增长的上限和底线，是客户关系管理的焦点问题。其目的之一是要协助企业管理销售循环：新客户的招徕、保留旧客户、提供客户服务及进一步提升企业和客户的关系，并运用市场营销工具，提供创新式的个性化的客户商谈和服务，辅以相应的信息系统或信息技术（如数据挖掘和数据库营销）来协调所有公司与顾客间在销售、营销以及服务上的交互。

9.1.4 CRM 的核心管理思想

CRM 的核心管理思想主要包括以下几个方面：

（1）客户是企业发展最重要的资源之一：企业发展需要对自己的资源进行有效的组织与计划。在人类社会从“产品”导向时代转变为“客户”导向时代的今天，客户的选择决定着一个企业的命运。因此，客户已成为当今企业最重要的资源之一。CRM 系统中对客户信息的整合集中管理体现出将客户作为企业资源之一的管理思想。在很多行业中，完整的客户档案或数据库就是一个企业颇具价值的资产。通过对客户资料的深入分析和管理，将会显著改善企业营销业绩。

（2）对企业与客户发生的各种关系进行全面管理：企业与客户之间发生的关系，不仅包括单纯的销售过程所发生的业务关系，而且包括在企业营销及售后服务过程中发生的各种关系。对企业与客户间可能发生的各种关系进行全面管理，将会显著提升企业营销能力、降低营销成本、控制营销过程中可能导致客户抱怨的各种行为，这是 CRM 系统的另一个重要管理思想。

（3）进一步延伸企业供应链管理：20 世纪 90 年代提出的 ERP 系统，原本是为了满足企业的供应链管理需求，但 ERP 系统的实际应用并没有达到企业供应链管理的目标，这既有 ERP 系统本身功能方面的局限性，也有 IT 技术发展阶段的局限性，最终 ERP 系统又退回到帮助企业实现内部资金流、物流与信息流一体化管理的系统。作为 ERP 系统中销售管理的延伸，CRM 系统与 ERP 系统的集成运行才真正解决了企业供应链中的下游链管理，将客户、经销商、企业销售部全部整合到一起，实现企业对客户个性化需求的快速响应。同时，也帮助企业清除了营销体系中的中间环节，通过新的扁平化营销体系，缩短响应时间，降低销售成本。

9.1.5 CRM 的功能

客户关系管理就是要通过对企业与客户间发生的各种关系进行全面管理，以赢得新客户，巩固保留既有客户，并增进客户利润贡献度。客户关系管理的功能可以归纳为三个方面：市场营销中的客户关系管理、销售过程中的客户关系管理、客户服务过程中的客户关系管理，以下简称为市场营销、销售、客户服务。

1. 市场营销

客户关系管理系统在市场营销过程中，可有效帮助市场人员分析现有的目标客户群体，如主要客户群体集中在哪个行业、哪个职业、哪个年龄层次、哪个地域等，从而帮助市场人员进行精确的市场投放。客户关系管理也有效分析每一次市场活动的投入产出比，根据与市场活动相关联的回款记录及举行市场活动的报销单据做计算，就可以统计出所有市场活动的效果报表。

2. 销售

销售是客户关系管理系统中的主要组成部分，主要包括潜在客户、客户、联系人、业务机会、订单、回款单、报表统计图等模块。业务员通过记录沟通内容、建立日程安排、查询预约提醒、快速浏览客户数据有效缩短工作时间，而大额业务提醒、销售漏斗分析、业绩指标统计、业务阶段划分等功能又可以有效帮助管理人员提高整个公司的成单率、缩短销售周期，从而实现最大效益的业务增长。

3. 客户服务

客户服务主要是用于快速、及时地获得问题客户的信息及客户历史问题记录等，这样可以有针对性且高效地为客户解决问题，提高客户满意度，提升企业形象。主要功能包括客户反馈、解决方案、满意度调查等功能。应用客户反馈中的自动升级功能，可让管理者第一时间得到超期未解决的客户请求，解决方案功能使全公司所有员工都可以立刻提交给客户最为满意的答案，而满意度调查功能又可以使最高层的管理者随时获知本公司客户服务的真实水平。有些客户关系管理软件还会集成呼叫中心系统，这样可以缩短客户服务人员的响应时间，对提高客户服务水平也起到了很好的作用。

现在市面上很多的客户关系管理软件为使用者更加方便都还会有很多其他功能，比如办公管理、行政管理、进销存等。

9.2 客户关系管理系统简介

阅读资料：

德国麦德龙现购自运制商场

德国麦德龙集团（METRO）是当今欧洲第三、世界第五的贸易和零售集团，拥有六大独立销售业态。其中，麦德龙现购自运制公司（METRO C&&C）最具竞争力和特色，其销售额约占集团销售的50%，居全球各大现购自运制商业集团之首，拥有绝对优势。麦德龙集团在中国投资建成的锦江麦德龙现购自运有限公司已经在中国开设了26家现购自运制商场，进入中国短短十年时间，吸纳会员300余万，并且日益庞大。

麦德龙面对的消费群不是个人和家庭，而是通过会员制的形式锁定具有批量购买能力的终端零售商和机关事业单位。

基于会员制的现购自运制成功的关键因素之一在于其强大的客户关系管理系统，扎实到位的数据分析技术大大领先于本土竞争对手。GMS客户管理和商品查询系统与客户开发部门（CC），乃至整个商场的高度整合很大程度上促进了麦德龙的成功。

GMS 客户管理和商品查询系统领先同行。

全球所有的麦德龙现购自运商场均采用向 ORACALE 公司订制开发的“GMS 客户管理和商品查询系统”，由计算机对客户数据和商品销售情况及库存数据进行管理和控制，能根据历史资料自动预测销售、制订采购计划，产生订单，功能强大，在全球零售贸易集团中仅次于沃尔玛的决策支持系统，为开展全面的客户关系管理提供了强有力的信息支持。各个商场都设置了 EDP 电脑部门，负责对 GMS 系统进行日常维护。研究报表是各级管理阶层主要的日常工作内容之一。

由 GMS 系统生成的各种年度、季度、月度、周、日销售报表，包括库存报表、各时期销售总计报表、各时期分类销售统计报表、各年同期各类商品销售对比报表、各年同期分类客户数和账单数对比报表、各时区横向和纵向销售对比报表、修正报表、商品修改列表等。从多角度将数据整合成为有用的信息，是商场及总部预测需求、适应变化、为客户提供及时应变商品和服务的重要依据。

GMS 客户管理系统界面包括客户单位编号、名称、地址、电话号码、传真号码、持卡人姓名、开卡日期、所属客户种类、购买各类商品金额的各年度统计、详细购买记录等情况。

GMS 商品查询系统界面包括商品编号、商品描述、供应商编号、供应商描述、价格、到货日期、到货数量、总销售量、库存、增值税率、是否处在广告期、是否专卖商品、是否零售商品、是否限制商品、最小起订数量（重量、体积）、有效天数、所属销售部门、种类及订货建议等详尽信息。

客户的每次购买行为由 POS 扫描商品条码为驱动都自动记录在系统当中，库存等动态商品数据、相关购买信息自动生成，进入商品管理系统，同时生成客户购买信息，将金额、种类记入该客户的购买统计数据中。

由于 GMS 系统在商场各部门、各商场、各区域总部、国家总部及德国总部之间实时相连，并且一般有英语及所在国语言两个版本，因此查看数据非常方便，更便于集团高层掌握与控制全局。

9.2.1　客户关系管理系统的一般模型

客户关系管理（CRM）软件系统以最新的信息技术为手段，运用先进的管理思想，通过业务流程与组织上的深度变革，帮助企业最终实现以客户为中心的管理模式。CRM 软件系统的一般模型如图 9－1 所示。

模型阐明了客户关系管理系统的主要过程是对营销、销售和客户服务三部分业务流程的信息化；与客户进行沟通所需要的各种渠道（如电话、传真、网络、亲自访问等）的集成和自动化处理；对上面两部分功能所积累下的信息进行的加工处理，产生客户智能，为企业的战略战术的决策作支持。图 9－1 反映了目标客户、主要过程以及功能之间的相互关系。一般来讲，当前的客户关系管理产品所具有的功能都是图 9-1 的子集。

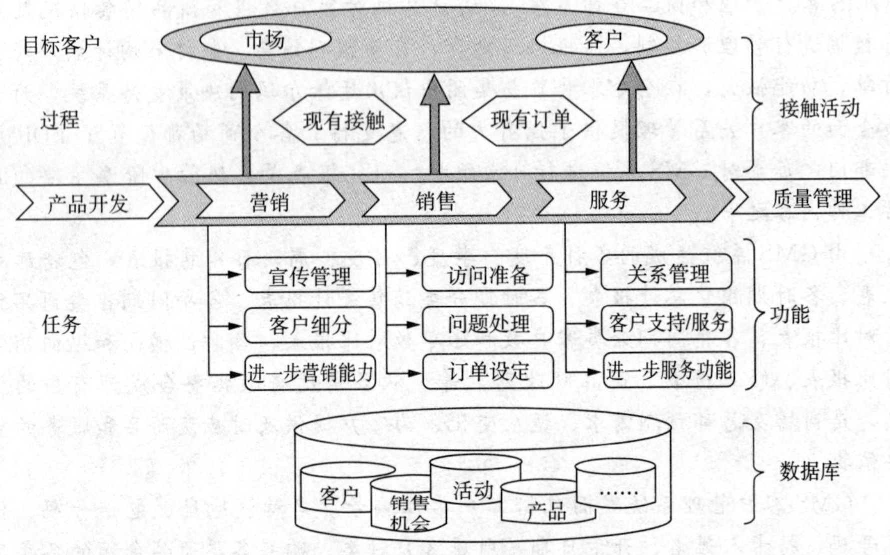

图 9-1　CRM 软件系统的一般模型

客户关系管理系统具有销售、营销和服务的综合支持能力。系统采用闭环设计，可显著改善企业在客户关系、业务交易执行、完成客户预期和在供服务等方面的处理能力。首先，在市场营销过程中，目标消费者位居中心地位。企业识别总体市场，将其划分为较小的细分市场，选择最有开发价值的细分市场，并集中力量满足和服务于这些细分市场。企业设计由其控制的四大要素（产品、价格、渠道和促销）所组成的市场营销组合。为找到和实施最好的营销组合，企业要进行市场营销分析、计划、实施和控制。通过这些活动，企业观察并应变于市场营销环境。而销售的任务是执行营销计划，包括发现潜在客户、信息沟通、推销产品和服务、收集信息等，目标是建立销售订单，实现销售额。在客户购买了企业提供的产品和服务后，还需对客户提供进一步的服务与支持，这主要是客户服务部门的工作。产品开发和质量管理过程分别处于客户关系管理过程的两端，为客户关系管理过程提供必要的支持。

客户关系管理改变了企业前台业务运作方式，各部门间信息共享，密切合作。

9.2.2　客户关系管理系统的功能简介

1. 客户关系管理系统功能的分类

CRM 系统功能是相当丰富的，对系统功能的划分可以有两种方法：以系统的具体操作分类、以企业业务模块分类。

2. 以 CRM 的具体操作分类

CRM 的功能大致有：

(1) 客户和联系人管理

(2) 时间管理

(3) 销售管理、项目管理、潜在客户管理

(4) 电话营销和电话销售

(5) 营销管理

(6) 客户服务管理

(7) 呼叫中心管理

(8) 合作伙伴关系管理

(9) 电子商务

(10) 商业智能

3. 以企业业务模块分类

以企业的业务模块来对 CRM 系统的功能分类，可以分为：营销自动化模块（Marketing Automation）、销售自动化模块（Sales Force Automation）、客户服务与技术支持自动化模块（Custom Service & Technical Support Automation）、商业智能模块（Business Intelligence）。

下面，就企业的业务模块对 CRM 系统功能做一个详细的描述。

(1) 营销自动化功能

① 营销百科全书系统

●内容存储库

●自动发布信息

●内置式用户界面

●按关键字或内容检索

●自定义类别和渠道

●渠道订阅（个人渠道）

●与在线营销模块和在线销售模块整合

●按人员角色来访问信息

●通知、批准和信息功能在线营销管理

② 在线营销管理

在线营销管理是企业通过 Internet 对营销活动进行管理。

●营销活动管理

●数据清单管理

●事件管理

●事件的规划和管理

●预算管理

(2) 销售自动化功能

① 销售动态管理

●客户管理

●产品需求管理

●活动管理

●价格管理

●与营销百科全书的整合

② 在线销售管理

●个性化设置

●客户信息管理

●销售方法管理

●区域管理

●预测产品需求

●客户层级管理器

●客户接触点管理

●销售佣金管理

●销量预测管理

●赠品管理功能

●与营销百科全书系统的整合

●与商业智能系统的整合

●与生产资源规划（MRP）的集成

③ 佣金管理

佣金管理的目标是将激励计划和业务目标对应，激励销售人员、分销商和合作伙伴的工作热情。

●多种类型的销售代表

●为销售人员建立分类账

●薪酬方案

●酬劳调整

●付款管理

④ 网上商店管理

●产品手册管理

●B2B、B2C 模式

●购物流程管理

●产品配置

●库存清点

⑤ 电话销售管理

●查找管理

●个人生产率和个性化设置

●区域管理器

●销售线索管理

●产品需求管理

●客户与联系人管理

●对 B2C 的支持

●对 B2B 的支持

●销量预测

●报价和订单管理

⑥ 网上支付管理

应用 CRM 的网上支付模块，可以帮助企业建立统一的付款解决方案，将付款过程标准化。其具体功能如下：

●支付管理

●系统整合

●风险管理

●交易安全管理

(3) 客户服务自动化功能

① 客户服务管理

●人员派遣管理

●现场服务管理

●维修管理

●知识库管理

●其他功能

② 网上服务管理

●服务请求管理

●知识管理

●已购产品管理

●电子邮件管理

● BBS 管理

●订单管理查询

(4) 商业智能功能

① 客户智能

●个人主页配置

●客户资料管理

●客户获得和客户动态分析
●客户保持情况分析
●客户利润贡献度分析
●客户忠诚度分析
●客户满意度分析
●客户惠顾周期分析
●目标管理
●深入了解客户

② 销售智能

●销售目标和销售任务管理
●销售业绩和销售收入分析
●销售有效性分析
●客户甄别功能
●产品分析功能
●销售渠道管理

9.3 客户关系管理与数据挖掘

阅读资料：

沃尔玛啤酒加尿布的故事

一般看来，啤酒和尿布是顾客群完全不同的商品，但是沃尔玛一年内数据挖掘的结果显示，在居民区中尿布卖得好的店面啤酒也卖得很好。原因其实很简单，一般太太让先生下楼买尿布的时候，先生们一般都会犒劳自己两听啤酒。因此啤酒和尿布一起购买的机会是最多的。这是一个现代商场智能化信息分析系统发现的秘密。这个故事被公认为是商业领域数据挖掘的诞生。

沃尔玛能够跨越多个渠道收集最详细的顾客信息，并且能够造就灵活、高速供应链的信息技术系统。沃尔玛的信息系统是最先进的，其主要特点是：投入大、功能全、速度快、智能化和全球联网。目前，沃尔玛中国公司与美国总部之间的联系和数据都是通过卫星来传送的。沃尔玛美国公司使用的大多数系统都已经在中国得到充分的应用发展，已在中国顺利运行的系统包括：存货管理系统、决策支持系统、管理报告工具以及扫描销售点记录系统等。这些技术创新使沃尔玛得以成功地管理越来越多的营业单位。当沃尔玛的商店规模成倍地增加时，它们不遗余力地向市场推广新技术。比较突出的是借助 RFID 技术，沃尔玛可以自动获得采购的订单，更重要的是，RFID 系统能够在存货快用完时，自动地给供应商发出采购的订单。另外，沃尔玛打算引进到中国来的技术创新是一套“零售商联系”系统。“零售商联系”系统使沃尔玛能和主要的供应商共享业务信息。举例来说，这些供应商可以得到相关的货品层面数据，观察销售趋势、存货水平和订购信息甚至更多。通过信息共享，沃尔玛能和供应商们一起增进业务的发展，能帮助供应商在业务的不断扩张和成长中掌握更多的主动权。沃尔玛的模式已经跨越了企业内部管理（ERP）和与外界"沟通"的范畴，形成了以自身为链主，链接生产厂商与顾客的全球供应链。沃尔玛能够参与到上游厂商的生产计划和控制中去，因此能够将消费者的意见迅速反映到生产中，按顾客需求开发定制产品。

沃尔玛超市天天低价广告表面上看与CRM中获得更多客户价值相矛盾。但事实上，沃尔玛的低价策略正是其CRM的核心，与前面的"按订单生产"不同，以"价格"取胜是沃尔玛所有IT投资和基础架构的最终目标。

CRM系统能够帮助企业管理与客户相关的一系列活动，对企业日常所有的营销业务进行流程化和自动化地管理。随着客户信息的日趋复杂，客户数据的大量积累，分析大量复杂的客户数据，挖掘客户价值，发现客户行为趋势，理解客户对企业的真正价值，用全生命周期的观点来分析客户关系是企业成功的关键因素，这些恰恰要依赖数据挖掘。

9.3.1 数据挖掘在客户关系管理中的应用

1. 什么是数据挖掘

简单地说，数据挖掘是从大量的数据中抽取出潜在的、有价值的知识、模型或规则的过程。

数据挖掘技术基于事实，利用数据仓库中产品、价格、投资、分配等方面信息，从浩瀚的信息海洋中提炼出有价值的信息，发现隐含在这些信息中的对等的、不明显的、不可预知的模式、趋势和关系，为企业提供决策的依据。

数据挖掘和数据库查询的不同点在于，数据查询只能根据现有的数据归纳一些事实，而数据挖掘可以发现事物之间的关系和隐藏的趋势与模式。

利用数据挖掘对这些数据进行分析，从中发现相关的知识和规律，可以使整个CRM系统形成一个闭环，充分发挥CRM系统的作用。

2. 数据挖掘在客户关系管理中的应用

在客户关系管理（CRM）中，它可以应用在以下几个方面。

(1) 客户的获取。把客户根据其性别、收入、交易行为特征等属性细分为具有不同需求和交易习惯的群体，同一群体中的客户对产品的需求以及交易心理等方面具有相似性，而不同群体间差异较大。这样就有助于企业在营销中更加贴近顾客需求。分类和聚类等挖掘方法可以把大量的客户分成不同的类，适合于进行客户细分。通过群体细分，CRM用户可以更好地理解客户，发现群体客户的行为规律。在行为分组完成后，还要进行客户理解、客户行为规律发现和客户组之间的交叉分析。

(2) 重点客户发现。就是找出对企业具有重要意义的客户，重点客户发现主要包括：发现有价值的潜在客户；发现有更多的消费需求的同一客户；发现更多使用的同一种产品或服务；保持客户的忠诚度。根据 80/20 以及开发新客户的费用是保留老客户费用的 5 倍等营销原则，重点客户发现在 CRM 中具有举足轻重的作用。

(3) 交叉营销。商家与其客户之间的商业关系是一种持续的不断发展的关系，通过不断地相互接触和交流，客户得到了更好、更贴切的服务质量，商家则因为增加了销售量而获利。交叉营销指向已购买商品的客户推荐其他产品和服务。这种策略成功的关键是要确保推销的产品是用户所感兴趣的，有几种挖掘方法都可以应用于此问题，关联规则分析能够发现顾客倾向于关联购买哪些商品；聚类分析能够发现对特定产品感兴趣的用户群；神经网络、回归等方法能够猜测顾客购买该新产品的可能性。

(4) 客户分析。主要包括：客户价值金字塔分析、客户分布分析、新增客户分析、流失客户分析和购买行为分析。其中，分类等技术能够判定具备哪些特性的客户群体最轻易流失，建立客户流失猜测模型，从而帮助企业对有流失风险的顾客提前采取相应营销措施。利用数据挖掘技术，可以通过挖掘大量的客户信息来构建猜测模型，较准确地找出易流失客户群，并制订相应的方案，最大程度地保持住老客户。

(5) 性能评估。以客户所提供的市场反馈为基础，通过数据仓库的数据清洁与集中过程，将客户对市场的反馈自动地输入到数据仓库中，从而进行客户行为跟踪。

性能分析与客户行为分析和重点客户发现是相互交叠的过程，这样才能保证企业的客户关系治理能够达到既定的目标，建立良好的客户关系。

9.3.2 CRM 中的数据挖掘流程

CRM 中的数据挖掘流程如下：

(1) 数据抽样。当进行数据挖掘时，首先要从企业大量客户信息数据中抽取出相关的数据子集。通过对数据样本的精选，不仅能减少数据处理量，节省系统资源，而且能通过对数据的筛选，使数据更加具有规律性。

(2) 数据探索。数据探索就是通常所进行的对数据深入调查的过程，从样本数据集中找出规律和趋势，用聚类分析区分类别，最终要达到的目的就是搞清楚多因素相互影响的、十分复杂的关系，发现因素之间的相关性。

(3) 数据调整。通过上述两个步骤的操作，对数据的状态和趋势有了进一步的了解，这时要尽可能对问题解决的要求进一步明确化、量化。

(4) 模型化。在问题进一步明确，数据结构和内容进一步调整的基础上，就可以建立模型。这一步是数据挖掘的核心环节，运用神经网络、决策树、数理统计、时间序列分析等方法来建立模型。

(5) 评价。从上述过程中会得出一系列的分析结果、模式和模型，多数情况会得出对目标问题多侧面的描述，这时就要综合它们的规律性，提供合理的决策支持信息。

9.4 企业实施CRM的主要步骤和应该注意的问题

9.4.1 企业实施CRM的主要步骤

1. 确立业务计划

企业在考虑部署“客户关系管理（CRM）”方案之前，首先确定利用这一新系统实现的具体的生意目标，例如提高客户满意度、缩短产品销售周期以及增加合同的成交率等。即企业应了解这一系统的价值。

2. 建立CRM员工队伍

为成功地实现CRM方案，管理者还须对企业业务进行统筹考虑，并建立一支有效的员工队伍。每一准备使用这一销售系统方案的部门均需选出一名代表加入该员工队伍。

3. 评估销售、服务过程

在评估一个CRM方案的可行性之前，使用者需多花费一些时间，详细规划和分析自身具体业务流程。为此，需广泛地征求员工意见，了解他们对销售、服务过程的理解和需求；确保企业高层管理人员的参与，以确立最佳方案。

4. 明确实际需求

充分了解企业的业务运作情况后，接下来需从销售和服务人员的角度出发，确定其所需功能，并令最终使用者寻找出对其有益的及其所希望使用的功能。就产品的销售而言，企业中存在着两大用户群：销售管理人员和销售人员。其中，销售管理人员感兴趣于市场预测、销售渠道管理以及销售报告的提交；而销售人员则希望迅速生成精确的销售额和销售建议、产品目录以及客户资料等。

5. 选择供应商

确保所选择的供应商对你的企业所要解决的问题有充分的理解。了解其方案可以提供的功能及应如何使用其CRM方案。确保该供应商所提交的每一软、硬设施都具有详尽的文字说明。

6. 开发与部署

CRM方案的设计需要企业与供应商两个方面的共同努力。为使这一方案得以迅速实现，企业应先部署那些当前最为需要的功能，然后再分阶段不断向其中添加新功能。其中，应优先考虑使用这一系统的员工的需求，并针对某一用户群对这一系统进行测试。另外，企业还应针对其 CRM 方案确立相应的培训计划。

9.4.2 企业实施 CRM 应该注意的问题

如果你所在的企业正在评估 CRM 应用，那么建议在进行采购决策之前，应以符合公司规模与商业要求为准绳，并结合以下六大因素进行考虑。

1. 使用要求

在开始比较各类 CRM 应用之前，必须先决定需要软件含有哪些功能和特性来帮助自己解决问题并实现目标。

2. 预算框架

许多中小企业的预算都不宽裕，因此寻找解决方案时的重点是求取价格与功能之间的平衡。

在开始与厂商接洽之前，先判别自己能负担的预算范围。只有那些能够提供企业所需的功能，并且报价在预算范围内的产品厂商，才能被列入备选名单。不要受到销售代表的左右而去选择更高级的 CRM 应用而导致预算大幅超支，其实很多功能你的企业未必用得到。

3. 要考虑到 IT 资源

实施 CRM 应用将会给你的 IT 团队施加多大的压力？你是否有足够的人手来执行和维护？他们是否有适当的技能，或接受过充分的培训来支持项目展开？

如果以上问题的答案都是否定的，那么预置型的 CRM 应用或许就不适合你的公司。你可以转而考虑托管或按需应用型 CRM，最小化 IT 团队所要面对的负担。

4. 特殊背景

你所挑选的厂商是否具备你所处行业的相关合作经验？他们能否提供针对你的行业而特别设计的产品？一家能够理解你的行业背景的厂商有助于进一步结构化你的解决方案和流程，将 CRM 应用的价值发挥到最大。

因此，除了个别特大型企业和敏感性单位，建议普通企业不必自己开发，选择一些成熟的 CRM 比较合适。

本章小结

在以产品为中心的商业模式向以客户为中心的商业模式转变的情况下，众多的企业开始将客户视为其重要的资产，不断地采取多种方式对企业的客户实施关怀，以提高客户对本企业的满意程度和忠诚度。在这种情景下，客户关系管理应运而生。CRM 既是一种崭新的、国际领先的、以客户为中心的企业管理理论、商业理念和商业运作模式，也是一种以信息技术为手段、有效提高企业收益、客户满意度、雇员生产力的具体软件和实现方法。本章从客户关系管理的概念、客户关系管理系统简介、客户关系管理与数据挖掘、企业实施CRM的主要步骤和应该注意的问题等几个方面对客户关系管理进行了简单的介绍，目的是使学生对客户关系管理系统有所了解，以便在实际工作中学会应用客户关系管理系统，提高客户满意度，为企业带来更多的利益。

复习与思考

1. 什么是CRM？它的核心管理思想是什么？
2. 简述CRM的功能。
3. 什么是数据挖掘？数据挖掘在CRM中如何主要应用在哪些方面？
4. 联系实际，谈谈你对CRM的认识。

第 10 章　供应链管理

【本章要点】

- 供应链管理产生的时代背景与发展趋势
- 供应链管理的核心思想
- 供应链管理系统的建设和应该注意的问题
- 实施供应链管理的意义
- 集成化供应链管理系统的功能

章首案例：

戴尔模式

戴尔公司以“直接经营”模式著称，其高效运作的供应链和物流体系使它在全球 IT 行业不景气的情况下逆市而上。根据权威的国际数据公司（IDC）的最新统计资料，在 2002 年第三季度，戴尔重新回到了全球 PC 第一的位置，中国市场上戴尔的业绩更加令人欣喜。戴尔公司在全球的业务增长方面很大程度上要归功于戴尔独特的直接经营模式和高效供应链。直接经营模式使戴尔与供应商、客户之间构筑了一个称之为“虚拟整合”的平台，保证了供应链的无缝集成。

事实上，戴尔的供应链系统早已打破了传统意义上“厂家”与“供应商”之间的供需配给。在戴尔的业务平台中，客户变成了供应链的核心。直接经营模式可以让戴尔从市场得到第一手的客户反馈和需求，生产等其他业务部门便可以及时将这些客户信息传达到戴尔原材料供应商和合作伙伴那里。这种在供应链系统中将客户视为核心的“超常规”运作，使得戴尔能做到 4 天的库存周期，而竞争对手大都还徘徊在 30～40 天。这样，以 IT 行业零部件产品每周平均贬值 1%计算，戴尔产品的竞争力显而易见。

在不断完善供应链系统的过程中，戴尔公司还敏锐捕捉到互联网对供应链和物流带来的巨大变革，不失时机地建立了包括信息搜集、原材料采购、生产、客户支持及客户关系管理以及市场营销等环节在内的网上电子商务平台。在 valuechain. dell. com 网站上，戴尔公司和供应商共享包括产品质量和库存清单在内的一整套信息。与此同时，戴尔公司还利用互联网与全球超过 113000 个商业和机构客户直接开展业务，通过戴尔公司先进的网站，用户可以随时对戴尔公司的全系列产品进行评比、配置并获知相应的报价。用户也可以在线订购，并且随时监测产品制造及送货过程。

戴尔公司在电子商务领域的成功实践使“直接经营”插上了腾飞的翅膀，极大增强了产品和服务的竞争优势。今天，基于微软视窗操作系统，戴尔公司经营着全球规模最大的互联网商务网站，覆盖 80 个国家，提供 27 种语言或方言、40 种不同的货币报价，每季度有超过 9.2 亿人次浏览。

随着中国全面融入全球贸易体系进程的加快，激烈的国际竞争对中国企业提出了前所未有的挑战。在信息化为显著标志的后工业化时代，供应链在生产、物流等众多领域的作用日趋显著。戴尔模式无疑对中国企业实施供应链管理有着重要的参考价值，我们在取其精华的同时，还应根据自身特点，寻找提升竞争力的有效途径。

10.1　供应链管理产生的时代背景与发展趋势

10.1.1　供应链管理产生的时代背景

1. 全球一体化

纵观整个世界技术和经济的发展，全球一体化的程度越来越高，跨国经营越来越普遍。就制造业而言，产品的设计可能在日本，而原材料的采购可能在中国大陆或者巴西，零部件的生产可能在印尼、中国台湾等地同时进行，然后在中国大陆组装，最后销往世界各地。在这个产品进入消费市场之前，相当多的公司事实上参与了产品的制造，而且由于地理位置、生产水平、管理能力不同，从而形成了复杂的产品生产供应链网络。这样的一个供应链在面对市场需求波动时，一旦缺乏有效的系统管理，“鞭子效应”在供应链的各环节中必然会被放大，从而严重影响整个供应链的价值产出。而工业革命以来，全球的产品生产日益丰富，产品消费者拥有了越来越多选择产品的余地，而技术上的进步则带来了某些产品（如电子类产品）的不断更新升级。缩短的产品生命周期导致了产品需求波动的加剧。市场供求格局对供应链适应能力的要求达到了前所未有的高度，在生产管理领域，面向需求的“拉式”生产理论、JIT 制造理论、柔性生产理论等纷纷被提出且已进入了实践阶段。

2. 横向产业模式的发展

仔细观察 20 世纪 80 年代个人电脑的产生以及其后的发展，发现 PC 制造业的发展不仅带来了电子产品技术上的进步，将世界带进了信息时代，而且还引发了世界产业模式的巨大变革。由于 IBM 的战略失误，忽视了 PC 的市场战略地位，在制定了 PC 标准之后，将属于 PC 核心技术的中央处理器以及 OS 的研发生产分别外包给 Intel 和 Microsoft 公司。在短短的 10 年内，这两个公司都发展成为世界级的巨头，垄断了行业内的制造标准，同时也改变了 IBM 延续了几十年的纵向产业模式。当 IBM 意图再次进入桌面操作系统和微处理器体系涉及领域，开发出 OS/2 和 Power 芯片期望推向桌面市场时，都遭到了惨痛的失败。70 年代，IBM 垄断一切的时代一去不返了。当 IBM 意识到其不再在该领域拥有优势时，与 Microsoft 和 Intel 的继续合作使其横向产业模式得到更好的发展。而反观 Macintosh，虽然其垄断了自身硬件和操作系统的生产，但是由于与 IBM 兼容机不兼容，从而失去了大量希望使用 Windows 平台上某些软件的用户，从而使其发展受限。

另一个例子发生在汽车产业领域，也在类似的年代，发生了同样的变革，汽车零部件供应商脱离了整车生产商而逐渐形成了零部件制造业的一些巨头。这种革命性的模式变革正在整个世界范围内缓慢进行，逐渐使人们意识到今天已经几乎不可能由一家庞大的企业控制着从供应链的源头到产品分销的所有环节，而是在每个环节，都有一些企业占据着核心优势，并通过横向发展扩大这种优势地位，集中资源发展这种优势能力。而现代供应链则将由这些分别拥有核心优势能力的企业环环相扣而成。同时，企业联盟和协同理论正在形成，以支撑这种稳定的链状结构的形成和发展。

3. 企业流程再造

当今时代正是信息技术发展突飞猛进的信息时代，最大革命就是计算机网络的应用，而计算机网络带来的最大变革就是共享。人们认识到部门间的界限是由于知识和数据资源的垄断带来的权利的垄断所造成的，而计算机技术通过信息共享，透明化了企业内部流程的运作，打破了这种垄断。在早期的 ERP 项目实施中，因没有意识到信息技术与管理组织变革之间的关系而遭遇到了失败。今天人们谈到信息化，一般都会有意识地提到 EPR，这就是观念上的进步。而 ERP 毕竟只是打通了企业自身的关节，面对全球一体化浪潮和横向产业模式的发展，企业也已经意识到自身处在供应链的一个环节之上，就需要在不断增强自身实力的同时增强与上下游之间的关系。这种关系是建筑在相互了解、协同作业的基础之上的，只有相互为对方带来源源不断的价值，这种关系才能够永续。

10.1.2 供应链管理的定义

供应链管理（Supply Chain Management，SCM）最早出现在 20 世纪 70 年代晚期，Keith Oliver 通过和 Skf、Heineken、Hoechst、Cadbury－Schweppes、Philips 等客户接触的过程中逐渐形成了自己的观点。

供应链管理的定义最初于 1985 年由 Michael E. Porter 提出，有多种不同的定义。

在 1982 年《金融时代》杂志的一篇文章里阐述了供应链管理（SCM）的意义，Keith Oliver 曾经认为这个词会很快消失，但“SCM”不仅没有消失，还很快地进入了公众领域，这个概念对管理者的采购、物流、操作、销售和市场活动意义匪浅。

《物流术语》国家标准（GB/T18354－2001）对供应链管理的定义：利用计算机网络技术全面规划供应链中的商流、物流、信息流、资金流等，并进行计划、组织、协调与控制等。

全球供应链论坛（Global Supply Chain Forum，GSCF）将供应链管理定义成：为消费者带来有价值的产品、服务以及信息的，从源头供应商到最终消费者的集成业务流程。

供应链管理（Supply Chain Management，SCM）指在满足一定的客户服务水平的条件下，为了使整个供应链系统成本达到最小而把供应商、制造商、仓库、配送中心和渠道商等有效地组织在一起进行产品制造、转运、分销及销售的集成的管理思想和方法，它执行供应链中从供应商到最终用户的物流的计划和控制等职能。从单一的企业角度来看，是指企业通过改善上、下游供应链关系，整合和优化供应链中的信息流、物流、资金流，以获得企业的竞争优势。

供应链管理是企业的有效性管理，表现了企业在战略和战术上对企业整个作业流程的优化。整合并优化了供应商、制造商、零售商的业务效率，使商品以正确的数量、品质，在正确的地点，以正确的时间、最佳的成本进行生产和销售。

10.1.3　供应链管理的发展趋势

1. 以更快的反应速度满足顾客日益个性化的需求

随着市场竞争的激烈，越来越多的企业认识到能否快速、及时地满足客户日益个性化的需求将在很大程度上决定企业的整体竞争力。随着物联网的不断普及，可以预见，供应链中的各个企业将可以利用物联网，增加供应链的可视性，提高供应链管理的信息透明度，使资源得到有效利用，以达到在尽可能小的成本下，更加快速、及时地响应客户的需求，从而提高供应链整体竞争水平的目的。

2. 以更加优化的供应链成员缩小供给库规模

供应链成员的类型及数量是引发供应链管理复杂性的直接原因。如何优化企业的供应链成员以降低供应链管理的复杂性，成为很多企业思考的重点。通过利用物联网，可以最大限度地实现信息共享和协调供应链成员的作业计划，从而对供应链进行集成。物联网形势下供应链管理的高度优化还可以保证企业及时评估合作伙伴，并筛选出符合企业要求的优秀企业，与其建立统一的业绩标准，更好地管理供应链的各个环节，对供应链进行整体监控。

3. 基于物联网的信息系统使供应链管理高度敏捷化和信息化

基于物联网的信息系统可以将企业内部和企业之间的生产活动进行整合，

通过完成自动化生产线运作，实时了解生产状况，及时根据生产进度发出补货信息，实现流水线均衡，使生产变得更加柔性化。供应链管理的高度敏捷化和集成化可以使企业存货水平，特别是供应链渠道中的存货水平不断降低，资产生产率不断提高。

4. 供应链管理与质量控制的智能化集成

供应链管理涉及许多环节，需要环环紧扣，与产品生产有关的任何一个环节出现问题都将影响最终产品的质量。在物联网被充分利用到供应链管理中后，企业可以实现对原材料、零部件、半成品和产成品的识别与跟踪。通过在各个环节上实现对货物的智能化管理，加强对产品质量的控制及追踪，保证企业能够提供尽可能高品质的产品。

5. 以产品服务化理念创建服务供应链

许多公司在完善供应链管理的过程中，把精力集中到了加强资本投入以及采购、物流和生产等上游流程上，却忽视了客户满意度、需求模式的变化等下游流程。面对客户需求模式的变化，企业可以充分利用物联网，在保证采购、物流和生产等上游流程稳定的基础上，通过有效监控商品流动情况，及时读取客户需求的变化，实施基于产品的增值服务，切实提高客户对企业产品的满意度和企业的竞争力。

10.2 供应链管理的核心思想

阅读资料：

中国石油的电子商务

石油石化企业的物资采购管理体制形成于计划经济时代，采购管理存在4个方面的不合理：首先是物资采购业务流程被拉长，环节增多，效率低下，为中间商层层加价、从中牟利创造了条件；其次，同类物资由各地区公司自行采购，不能形成批量优势，被供应商各个击破，造成效益流失，在进口物资采购中，国际市场上少数占据主导地位的供应商在应对中国石油各地区公司时，往往结成价格同盟，抬高价格；再次，在买方市场中，由于供应商各种销售手段无所不用其极，采购中容易造成暗箱操作，产生腐败；同时，石油石化物资采购往往数量大，动辄数千万元、数亿元乃至十多亿元的资金占用，如采用传统方式采购，资金周转缓慢，效率低下。因此，运用现代信息技术，变革物资采购管理体制和业务流程，达到降低成本，提高公司整体效益，进而提高公司价值的目的是中国石油的内在需求。

建立电子商务网站，通过电子商务整合内部物资采购与产品销售业务，对提升整个中国石油管理水平也有着重要意义。首先，作为一家脱胎于传统国有企业的国际上市公司，中国石油需要引入国际大石油公司通行的管理理念和管理方法，以此提高公司管理水平。而此时，国际知名的大石油公司普遍采用了电子商务的手段，对其采购和销售业务进行更高效的管理，收到了良好的效果；其次，中国石油的油气操作成本要降下来，采用传统手段，在生产领域里降低成本的难度越来越大，需要找到降低成本的新途径，而电子商务可以有效地整合物资采购与产品销售业务，改造管理和运行流程，减少中间环节，堵塞漏洞，在采购中享受批量优惠，从而达到节约成本的目的；第三，中国石油率先在石油行业开展电子商务，在业务计划、选择战略合作伙伴等方面率先完成，能够抢占行业的市场先机。

建设中国特色的供应链信息处理通用平台、实现供应链的电子商务化，关键是企业在彻底转变传统管理和经营理念的基础上，必须在流通领域及其相关领域切实做到信息资源共享。

供应链管理是一种先进的管理理念，它的先进性体现在以顾客和最终消费者为经营导向，以满足顾客和消费者的最终期望来生产和供应。除此之外，供应链管理的思想还体现在以下几个方面：

(1) 供应链管理把所有节点企业看作是一个整体，实现全过程的战略管理。传统的管理模式往往以企业的职能部门为基础，但由于各企业之间以及企业内部职能部门之间的性质、目标不同，造成相互的矛盾和利益冲突，各企业之间以及企业内部职能部门之间无法完全发挥其职能效率，因而很难实现整体目标化。

供应链是由供应商、制造商、分销商、销售商、客户和服务商组成的网状结构。链中各环节不是彼此分割的，而是环环相扣的一个有机整体。供应链管理把物流、信息流、资金流、业务流和价值流的管理贯穿于供应链的全过程。它覆盖了整个物流，从原材料和零部件的采购与供应、产品制造、运输与仓储到销售各种职能领域。它要求各节点企业之间实现信息共享、风险共担、利益共存并从战略的高度来认识供应链管理的重要性和必要性，从而真正实现整体的有效管理。

(2) 供应链管理是一种集成化的管理模式。供应链管理的关键是采用集成的思想和方法。它是一种从供应商开始，经由制造商、分销商、零售商，直到最终客户的全要素、全过程的集成化管理模式，是一种新的管理策略，它把不同的企业集成起来以增加整个供应链的效率，注重的是企业之间的合作，以达到全局最优。

(3) 供应链管理提出了全新的库存观念。传统的库存思想认为：库存是维系生产与销售的必要措施，是一种必要的成本。因此，供应链管理使企业与其上下游企业之间在不同的市场环境下实现了库存的转移，降低了企业的库存成本。这也要求供应链上的各个企业成员建立战略合作关系，通过快速反应降低库存总成本。

(4) 供应链管理以最终客户为中心，这也是供应链管理的经营导向。无论构成供应链的节点的企业数量有多少，也无论供应链节点企业的类型、层次有多少，供应链的形成都是以客户和最终消费者的需求为导向的。正是由于有了客户和最终消费者的需求，才有了供应链的存在。而且，也只有让客户和最终消费者的需求得到满足，才能有供应链的更大发展。

10.3 供应链管理系统的建设和应该注意的问题

阅读资料：

丰田汽车精细流程

从时间及空间上，重新规划企业的运作流程，以提高客户满意度，是企业目前的紧迫任务。要么重构，要么被淘汰，企业已经站在精细供应链管理的十字路口。

日本丰田汽车公司总装厂与零部件厂家之间的平均距离为95.3km，日产汽车公司总装厂与零部件厂的平均距离为183.3km，克莱斯勒公司为875.3km，福特公司为818.8km，通用公司为687.2km。从各大汽车公司总装厂到各零部件厂的平均距离可以看出，合理的布局起着十分重要的作用。丰田汽车公司这种平均距离近的优势，充分地转化为管理上的优势。该公司的零部件厂家平均每天向总装厂发运零部件8次以上，每周平均42次。美国通用汽车公司零部件厂的发运频率仅为每天1.5次，每周平均为7.5次。显然，日本汽车公司的平均存货成本要低于美国汽车公司。由于丰田公司的零部件协作企业离公司总装厂相距较近，这给各企业管理人员、工程技术人员之间的相互沟通带来便利，从而加快新产品开发，提高产品质量，并降低经营成本。

当运货卡车还未到达工厂大门之前，安装在车上的基于卫星全球定位技术的移动数据终端很快将卡车即将到来的消息传递到工厂的计算机系统，同时下载指令指引司机到正确的卸货区。当卡车驶入工厂大门时，计算机系统自动记录下所装货物的品种和数量，并使得零部件恰巧在需要时的前几分钟就到达装配线上……丰田汽车还通过信息的实时沟通，实现了零库存的目标。

精细供应链管理创造了丰田汽车称霸全球汽车行业的神话。

10.3.1 供应链管理系统的建设

供应链管理的实现，是把供应商、生产厂家、分销商、零售商等在一条供应链上的所有节点企业都联系起来进行优化，使生产资料以最快的速度，通过生产、分销环节变成增值的产品，到达有消费需求的消费者手中。这不仅可以降低成本，减少社会库存，而且使社会资源得到优化配置。更重要的是，通过信息网络、组织网络，实现了生产及销售的有效链接和物流、信息流、资金流的合理流动，最终把产品以合理的价格，把合适的产品，及时送到消费者手上。构造高效供应链可以从四个方面入手：

1. 以顾客为中心

从某种意义上讲，供应链管理本身就是以顾客为中心的“拉式”营销推动的结果，其出发点和落脚点都是为顾客创造更多的价值，都是以市场需求的拉动为原动力。顾客价值是供应链管理的核心，企业是根据顾客的需求来组织生产；以往供应链的起始动力来自制造环节，先生产物品，再推向市场，在消费者购买之前，是不会知道销售效果的。在这种“推式系统”里，存货不足和销售不佳的风险同时存在。现在，产品从设计开始，企业已经让顾客参与，以使产品能真正符合顾客的需求。这种“拉式系统”的供应链是以顾客的需求为原动力的。

供应链管理始于最终用户。其架构包括三个部分：客户服务战略决定企业如何从利润最大化的角度对客户的反馈和期望做出反应；需求传递战略则是企业以何种方式将客户需求与产品服务的提供相联系；采购战略决定企业在何地、怎样生产产品和提供服务。

客户服务战略。第一步是对客户服务市场细分，以确定不同细分市场的客户期望的服务水平。第二步应分析服务成本，包括企业现有的客户服务成本结构和为达到不同细分市场服务水平所需的成本。第三步是销售收入管理，这三步非常重要，但常被企业忽视。当企业为不同客户提供新的服务时，客户对此会如何反应？是购买增加而需要增加产能，还是客户忠诚度上升，使得企业可以提高价格？企业必须对客户做出正确反应，以使利润最大化。

需求传递战略。企业采取何种销售渠道组合把产品和服务送达客户，这一决策对于客户服务水平和分销成本有直接影响。而需求规划，即企业如何根据预测和分析制定生产和库存计划来满足客户需求，是大多数企业最为重要的职能之一。良好的需求规划是成功地满足客户需求、使成本最小化的关键。

采购战略。关键决策是自产还是外购，这直接影响企业的成本结构和所承担的劳动力、汇率、运输等风险；此外，企业的产能如何规划布置以及企业如何平衡客户满意和生产效率之间的关系都是很重要的内容。

2. 强调企业的核心竞争力

在供应链管理中，一个重要的理念就是强调企业的核心业务和竞争力，并为其在供应链上定位，将非核心业务外包。由于企业的资源有限，企业要在各式各样的行业和领域都获得竞争优势是十分困难的，因此它必须集中资源在某个自己所专长的领域，即核心业务上。这样在供应链上定位，成为供应链上一个不可替代的角色。

企业核心竞争力具有以下特点：第一点是仿不了，就是别的企业模仿不了，它可能是技术，也可能是企业文化；第二点是买不来，就是说这样的资源没有市场，市场上买不到，所有在市场上能得到的资源都不会成企业的核心竞争力；第三点是拆不开，拆不开强调的是企业的资源和能力具有互补性，有了这个互补性，分开就不值钱，合起来才值钱；第四点是带不走，强调的是资源的组织性。一些优秀企业之所以能够以自己为中心构建起高效的供应链，就在于它们有着不可替代的竞争力，并且凭借这种竞争力把上下游的企业串在一起，形成一个为顾客创造价值的有机链条。比如，沃尔玛作为一家连锁商业零售企业，高水准的服务以及以此为基础构造的顾客网络是它的核心竞争力。于是，沃尔玛超越自身的“商业零售企业”身份，建立起了高效供应链。首先，沃尔玛不仅仅是一家等待上游厂商供货、组织配送的纯粹的商业企业，而且也直接参与到上游厂商的生产计划中去，与上游厂商共同商讨和制订产品计划、供货周期，甚至帮助上游厂商进行新产品研发和质量控制等方面的工作。这就意味着沃尔玛总是能够最早得到市场上最希望看到的商品，当别的零售商正在等待供货商的产品目录或者商谈合同时，沃尔玛的货架上已经开始热销这款产品了。其次，沃尔玛高水准的客户服务能够做到及时地将消费者的意见反馈给厂商，并帮助厂商对产品进行改进和完善。过去，商业零售企业只是作为中间人，将商品从生产厂商传递到消费者手里，反过来再将消费者的意见通过电话或书面形式反馈到厂商那里。看起来沃尔玛并没有独到之处，但是结果却差异很大。原因在于，沃尔玛能够参与到上游厂商的生产计划和控制中去，因此能够将消费者的意见迅速反映到生产中，而不是简单地充当二传手或者传声筒。

沃尔玛的思路并不复杂，但多数商业企业更多的是“充当厂商和消费者的桥梁”，缺乏参与和控制生产的能力。也就是说，沃尔玛的模式已经跨越了企业内部管理和与外界“沟通”的范畴，而是形成了以自身为链主，链接生产厂商与顾客的全球供应链。而这一供应链正是通过先进的信息技术来保障的，这就是它的一整套先进的供应链管理系统。离开了统一、集中、实时监控的供应链管理系统，沃尔玛的直接“控制生产”和高水准的“客户服务”将无从谈起。

3. 相互协作的双赢理念

传统的企业运营中，供销之间互不相干，是一种敌对争利的关系，系统协调性差。企业和各供应商没有协调一致的计划，每个部门各搞一套，只顾安排自己的活动，影响整体最优。同时，与供应商和经销商都缺乏合作的战略伙伴关系，并且往往从短期效益出发，挑起供应商之间的价格竞争，失去了供应商的信任与合作基础。市场形势好时对经销商态度傲慢，市场形势不好时又企图将损失转嫁给经销商，因此得不到经销商的信任与合作。而在供应链管理的模式下，所有环节都看作一个整体，链上的企业除了自身的利益外，还应该一同去追求整体的竞争力和盈利能力。因为最终客户选择一件产品，整条供应链上所有成员都受益；如果最终客户不要这件产品，则整条供应链上的成员都会受损失。可以说，合作是供应链与供应链之间竞争的一个关键。

在供应链管理中，不但有双赢理念，更重要的是通过技术手段把理念形态落实到操作实务上。关键在于将企业内部供应链与外部的供应商和用户集成起来，形成一个集成化的供应链。而与主要供应商和用户建立良好的合作伙伴关系，即所谓的供应链合作关系，是集成化供应链管理的关键。此阶段企业要特别注重战略伙伴关系管理，管理的重点是以面向供应商和用户取代面向产品，增加与主要供应商和用户的联系，增进相互之间的了解（产品、工艺、组织、企业文化等），相互之间保持一定的一致性，实现信息共享等。企业应通过为用户提供与竞争者不同的产品和服务或增值的信息而获利。供应商管理库存和共同计划、预测与库存补充的应用就是企业转向改善、建立良好的合作伙伴关系的典型例子。通过建立良好的合作伙伴关系，企业就可以更好地与用户、供应商和服务提供商实现集成和合作，共同在预测、产品设计、生产、运输计划和竞争策略等方面设计和控制整个供应链的运作。对于主要用户，企业一般建立以用户为核心的小组，这样的小组具有不同职能领域的功能，从而更好地为主要用户提供有针对性的服务。

4. 优化信息流程

信息流程是企业内员工、客户和供货商的沟通过程，以前只能以电话、传真，甚至见面达成信息交流的目的。现在能利用电子商务、电子邮件，甚至互联网进行信息交流，虽然手段不同，但内容并没有改变。而计算机信息系统的优势在于其自动化操作和处理大量数据的能力，使信息流通速度加快，同时减少失误。然而，信息系统只是支持业务过程的工具，企业本身的商业模式决定着信息系统的架构模式。

为了适应供应链管理的优化，必须从与生产产品有关的第一层供应商开始，环环相扣，直到货物到达最终用户手中，真正按链的特性改造企业业务流程，使各个节点企业都具有处理物流和信息流的自组织和自适应能力。要形成贯穿供应链的分布数据库的信息集成，从而集中协调不同企业的关键数据。所谓关键数据，是指订货预测、库存状态、缺货情况、生产计划、运输安排、在途物资等数据。

为便于管理人员迅速、准确地获得各种信息，应该充分利用电子数据交换(EDI)、Internet 等技术手段，实现供应链的分布数据库信息集成，达到共享采购订单的电子接收与发送、多位置库存控制、批量和系列号跟踪、周期盘点等重要信息。

思科公司是运用因特网实现虚拟供应链的典范，超过 90%的公司订单是来自因特网，而思科的工作人员直接过手的订单不超过 50%。思科公司通过公司外部网连接零部件供应商、分销商和合同制造商，以此形成一个虚拟的、适时的供应链。当客户通过思科的网站订购一种典型的思科产品（如路由器）时，所下的订单将触发一系列的消息给其生产印刷电路板的合同厂商，同时分销商也会被通知提供路由器的通用部件，如电源，组装成品的合同制造商通过登录到思科公司的外部网并连接至其生产执行系统，可以事先知道可能发生的订单类型和数量。信息整合也使整个供应链上的企业都能共享有用的信息。例如，沃尔玛与宝洁公司共享宝洁产品在沃尔玛零售网络中的销售信息，使宝洁能够更好地管理这些产品的生产，从而也保障了沃尔玛商场中这些产品的供货。

10.3.2 实施供应链管理中需要注意的关键问题

供应链管理是一个复杂的系统，涉及众多目标不同的企业，牵扯到企业的方方面面，因此实施供应链管理必须确保理清思路、分清主次，抓住关键问题。只有这样，才能做到既见“树木”，又见“森林”，避免陷入“只见树木，不见森林”或“只见森林，不见树木”的尴尬境况。

具体地说，在实施供应链管理中需要注意的关键问题主要有以下一些：

1. 配送网络的重构

配送网络重构是指当采用一个或几个制造工厂生产的产品来服务一组或几组在地理位置上分散的渠道商时，原有的需求模式发生改变或外在条件发生变化后引起的需要对配送网络进行的调整。这可能是由现有的几个仓库租赁合同的终止或渠道商的数量发生增减变化等原因引起的。

2. 配送战略问题

在供应链管理中配送战略也非常关键。采用直接转运战略、经典配送战略还是直接运输战略？需要多少个转运点？哪种战略更适合供应链中大多数的节点企业呢？

所谓直接转运战略，是指在这个战略中终端渠道由中央仓库供应货物，中央仓库充当供应过程的调节者和来自外部供应商的订货的转运站，而其本身并不保留库存。而经典配送战略则是在中央仓库中保留有库存。直接运输战略相对较为简单，它是指把货物直接从供应商运往终端渠道的一种配送战略。

3. 供应链集成与战略伙伴

由于供应链本身的动态性以及不同节点企业间存在着相互冲突的目标，因此对供应链进行集成是相当困难的。但实践表明，对供应链集成不仅是可能的，而且它能够对节点企业的销售业绩和市场份额产生显著的影响作用。那么集成供应链的关键是什么呢？答案是信息共享与作业计划。显然，什么信息应该共享，如何共享，信息如何影响供应链的设计和作业；在不同节点企业间实施什么层次的集成，可以实施哪些类型的伙伴关系等就成了最为关键的问题。

4. 库存控制问题

库存控制问题包括：一个终端渠道对某一特定产品应该持有多少库存，终端渠道的订货量是否应该大于、小于或等于需求的预测值，终端渠道应该采用多大的库存周转率，终端渠道的目标在于决定在什么点上再订购一批产品以及为了最小化库存订购和保管成本应订多少产品等。

5. 产品设计

众所周知，有效的产品设计在供应链管理中起着多方面的关键作用。那么什么时候值得对产品进行设计来减少物流成本或缩短供应链的周期；产品设计是否可以弥补顾客需求的不确定性；为了利用新产品设计，对供应链应该做什么样的修改等这些问题就非常重要。

6. 信息技术和决策支持系统

信息技术是促成有效供应链管理的关键因素。供应链管理的基本问题在于应该传递什么数据、如何进行数据的分析和利用、Internet 的影响是什么、电子商务的作用是什么、信息技术和决策支持系统能否作为企业获得市场竞争优势的主要工具。

7. 顾客价值的衡量

顾客价值是衡量一个企业对于其顾客的贡献大小的指标，这一指标是根据企业提供的全部货物、服务以及无形影响来衡量的。近几年来，这个指标已经取代了质量和顾客满意度等指标。

10.4　实施供应链管理的意义

阅读资料：

沃尔玛公司供应链管理

“让顾客满意”是沃尔玛公司的首要目标，顾客满意是保证未来成功与成长的最好投资，这是沃尔玛数十年如一日坚持的经营理念。为此，沃尔玛为顾客提供“高品质服务”和“无条件退款”的承诺绝非一句漂亮的口号。在美国，只要是从沃尔玛购买的商品，无须任何理由，甚至没有收据，沃尔玛都无条件受理退款。沃尔玛每周都有对顾客期望和反映的调查，管理人员根据计算机收集信息，通过直接调查收集到的顾客期望及时更新商品的组合，组织采购，改进商品陈列摆放，营造舒适的购物环境。

沃尔玛能够做到及时地将消费者的意见反馈给厂商，并帮助厂商对产品进行改进和完善。过去，商业零售企业只是作为中间人，将商品从生产厂商传递到消费者手里，反过来再将消费者的意见通过电话或书面形式反馈到厂商那里。看起来沃尔玛并没有独到之处，但是结果却差异很大。原因在于，沃尔玛能够参与到上游厂商的生产计划和控制中去，因此能够将消费者的意见迅速反映到生产中，而不是简单地充当二传手或者电话话筒。

供应商是沃尔玛唇齿相依的战略伙伴。早在20世纪80年代，沃尔玛采取了一项政策，要求从交易中排除制造商的销售代理，直接向制造商订货，同时将采购价格降低2%～6%，大约相当于销售代理的佣金数额，如果制造商不同意，沃尔玛就拒绝与其合作。沃尔玛的做法造成和供应商关系紧张，一些供应商为此还在新闻界展开了一场谴责沃尔玛的宣传活动。直到20世纪80年代末期，技术革新提供了更多督促制造商降低成本、削减价格的手段，供应商开始全面改善与沃尔玛的关系，通过网络和数据交换系统，沃尔玛与供应商共享信息，从而建立合作伙伴关系。沃尔玛与供应商努力建立关系的另一做法是在店内安排适当的空间，有时还在店内安排制造商自行设计布置自己商品的展示区，以在店内营造更具吸引力和更专业化的购物环境。

沃尔玛还有一个非常好的系统，可以使供应商们直接进入到沃尔玛的系统，叫作零售链接。任何一个供应商可以进入这个系统当中来了解他们的产品卖得怎么样，昨天、今天、上一周、上个月和去年卖得怎么样。他们可以知道这种商品卖了多少，而且他们可以在24h之内就进行更新。供货商们可以在沃尔玛公司的每一个店当中及时了解到有关情况。

另外，沃尔玛不仅是等待上游厂商供货、组织配送，而且也直接参与到上游厂商的生产计划中去，与上游厂商共同商讨和制订产品计划、供货周期，甚至帮助上游厂商进行新产品研发和质量控制方面的工作。这就意味着沃尔玛总是能够最早得到市场上最希望看到的商品，当别的零售商正在等待供货商的产品目录或者商谈合同时，沃尔玛的货架上已经开始热销这款产品了。

沃尔玛的前任总裁大卫·格拉斯曾说过："配送设施是沃尔玛成功的关键之一，如果说我们什么比别人干得好的话，那就是配送中心。"沃尔玛第一间配送中心于1970年建立，占地6000m^2，负责供货给4个州的32间商场，集中处理公司所销商品的40%。在整个物流中，配送中心起中枢作用，将供应商向其提供的产品运往各商场。从工厂到上架，实行"无缝链接"平滑过渡。供应商只需将产品提供给配送中心，无须自己向各商场分发。这样，沃尔玛的运输、配送以及对于订单与购买的处理等所有的过程，都是一个完整的网络当中的一部分，可以大大降低成本。

随着公司的不断发展壮大，配送中心的数量也不断增加。现在沃尔玛的配送中心，分别服务于美国18个州约2500间商场，配送中心约占地10万m^2。整个公司销售商品85%由这些配送中心供应，而其竞争对手只有约50%～65%的商品集中配送。如今，沃尔玛在美国拥有100%的物流系统，配送中心已是其中一小部分，沃尔玛完整的物流系统不仅包括配送中心，还有更为复杂的资料输入采购系统、自动补货系统等。

供应链的协调运行建立在各个环节主体间高质量的信息传递与共享的基础上。沃尔玛投资 4 亿美元发射了一颗商用卫星，实现了全球联网。沃尔玛在全球 4000 多家门店通过全球网络可在 1h 之内对每种商品的库存、上架、销售量全部盘点一遍，所以在沃尔玛的门店，不会发生缺货情况。20 世纪 80 年代末，沃尔玛开始利用电子数据交换系统（EDI）与供应商建立自动订货系统，该系统又称为无纸贸易系统，通过网络系统，向供应商提供商业文件、发出采购指令，获取数据和装运清单等，同时也让供应商及时准确把握其产品的销售情况。沃尔玛还利用更先进的快速反应系统代替采购指令，真正实现了自动订货。该系统利用条码扫描和卫星通信，与供应商每日交换商品销售、运输和订货信息。凭借先进的电子信息手段，沃尔玛做到商店的销售与配送保持同步，配送中心与供应商运转一致。

企业实施供应链管理提高了各企业和整个供应链及全社会的效益，其意义体现在以下几个方面。

1. 对现代流通方式的创新

流通方式在传统称谓上一般称为批发和零售。在电子商务的环境下，批发被称为 BtoB（也可写成 B2B），零售被称为 BtoC 或 CtoC。传统的批发（BtoB）在社会商品的流通中占据相当大的份额，对社会资源的配置起到巨大的作用。实际上在流通方式的革命中，人们一直都希望自己的商圈相对稳定，并积极寻求这一路径。供应链管理提供了这一方法，所以说供应链管理是现代流通方式的创新，是新的利润源。在供应链中，上下游企业形成了战略联盟，因此它们的关系是相对稳定的。它们通过信息共享，形成双赢关系，实现社会资源的最佳配置，降低社会总的成本，避免了企业间的恶性竞争，提高了各企业和整个供应链及全社会的效益。供应链向人们展示了现代的全新的流通方式。

2. 加速现代生产方式的产生和发展

供应链管理是适应现代生产方式而产生和发展起来的现代流通方式，反过来，它的不断完善和水平的提高又加速了现代生产方式的发展。现代生产方式是依据比较优势的理论，以现代信息技术为手段，以企业的核心竞争优势为中心，实现全球化的采购、组织生产和销售。于是，现代物流成为与现代生产方式衔接的枢纽，与现代物流共生的供应链管理成为现代生产和现代物流的有力工具。

3. 改变现代社会竞争的方式

在传统的生产和流通中，竞争方式主要是企业之间的竞争，既有同业之间的竞争，也有供应链中上下游企业之间的竞争。这种竞争的结果往往破坏了生产和流通的规律和次序，使企业的效益下降，更有甚者，会导致产品的加速灭亡。这是一种低档次的竞争，往往以降价为主要手段。

现代的供应链管理使上下游企业形成战略联盟，社会竞争从企业的竞争转为供应链之间的竞争。竞争的核心是组织和管理手段的现代化程度，是现代信息技术更高水平的竞争。这将导致这个社会现代化程度的提高。

4. 导致企业机构和供应链的重构

供应链的管理不仅是技术和管理方法，还涉及企业组织和产业组织的重构这样深层次的问题。要真正实施供应链的管理，在企业内部要进行业务流程的重构，企业组织机构的重构。在重构中，要冲破“大而全”“小而全”的传统生产和流通方式，以核心竞争力的思想为指导。在企业外部要进行供应链的重构，选择好自己的战略联盟伙伴。规范联系的程序和技术，并对风险和利益进行合理的承担。

5. 促进现代信息技术的应用

由于利益主体的不同，供应链的管理比企业的管理更为复杂。特别是供应链的各企业的地域分布更广，因此现代信息技术是供应链管理必不可少的技术。在供应链管理的主要方法 ECR 和 QR 中，都运用了如 EDI、POS、自动补货（CAO）、预先发货通知（ASN）、厂家管理库存（VMI）等信息技术。它们在供应链管理中产生，反过来又促进了供应链管理的成熟和不断发展。

10.5 集成化供应链管理系统的功能

阅读资料：

嘉士伯啤酒公司的供应链管理

嘉士伯瑞典股份有限公司是瑞典领先的酿酒企业，在其下属的 Pripps 公司通过采用集成的供应链将其客户服务水平提高到一个更高的层次：在供应链中信息充分流通，对企业中所有人都是透明的。嘉士伯基于网络系统，在企业、销售、客户关系管理（CRM）和供应系统之间采用了 BtoE（Business to Employee）的协同门户。

嘉士伯同时集成了 WAP 技术，使得其 130 个订货商能够直接把订单输入公司系统。嘉士伯的这些订货商面向 1500 个零售商店，每周 6 个工作日，提前重新整理货架，展示促销商品。每个订货商有各自的日常电话安排表，并传送到爱立信 380WAP 电话——爱立信最主要的 B2B 应用方案。这种电话也可以实时地把新订单输入企业系统，并能够清楚地了解库存水平和现有订单情况。

Jan Ulrich 是负责 Pripps 项目的项目经理。他清楚地记得以前单独的系统所面临的状况：每天从 5 个电话销售中心和销售部门产生大量的文件和信息，可是，尽管有这么多的文件，还是很难清楚地了解客户记录、库存水平以及供应链其他方面的情况。

“每个电话销售人员对每个客户都有各自的记录，很显然我们不可能对每个电话都做登记。” Ulrich 说，“所以，想象一下把所有分散的信息都记录并集中起来，这对于我们维护准确、最新的记录多么困难。而且激烈的市场竞争和客户要求的更高服务水平，也使我们的信息集成面临更大的困难。”

他认为，先进的技术使公司可以重组基础结构，产生新的运作流程，导入新的客户服务水平，而这一切在以前是不可能实现的。因为在以前，公司无法从供应链咨询信息并得到快速的信息反馈。

“我们自己有基于 Windows 的订单系统以及单独的老的商务系统。所以我们决定将所有内部的流程集成到一个企业系统中，使我们的组织更有效率。” Ulrich 说。

1. 现代技术融入传统行业

Pripps 公司由 Albrecht Pripp 于 1828 年创立，但自创立之日起，她的运作模式几乎没有任何改动。在当时，传统啤酒几乎完全被 Brannvin 利口酒（一种杜松子酒）所取代，所以，Albrecht Pripp 由于独自复兴了啤酒酿造业而享誉盛名。在该公司成立后的一百年中，其业务范围集中在 Gothenburg 市及周边。但是在 1964 年，Pripps 公司合并斯德哥尔摩的酿酒厂，市场拓展至整个瑞典。到了 1995 年，随着又一次合并，成立了 Pripps-Ringnes 公司，并成为 Orkla 集团的一部分。

现在 Pripps-Ringnes 公司已经成为嘉士伯集团中日益繁荣的组成部分。其业务范围遍及欧洲，其产品包括软饮料、“Ramlosa” 牌矿泉水。尽管嘉士伯现在属于全球第五大酿酒集团，但是它仍保留 Pripps 品牌，使该公司继续维护 25000 客户的品牌忠诚度，当然这一切都归功于先进的技术手段。

“我们建立了一套非常严格的选项程序，因为我们希望找到一个长期合作伙伴，不仅仅查看我们的技术要求，而且非常了解我们的商务流程需要，并能提出解决方案。” Ulrich 说。因此，Pripps 公司选择了电子协作解决方案供应商——英泰峡作为合作伙伴。从实施 Movex 电子协作应用系统到建立集成统一的基础，历时 8 个月，在这一基础之上，公司可以对组织结构进行调整，可以建立集成供应链。

Pripps 公司把 5 个分散的电话销售中心集成到位于斯德哥尔摩的一个中心，并与 Movex 系统集成了仓库管理系统，以管理 3 个仓库。目前，从斯德哥尔摩和 Gothenburg 的酿酒厂，Helsingborg 的 Ramlosa 矿泉水厂，Pripps 公司都安装了自动的再订购系统。同时，集成的还有自动路径计划系统，该系统根据瑞典地图而制，可以管理发货的交通工具。每个客户的位置都在坐标中定义，然后根据客户的类别——零售、酒店、俱乐部或餐厅，系统可以产生最优、最有效的运输路线和时间。

在斯德哥尔摩中心，一个50人的电话销售团队每月处理18000个常规客户，超过70万订单（近5.5亿升啤酒和非酒精饮料）。在这里，嘉士伯瑞典公司从实施Movex系统中得到了最大的收益。

当一个订购电话打进来时即被定义客户号，同时自动转接到指派的电话销售员，或者到最先接通的电话销售员。该客户储存在Movex系统中的记录，通过Movex系统共同的接口，自动显示在电脑屏幕上。客户的记录包括诸如联系人姓名、过去订单、发货明细、价格、商业活动以及其他特殊要求。当电话销售团队根据计划开始与客户电话联系时，相同的信息也会自动显示在电脑屏幕上。

当订单条上的信息都输入后，电话销售员就可以得到关于可售库存品的实时信息，并可以从发货路径计划系统中获知特殊的发货期方面的信息。另外，如果订单不能及时完成，那么系统会跳出一个建议框，建议使用类似产品，并特别安排单独的发货期。当所有的流程完成后，完整的订单直接被分配到Movex企业系统——这里没有批量处理。

系统中还有一个重要的安全措施。很多客户是每天订货的，每一个订单有其独自的协定最后期限。可是，如果出于某种原因，电话销售员没有执行一个原计划的电话联系，或者某个订单是通过EDI接受的，那么，系统会跳出一个屏幕框，显示该客户记录，提醒电话销售员执行电话联系。

Ulrich说，电话销售中心处理两种电话业务。“约70%的电话是我们根据原计划拨打的，另外30%是来自客户的。这占我们业务量的85%。因为Movex系统储存了所有的信息，并复制到接口（Portal），所以我们可以得到每个客户更新的、同步的信息。我们能够立刻回答所有的询问，几乎完全消除了反复电话联系的情况。”

“系统实施还不久，所以我们还不能够对提高的工作效率和生产率进行量化。但是在公司内部，我们知道确实取得了很大的改进。从管理报告中，我们可以看到详细的信息，包括客户购买模式、多久我们能够100%完成订单以及是否我们在要求的发货期内发货。该系统也帮助我们对服务水平有相当大的改进。”

2. 间断的业务功能

瑞典嘉士伯还将批发和销售团队集成到了系统中。销售人员的工作是24小时不间断的，经常因为发货给零售商店在夜间工作。销售人员使用一个具备离线记忆功能的扫描仪，用来读出瓶上、罐上和货架上的欧洲商品编码（EAN）。然后扫描仪连接到WAP电话上，把订单直接下载到Movex电子协作系统中。这个WAP电话还可用于实时输入小订单，只要使用电话机的数字按键键盘输入指定的物品编号及数量就可以了，这和使用网络浏览器是同样的方法。

对于一个 80 人组成的强大的销售队伍而言，销售代表使用笔记本电脑工作，主要因为他们的工作角色不同。另外，他们处理的是一些长期的提前订单，工作中包括客户管理、产品演示、与商店联合制订商业活动计划等。尽管批发业务主要集中于大型的零售销路，但是销售团队也会联系餐厅、酒店、俱乐部、小型的商店和加油站，产品包括低度酒精啤酒、软饮料和矿泉水。

“由于订单很可能来自三个独立的来源，所以如果发生错误是很危险的。”Ulrich 说，“但是，就是在这里信息透明化开始起作用。销售、批发和电话销售人员可以清楚地看到每个客户的订单，了解产品的特殊性以及作其他补充，订单自动地合并到一张发货单。业务流程中的每部分都能够实时了解相同的客户信息，所以每个人的工作都是串联的。”

“Movex 使我们能够放心的操作，因为就技术上而言，系统能够注意任何差错，并实时地对相关信息做出标记。由于现在我们可以清楚地看到供应链上的每个环节，我们就可以向客户保证更好的响应和服务。而且，我们有详细统一的信息支持我们更快地做出商业决策。”

所谓集成化供应链，是指供应链的所有成员单位基于共同的目标而组成的一个“虚拟组织”，组织内的成员通过信息的共享，资金和物质等方面的协调与合作，优化组织目标（整体绩效）。

所谓集成化供应链管理 ISCM（Integrated Supply Chian Management），就是对整个集成化供应链接进行管理，即对供应商、制造商、分销商、客户和最终消费者之间的商流、物流、信息流和资金流进行计划、协调、控制等，使其成为一个无缝（seamless）的过程，实现集成化供应链的整体目标。

20 世纪 90 年代以后，随着经济全球化及高新技术的快速发展，企业所处的外部环境发生了显著的变化。信息技术的高速发展使得企业能够更迅速地获得信息；顾客对产品的要求逐渐趋于复杂化、多样化和个性化，商品市场开始由卖方市场向买方市场转移；企业所需的各种资源可在全球获得，面临的竞争也来自更大的市场范围，全球一体化经济成为必然的趋势。变化的环境对企业原有的经营管理方式提出了严峻的挑战。企业为了保持其竞争力，必须不断缩短产品开发研制的时间、改进产品质量、降低生产成本、缩短交货周期。然而，要达到这些目标，仅仅依靠某个企业自身的力量是远远不够的，必须以协同的方式，把企业内部和外部物商流、物流、信息流和资金流有效地整合起来，在协调个体绩效的基础上使系统整体绩效达到最优。供应链管理（Supply Chain Management），特别是集成化供应链管理（Integrated Supply Chain Management）概念的提出为解决该问题提供了良好的工具。

10.5.1 系统简介

我们以奥派集成供应链物流教学系统为例，来介绍集成化供应链管理系统的功能（图 10－1）。

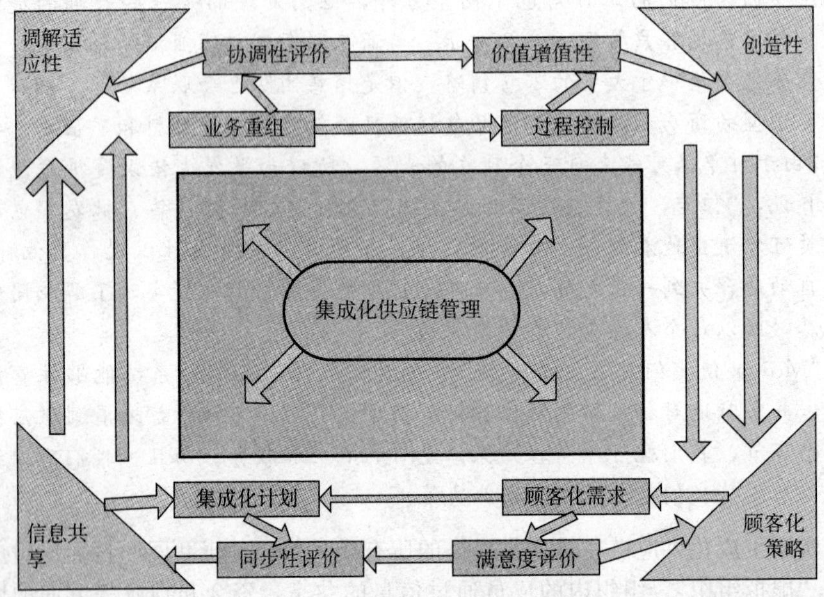

图 10－1　集成供应链管理的理论模型

该集成供应链物流模式可以概括为：一流、二网、四个平台、多方合作。

(1) 一流。以订单信息流为核心，集顾客、产品、物料（品）、外购、外协、自制、采购供应周期计划、生产周期计划、配送计划、储运（分拨）计划等产品、物流、计划的信息为一体的信息流。

(2) 二网。基于 Internet/Intranet 的企业信息网络与物流信息网络主要有两个基本观点：一是集成观，即把整个信息网络看成是一个集成系统，其经营活动与管理活动是集成系统的整体活动；二是知识观，即该“二网”的实质是通过解决方案的实施与运作，促进集成系统供应链物流的知识生产、传播与应用，使知识成为生产力。

(3) 四个平台。集成供应链物流的标准化平台、准时化集中采购平台、准时化运输平台、准时化储运平台。

(4) 多方合作。系统中有多家供应商、采购商、分销商以及运输中心、仓储中心。各家公司之间需要紧密合作，相互支持。

系统以订单信息流为主线，以满足客户需求为核心，一方面将以前“以产品为中心”的经营理念转变为“以客户为中心”的经营理念，关键是使客户满意，除了在产品质量、品种和性能等方面外，还需要在时间、空间上最大限度地满足客户的需要；另一方面将以前的那种你死我活、两败俱伤的市场竞争转变为通过合作竞争，使彼此在供应链上扮演不同的角色，最大限度地发挥自己的优势，从而达到双赢的目的。

系统重视供应链中各个节点企业之间的关系，设计了良好的企业之间的接口。以标准化平台为基础，如企业与企业之间通信与信息的标准化，物料编码的标准化，甚至包括各项作业的标准化，如流程的标准化、动作的标准化等。这种以标准化为基础的企业间的接口，真正实现了供应链中各个企业间的无缝连接。

最后，以准时化集中采购平台、准时化配送平台、准时化储运平台为内容的集成供应链物流系统，使供应链中物流系统的专业化程度不断加深，即使出现有企业加入供应链，或者有企业从供应链中剥离出来等情况，也不会使供应链运转不畅，效率下降。

本系统共有供应商管理系统、采购商管理系统、分销商管理系统、运输管理系统、仓储管理系统五个子系统。

10.5.2　供应商管理系统

目前市场竞争愈来愈激烈，企业越来越注重核心能力的培养和核心业务的开拓，从外部获取资源已经成为非常普遍的现象。同时随着供应链跨国化和全球化趋势不断增强，供应链各企业之间的关系越来越趋于充分合作。因此，供应商的优劣对其下游企业乃至集成化供应链来说是一个重要的课题。通过有效的 SRM 供应商关系管理，公司将能够：

（1）在全面、清晰的市场把握下，引入新的产品功能或全新的产品；

（2）在改进流程和减少总成本的同时，维持和提高质量；

（3）分享技术知识并共同承担新技术费用，以减少技术应用的风险；

（4）达到曾经是难以企及的控制库存短缺或过多的目标；

（5）减少全球性业务的费用。

供应商管理系统包括以下功能：基础信息设置、供应商资格申请、客户管理、业务管理、发货单管理、货运发送管理、应收款、应付款、各类报表。通过该角色的扮演，使学生明了供应商作为三级 ISC（供应商、核心企业和销售商）中离顾客最远的成员，也是供应链的源头，在供应链中处于一种非常特殊的地位。作为三级 ISC 的源头，供应商承担的任务包括原材料的供给、产成品的生产和供给等。供应商在生产和供货方面的能力在一定程度上影响到供应链下游企业的运转，进而影响 ISC 的整体绩效。

10.5.3　采购商管理系统

在该系统中，采购商是整个 ISC 中的核心企业，在供应链中起着“定盘星”的作用。其他若干成员企业都围绕着核心企业，并且业务范围和经营政策受到核心企业的影响和制约。如以大众公司为核心企业的汽车供应链，以沃尔玛为核心企业的大型超市供应链，以联华超市为核心的零售连锁供应链，以BP石油公司为核心企业的石油供应链等都是以核心企业为中心的供应链。

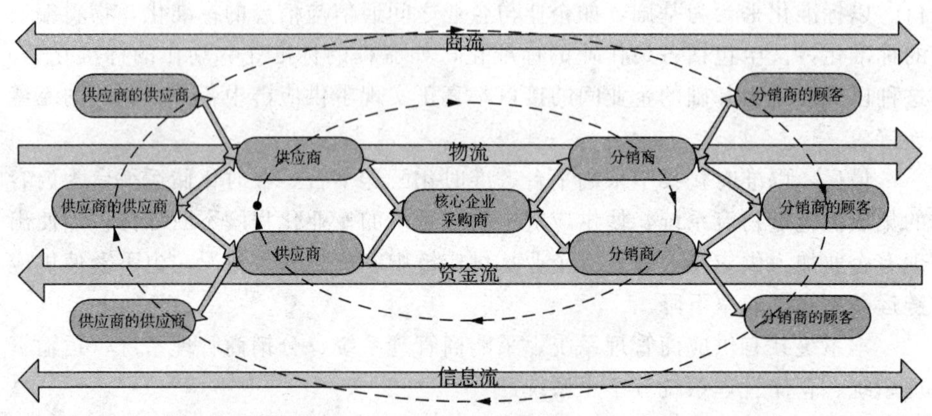

图 10－2 核心企业在 ISC 中的位置

供应链运作的好坏以及整个供应链竞争力的大小很大程度上取决于核心企业的影响力。核心企业在整个供应链运作中占有重要地位。

1. 核心企业是 ISC 的信息交换中心

来自最终顾客的需求信息通过不同层次和不同渠道的分销商传递到核心企业，核心企业经过处理，再把分解后的需求信息（订单）发送给上游供应商。一批订单完成后，再依相反的方向从上游企业（生产商）将供货信息反馈给中游的核心企业，经过核心企业处理后，再反馈给下游企业。在这里，核心企业就成了供应链上的信息交换中心。供、需信息在此交融，经过处理后产生各类信息传递到供应链的各个环节。由于供应链的运作效果在很大程度上取决于网络上信息交换的质量，因此要想通过信息共享达到物流通畅、产品增值的目的，就必须提高供应链上的信息传递质量。在这方面，核心企业起着至关重要的作用。

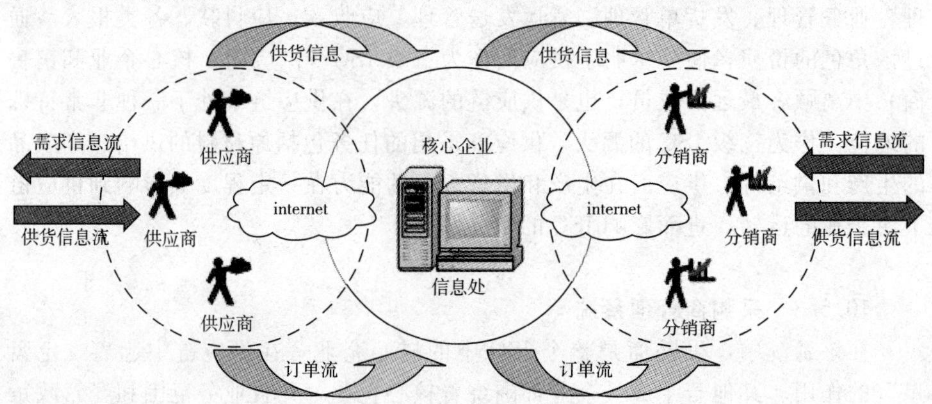

图 10－3 核心企业作为 ISC 的信息中心

2. 核心企业是 ISC 的物流中心

供应商按照订单将半成品或者产成品送达核心企业的仓储中心，仓储按照规定执行分拣、包装、加工等操作，并将生成的产成品根据核心企业要求配送给分销商，由分销商送达最终用户，形成了以核心企业为集散中心的物流。在这里，核心企业扮演了对物流集散、配送进行调度的角色：向供应商适时发出物流需求指令，向销售商适时发出供货指令，以保证各个节点都能在正确的时间、地点得到正确数量的零配件或者产成品，既不造成缺货，又不造成积压，把对供应链总成本的影响减至最低限度。因此，供应链上的产品能否增值与核心企业对物流的调度水平有很大关系。

3. 核心企业是 ISC 的协调中心

核心企业不仅是 ISC 的信息中心、物流中心和结算中心，还是一个协调中心。ISC 包含一个由建立、运行、解散构成的完整的生命周期历程，在这个历程中，核心企业一直起着协调中心的作用：从建立时的组织发起工作、运行过程中的沟通协调工作直到解体时的善后处理工作，核心企业必须协调各个方面的利益关系，以保障整条供应链效益的最大化。追求整体效益的最大化可能导致某些个体利益的损失和某些个体利益的增加，因此必须对利益在整条供应链进行二次分配，以维护公平性、公正性，鼓励供应链的合作伙伴关系。在这个过程中，核心企业发挥着重要的协调作用。

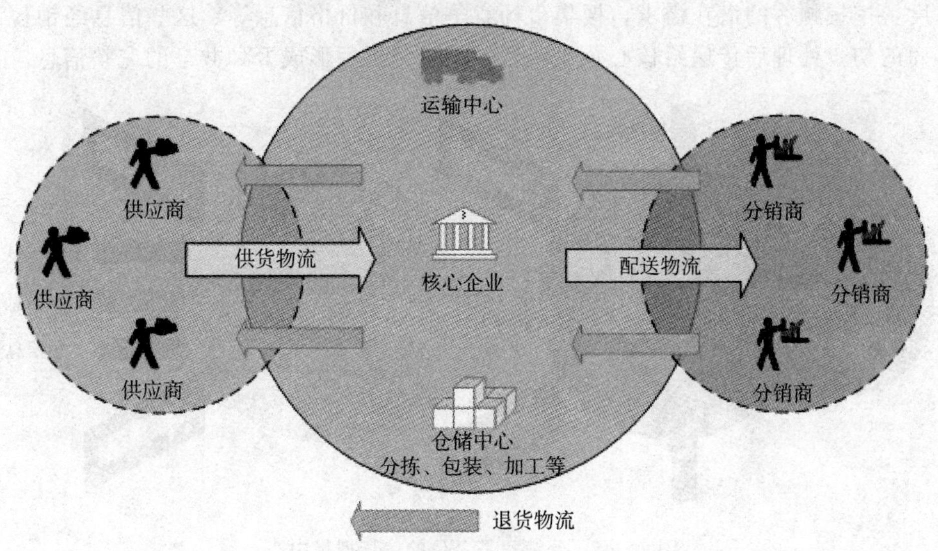

图 10－4　核心企业作为 ISC 的物流中心

从对信息流、物流、资金流等的分析可以看出，如果 ISC 上的核心企业不能在这些方面起主导作用，受到影响的不仅是该企业的绩效，而且是整条供应链的绩效。因此，核心企业在供应链运作中扮演着重要角色，它对供应链成员企业形成长期战略关系、推动ISC绩效的改进有着重要影响。

采购商管理系统的功能包括：基础数据设置、仓库管理、需求管理、采购管理、分销管理、费用结算等。

10.5.4 分销商管理系统

分销商是产品制造商与最终顾客的重要链接。特别是当产品制造商的目标市场购买者众多、分布面又相当广时，产品制造商需要借助分销商的分销渠道来销售产品。分销商销售渠道的优劣、市场能力的高低等因素直接影响到制造商产品的盈利能力，同时也影响到消费者对产品的满意度以及产品的市场定位。因此对于产品制造商来说，销售商的选择和评价非常重要。

1. 分销商是ISC的信息搜集中心

作为ISC信息处理中心，核心企业的信息源很多，既可以直接从客观环境获得，也可从供应商和销售商获取。在众多的信息途径中，销售商由于其在ISC中所处的特殊物理位置，使其成为信息搜集中心。这是因为，供应链管理的最终目的是在实现顾客价值的基础上提高供应链价值，顾客价值实现的源头是顾客及其所处环境的信息，而这些信息的直接搜集者就是销售商。销售商在与顾客的面对面交易过程中，逐步掌握顾客的兴趣、爱好、消费习惯、满意程度，挖掘顾客的潜在需求，搜集市场竞争信息和价格信息等。这些信息经销售商的初步处理后传递给核心企业，后者汇总分析后形成ISC共享的完整信息。

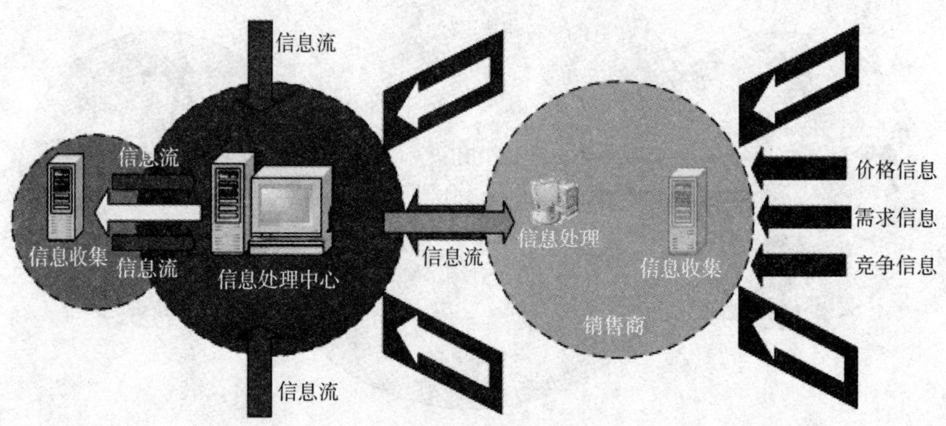

图10-5 分销商是ISC的信息搜集中心

2. 分销商是ISC的预警中心

分销商是集成化供应链的市场触角。与最终顾客的紧密关系决定了销售商对市场变化的反应最敏锐，对顾客需求的把握也最准确，因而销售商当之无愧地成为集成化供应链的市场“预警器”和“跟踪器”。市场竞争的加剧、消费水平的提高、消费层次和消费偏好的多样性导致了市场需求的瞬息万变，由于供应商核心企业与消费市场的“距离”，使其并不能及时把握住市场的脉搏。在这种情况下，供应链其他成员只能依靠销售商建立的预警系统降低需求的不确定性。

图 10－6　分销商是 ISC 的预警中心

3. 分销商是 ISC 的服务中心

分销商是最终顾客服务的直接提供者。与供应链中的供应商不同，销售商与最终顾客的联系最紧密，直接体现了供应链的服务水平，是影响顾客满意度的核心因素。销售商交货的数量、质量、及时性等都会影响供应链以及其产品在消费者心中的形象，进而影响供应链价值的实现。因此，在选择销售商时，应以顾客为导向，全面考查零售商的企业形象、商业信誉和服务水平。

从 ISC 的角度来看，分销商并不是顾客服务的唯一实施者，它还是由核心企业和供应商构成的“后援团”的强力支持。但值得注意的是，后援团的服务支持绝大多数是按照销售商的“指令”来完成的，包括直接服务和间接服务两类。从这个意义上讲，分销商也是名副其实的服务中心。

图 10－7　分销商是 ISC 的服务中心

分销商管理系统的功能包括：基础设置、订购计划、订单管理、收货单管理、退货单管理、付款单管理、回款单管理和统计分析。

10.5.5 运输管理系统

运输是物流运作的重要环节，在各个环节中运输时间及运输成本占有相当比重。现代运输管理是对运输网络和运输作业的管理，在这个网络中传递着不同区域的运输任务、资源控制、状态跟踪、信息反馈等信息。实践证明，通过人为控制运输网络信息和运输作业，具有效率低、准确性差、成本高、反应迟缓、无法满足客户需求的缺点。随着市场竞争的加剧，对于物流服务的质量要求越来越高，尤其是运输环节。

奥派运输管理系统以第三方运输公司的应用为目标，由运输任务的产生、运输任务的管理、运费结算、运输任务的查询等部分组成，全面实现了第三方运输公司从接单到运输任务完成整个过程的计算机化管理。内容涵盖运输任务状态更新、运输任务查询、结算费用查询等功能，支持客户查询。它使第三方运输公司系统地管理运输任务，及时地了解每天的运输任务状态，充分满足客户、运输公司的运输任务查询要求，能够极大地提高用户服务水平，为储运部门提供综合管理的科学依据进行系统的模拟。

运输管理系统主要有以下功能模块：系统设置、订单管理、整车运输、零担运输、系统管理、财务管理、统计分析。

10.5.6 仓储管理系统

仓储始终是生产者和客户之间的一个主要的联系纽带，在物流系统中起着包括运输整合、产品组合、物流服务、防范偶发事件、物流过程平稳等一系列增加附加值的作用，是第三方物流系统最重要的职能之一。现代物流的全球化趋势以及影响仓储的时间、质量等因素，对仓储管理软件提出了新的需求。奥派第三方仓储管理信息系统是采用现今最具发展潜力的浏览器/服务端结构建立的开放的分布式多用户系统。

奥派第三方仓储管理信息系统以现代物流管理理论为基础，结合中国国情，总结物流实际运作经验和操作流程，旨在研究成本最小、客户服务最优、企业工作效率最高的仓储管理系统。它包括入库管理、在库管理、出库管理、财务管理、统计分析等，融合了打印、图示等功能。它可以实现本地一个仓库的精细化管理，也可实现制造企业、物流企业、连锁业在全国范围内、异地多点仓库的管理；它可以对货物存储和出货等进行动态安排，可以对仓储作业流程的全过程进行电子化操作；可以与客服中心建立数据接口，使客户通过互联网实现远程货物管理等。系统支持多公司、多仓库同时运作以及支持多种类型的入库、出库、补货方式。

仓储管理系统的功能包括：系统设置、基础设置、客户管理、业务处理、收益查询、仓储分析、库龄分析等。

全球经济走向一体化，企业面向世界市场的同时也面对来自全世界的竞争。消费者和企业客户从各种渠道寻找价格最低，但质素最高的产品和服务。产品的竞争力已非单一企业能够决定，竞争方式已从单体竞争转向企业间的网络竞争和供应链间的竞争。

本章小结

随着信息技术的发展和产业不确定性的增加，今天的企业间关系正在呈现日益明显的网络化趋势。与此同时，人们对供应链的认识也正在从线性的单链转向非线性的网链，供应链的概念更加注重围绕核心企业的网链关系，即核心企业与供应商、供应商的供应商的一切向前关系，与用户、用户的用户及一切向后的关系。供应链的概念已经不同于传统的销售链，它跨越了企业界限，从扩展企业的新思维出发，并从全局和整体的角度考虑产品经营的竞争力，使供应链从一种运作工具上升为一种管理方法体系，一种运营管理思维和模式。本章介绍了供应链产生的背景及发展趋势；阐述了供应链的概念，分析了供应链管理的核心思想；介绍了集成化供应链管理系统的功能。目的是使学生对供应链管理系统有一个基本的了解和掌握，以便今后在实际工作中能更好地使用供应链管理系统。

复习与思考

1. 简述供应链管理的含义。
2. 供应链核心思想有哪些？
3. 简述集成化供应链管理系统的功能。
4. 结合具体实例，分析企业为什么要进行供应链管理。

第11章 电子商务

【本章要点】

- 电子商务的概念
- 电子商务的系统构成
- 电子商务的发展状况及对策

章首案例：

顺丰嘿客店，颠覆性的“纸牌屋”

2014年，顺丰旗下的全国518家“嘿店”开张。顺丰大规模布局O2O，对于电商行业来讲无异于一次大地震。

在顺丰嘿店里没有满货柜的食品、成箱的饮料，除了几台供购下单的触屏机，到处都是供手机扫码下单的“纸牌”，没有仓储压力，省掉了收银员、理货员，还节约了展示空间，门店的运营成本是社区便利店的零头。如果在大型社区各主要入口设立嘿店，进店只需拿手机一扫。等回到家刚刚坐定，网上订购商品就已经送到。

“快递＋便利店”是一种成熟的模式，并已有在美国、日本、中国台湾等发达市场取得成功的先例。在国内，这种模式也不是第一次为人们所知，探索早已经开始。在北京，好邻居成为京东的自提点；在广东，美宜佳可以接受天猫商家发给顾客的包裹；在成都，如果你半夜有顺丰的急件要发，可以去WOWO便利；在上海，亚马逊的顾客可以到全家便利提取自己的产品。

“快递＋便利店”模式是一个三方得利的多赢方案。对于快递公司来说，便利店存放点能够简化签收等程序，缩短配送时间和复杂程度，大大提高配送效率；对于便利店来说，除了每单0.8～1.0元左右的代收包裹收益之外，客流的增大更被看中，毕竟有客流就有购买的可能；对于网购消费者来讲，把包裹寄存到附近的便利店一方面能够保护自己的隐私，另一方面也减少了见面取快递的麻烦。

O2O的本质在于线上与线下的广泛合作，概而言之，这里可以合作的线下实体包括社区便利店、报亭、物业公司等，甚至有创意者提出与社区大妈合作进行O2O的配送试验。这些都是解决最后一公里的线下基础。

20世纪末，信息技术突飞猛进，不断地创造着令人耳目一新的天地。就在人们对互联网络刚刚有所认识的时候，电子商务这一全新的事物又以难以估量的速度在兴起，并进而改变着社会经济生活的各个方面。顺丰“嘿客”店就是电子商务 O2O 模式应用的具体案例。本章探讨电子商务的基本概念、发展现状和应用环节。

11.1 电子商务的概念

网络、通信和信息技术的快速发展以及 Internet 在全球的迅速普及，使得现代商业具有了不断增长的供货能力、客户需求和全球竞争三大特征，使得任何一个商业组织都必须改变自己的组织结构和运行方式来适应这种全球性的发展和变化。随着信息技术在国际贸易和商业领域的广泛应用，利用计算机技术、网络通信技术和 Internet 来实现商务活动的国际化、信息化和无纸化，已成为各国商务发展的一大趋势。

11.1.1 电子商务的定义

电子商务（Electronic Commerce，EC）是指通过计算机网络（特别是 Internet 网）进行的商务活动，当企业将自己的主要业务通过计算机网络与合作伙伴，包括客户、供销商等直接相联时，这时所进行的各种商务活动实际上就是电子商务。

电子商务有广义、狭义之分。狭义的电子商务也可以称作电子交易，主要包括通过计算机网络进行的交易活动，如网上广告、网上洽谈、订货、收款、付款、客户服务、货物递交等活动。而广义的电子商务，则是包括电子交易在内的、利用网络进行的全部商业活动，因此它还包括企业内部的商务活动，如市场调查与分析、生产、管理、营销、财务、客户联系以及企业间的商务活动等。

电子商务的定义多种多样。我们应从电子商务应用与发展的实际出发，不必过早地追求统一的定义，否则会限制人们的思维而不利于电子商务的健康发展。

(1) 国际标准化组织（ISO）：电子商务是企业之间、企业与消费者之间信息内容与需求交换的一种通用术语。

(2) 全球信息基础设施委员会：电子商务是运用电子通信作为手段的经济活动，通过这种方式，人们可以对带有经济价值的产品和服务进行宣传、购置和结算。这种交易方式不受地理位置、资金多少或零售渠道的所有权影响，公有企业、私有企业、公司、政府组织、各种社会团体、一般公民、企业家等，都能自由地参加广泛的经济活动，其中包括农业、林业、渔业、工业、私营和政府的服务业。电子商务能使产品在世界范围内交易并向消费者提供多种多样的选择。

(3) 联合国国际贸易法律委员会：电子商务是采用电子数据交换（EDI）

和其他通信方式增进国际贸易的职能。

(4) 联合国国际经济合作与发展组织：电子商务是发生在开放网络Internet上的包含企业与企业、企业与消费者之间的商业交易。

(5) 欧洲委员会（1997）对电子商务：电子商务就是以电子方式进行商务交易。它以数据（包括文本、声音和图像）的电子处理和传输为基础，包含了许多不同的活动（如商品服务的电子贸易、数字内容的在线传输、电子转账、商品拍卖、协作、在线资源利用、消费品营销和售后服务）。它涉及产品（消费品和工业品）和服务（信息服务、财务与法律服务），传统活动（保健、教育）与新活动（虚拟商场）。

(6) 世界电子商务会议（1997）：在业务上电子商务是指实现整个贸易活动的电子化，交易各方以电子交易方式进行各种形式的商业交易；在技术上电子商务采用电子数据交换（EDI）、电子邮件、共享数据库、电子公告牌及条形码等多种技术。

总之，强调两点：一是活动要有商业背景，二是网络化和数字化。

11.1.2 电子商务的特点

与传统商务相比，电子商务除了具有一般商务的基本特性之外，还有以下突出的特点：

1. 对网络的依赖性

电子商务是随着计算机网络的发展而发展起来的，反过来电子商务也大大地促进了计算机网络的发展。比如银行的通存通兑的需求，对银行的计算机网络的发展就起过关键性的促进作用。今天的电子商务是建立在全球性的Internet基础上的电子商务，离开了Internet就谈不上电子商务。

2. 全球性

它在地域上有高度的广泛性。由于电子商务是基于Internet上的，而Internet是一个全球连接的极为庞大的互联网，所以电子商务轻而易举地跨越了地域的限制，成为全球性的商务活动。而传统的电子商务，多以区域性为主，仅一些跨国公司有全球性业务。使用基于Internet的电子商务，中、小型公司只要上网就能经营全球性的业务。要解决的问题仅仅是语言问题以及采用统一的国际标准的问题。

3. 快捷性

商务通信是开展商务活动的重要条件。传统的商务通信是通过邮件、报纸等印刷品或通过电台、电视台等广播方式来传递信息的，这些方式的缺点是传递速度缓慢，或只能单向传递，效率较低。电子商务由于采用了计算机网络，Internet的交互性使单向的通信变成了双向通信，因此商务通信的速度大大加快，使人们几乎可以用思维的速度来进行商务活动。

4. 集成性

电子商务以计算机网络为主线，对商务活动的各种功能进行了高度的集成，同时也对参加商务活动的商务主体各方进行了高度的集成。它集成了如网上广告、网上洽谈、订货、收款、付款、客户服务、货物递交等各种商务活动功能，还将客户、企业、分销商、银行、海关、税务部门等作为商务主体的各方紧紧集成在一起，高度的集成性使电子商务进一步提高了效率。

5. 安全性

电子商务的安全性问题，也是一个完全不同于传统商务的特殊问题。电子线路的可窃听性、电子信息的可复制性以及互联网软、硬件目前仍存在的一些缺陷，使人们对电子商务的安全大为担心。但是，目前已经研究成功并在不断发展的安全电子商务能够很好地解决这一问题。黑客攻击、病毒侵害、网上欺骗、网上盗窃都是可以防范和拦截的。安全性是电子商务高速发展的重要保证。

11.1.3 电子商务的分类

1. 从参与对象上分为四种

(1) 企业对消费者（Business to Customer，BtoC）的电子商务是一种网上的零售，为公众消费提供各种商品和服务，并提供相关的电子化付款方式。企业将库存商品做成电子目录，详细展示了待售商品的图片、说明书、规格和价格等信息，便于消费者查询、购买。例如网上购物（实物、信息、服务）、网上交费（电信、水电、煤气）等。

消费者上网购物过程。

第一步：消费者在自己的计算机前，通过 Internet 查看自己想要购买的商品。

第二步：消费者在计算机上输入订货单（包括商品名称、购买数量、交货时间和收货人等信息），并将订货单发给相应网上供货商。

第三步：商家（即企业管理者）收集订单后，通过电子商务服务器与有关的商店或厂家进行联系并立即得到应答，告诉消费者所购货物的金额、应付款数和交货信息等。

第四步：电子支付。包括电子钱包支付、信用卡号码加密、电子购货账单填写、信用卡公司和商业银行之间的电子数据交换和结算处理以及信用卡有效性检查等操作。

消费者确认电子钱包付款，将电子钱包装入系统，单击电子钱包工具栏的相应项或电子钱包图标，并输入密码，确认是自己的电子钱包并从中取出其中一张电子信用卡付款。

电子商务服务器对此信用卡号码采用某种保密算法，算好并加密后，发送到电子银行去，同时销售商店也收到经过加密的购货账单，销售商店将自己的顾客编码加入电子购货账单后，再转送到电子商务服务器上。经过电子商务服务器确认这是一位合法的顾客后，将其同时送到信用卡公司和商业银行，在信用卡公司和商业银行之间要进行应收款金额与账务往来的电子数据交换和结算处理。信用卡公司将处理请求再送到商业银行请求确认并授权，商业银行确认并授权后再送回到信用卡公司。

如果顾客信用卡上的电子钱包不够付款或者输入的密码不正确，则商业银行拒绝并不予授权。顾客可以再次单击电子钱包中的相应项，打开电子钱包，取出另一张电子信用卡，重复上述操作直到正确为止。

第五步：经商业银行证明这张信用卡正确无误后，销售店就可以发货了，与此同时数据库管理系统留下整个交易过程中发生往来的财务数据，并出示一份电子收据发送到顾客的手中。

第六步：交易成功后，销售店就按顾客提供的电子订货单将货物送到顾客手中。

通过以上步骤完成网上购物，对顾客来说，整个交易过程自始至终都是安全可靠的。因为，在交易过程中使用的密码是不显示的，无论是顾客还是销售商店都无法看到顾客的密码，只有到电子商务服务器中通过电子系统论证后方能确认是否合法。购物以后，无论什么时候，一旦需要，顾客可立即开机调出购物单，及时进行查看。电子交易的速度非常快，从顾客输入订单到拿到销售商店出具的电子收据为止，整个过程仅需 10～20 秒。

O2O（Online To Offline）是 B2C 一种特殊形式，又被称为线上线下电子商务。O2O 就是把线上的消费者带到现实的商店中去：在线支付线下商品、服务，再到线下去享受服务。通过打折（团购，如 GroupOn）、提供信息、服务（预定，如 Opentable）等方式，把线下商店的消息推送给互联网用户，从而将他们转换为自己的线下客户。这样线下服务就可以用线上来揽客，消费者可以用线上来筛选服务，还可以在线结算，很快达到规模。

（2）企业与企业（Business to Business，BtoB）之间的电子商务

企业与企业之间的电子商务是指企业（商业或公司）使用 Internet、Intranet 或各种商务网络向供货商（或企业）订货、交货、付款和接受发票，采用 EFT（电子资金传送）、E－mail（电子邮件）、EDI（电子数据交换）等工具进行电子商务交易。BtoB 结构模式是电子商务中最重要的一种形式，交易额巨大，能够产生直观的经济效益。通过电子商务，商业企业可以更及时、准确地获取信息，从而准确订货，减少库存，通过网络促进销售，以提高效率，降低成本，获取更大的商业利润。特别是通过电子数据交换（EDI）来处理订单、发票、付款等贸易单证，可以代替纸张单证的处理及资料的重复录入，降低了错误率，加速了信息流通，提高了生产效率，降低了成本。

企业与企业之间的电子商务活动通常按以下四个阶段进行：

① 交易前的准备工作

这一阶段主要指参加交易的各方在签约前的工作。通常买方要根据需要制订购买计划，进行市场调查与分析，了解交易对方的情况。这时可利用 Internet 及其他网络查询信息，寻找满意的商品和商家。卖方根据所销售的产品，要进行一系列的促销活动，也可以利用 Internet 等电子商务网络发布商品广告，寻找贸易伙伴和交易时机。其他参与交易的各方，如金融机构、信用卡公司、海关、税务、运输公司等部门也都为进行电子交易做好准备。

② 谈判和签订合同

这一阶段主要是交易双方就交易中的细节进行磋商、谈判，并将结果以文件的形式确定下来。

在这一阶段，可以使用 Internet 提供的多种应用功能，如电子邮件、实时的利用键盘进行的网上洽谈，还可以通过网上的白板会议来交流即时的图像信息，通过网上桌面视像会议提供远程的面对面洽谈环境。

交易各方利用电子工具与通信手段对谈判的内容，如交易各方的权利义务，交易商品的数量、质量、价格、交易方式以及违约和索赔以电子合同的方式做出规定。然后，交易各方可以利用电子数据交换进行签约，也可以通过数字签名的方式签约。

③ 办理合同履行前的手续

这一阶段是参加交易的各方签订合同后办理各种手续的过程。在交易进行中会涉及有关的各方，如银行、海关、商检系统、保险公司、税务系统以及运输公司等，交易各方可利用电子工具（如电子数据交换）与上述各方进行电子票据和电子单证的交换。

④ 交易合同的履行和索赔

交易各方手续完备以后，开始履行合同。买卖双方可以通过电子商务服务器跟踪发出的货物，金融机构也将按合同处理双方收付款，进行结算，出具相应的单据。索赔是在交易过程中出现违约时，受损方向违约方索赔。这一切都可以通过电子手段来进行。

企业间的电子商务活动提高了企业与银行、海关、保险、商检、运输等部门的集成度，使合作伙伴之间的协作更加协调、有序，缩短了交易活动的周期，因而可以降低成本。同时，企业的商务活动有助于企业之间的合作和共同发展。

(3) 企业与政府（Business to Government，BtoG）之间的电子商务

企业与政府之间的电子商务是指政府与企业之间利用因特网完成的管理条例发布、政府采购、税收、商检、网上报关等各项事务。政府通过因特网发布采购清单，企业以电子商务的方式竞标；政府通过电子交换的方式向企业征税

等。这样可以更好地树立政府的形象，实施对企业的行政事务管理，推行各种经济政策等。政府既是电子商务的使用者，可以进行购买等商业活动；又是电子商务的宏观管理者，对电子商务起着扶持和规范作用。

在发达国家，电子商务的发展主要依靠企业的参与和投资，政府只起引导作用。在发展中国家，企业规模较小，信息技术落后，债务偿还能力低，无法依靠自身的力量发展电子商务体系，需要政府的积极参与和帮助，所以 BtoG 模式在广大发展中国家具有更突出的现实意义。

(4) 消费者与政府之间的电子商务（CtoG）

主要运作方式是政府上网，就是政府职能上网，即在网络上成立一个虚拟的政府，在 Internet 上实现政府的职能工作。政府上网后，可以在网上发布部门的名称、职能、机构组织、工作章程以及各种资料、文档等，并公开政府部门的各项活动，增加办事执法的透明度，为公众与政府打交道提供了方便。同时，也接受公众的民主监督，提高公众的参政议政意识。

2. 若按使用网络的类型分类

电子商务目前主要有三种形式：第一种是电子数据交换（Electronic Data Internet，EDI），是一种专用网络或增值网络，属早期电子商务，由于安全、稳定、可靠，至今仍在使用。第二种是 Internet，由于互联网连接面很广，是可以大规模应用于电子商务的网络。第三种是 Intranet（企业内部网），它主要应用于企业内部的各种业务通信和事务管理。

11.2 电子商务的系统构成

11.2.1 电子商务概念模型

电子商务的概念模型是对现实世界中电子商务活动的一般抽象描述，它由交易主体、电子市场（EM）、交易事务和信息流、资金流、物资流等基本要素构成。

在电子商务概念模型中，交易主体是指能够从事电子商务活动的客观对象，它可以是企业、银行、商店、政府机构、科研教育机构和个人等；电子市场是指电子商务实体从事商品和服务交换的场所，它有各种各样的商务活动参与者，利用各种通信装置，通过网络连接成一个统一的经济整体；交易事务是指电子商务实体之间所从事的具体的商务活动的内容，例如询价、报价、转账支付、广告宣传、商品运输等。

电子商务的任何一笔交易，包含以下三种基本的“流”，即信息流、资金流和物资流。其中，信息流既包括商品信息的提供、促销营销、技术支持、售后服务等内容，也包括诸如询价单、报价单、付款通知单、转账通知单等商业贸易单证，还包括交易方的支付能力、支付信誉、中介信誉等。资金流主要是指资金的转移过程，包括付款、转账、兑换等过程。物资流主要是指商品和服务的配送和传输渠道，对于大多数商品和服务来说，物流可能仍然经由传统的经销渠道，然而对有些商品和服务来说，可以直接以网络传输的方式进行配送，如各种电子出版物、信息咨询服务、有价信息等。对于每个交易主体来说，他所面对的是一个电子市场，他必须通过电子市场选择交易的内容和对象。因此，电子商务的概念模型可以抽象地描述为每个交易主体和电子市场之间的交易事务关系，如图 11－1 所示。

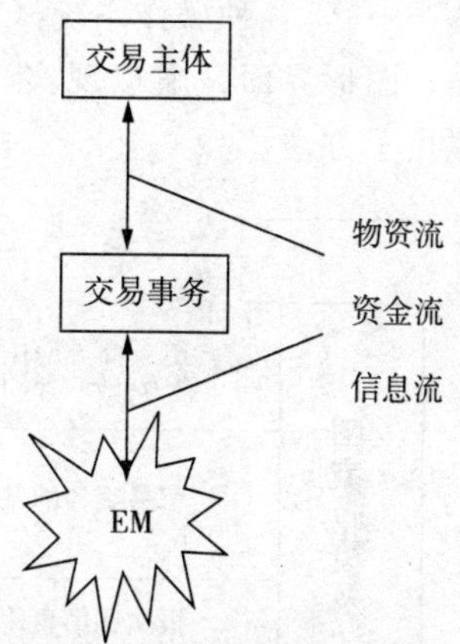

图 11－1　电子商务概念模型

11.2.2　电子商务的一般框架

电子商务影响的不仅仅是交易各方的交易过程，它在一定程度上改变了市场的组成结构。传统上，市场交易链是在商品、服务和货币的交换过程中形成的。现在，电子商务在其中强化了一个因素——信息。于是就有了信息商品、信息服务和电子货币。人们做贸易的实质并没有变，但是贸易过程中的一些环节因为所依附的载体发生了变化，也相应地改变了形式。这样，从单个企业来看，它做贸易的方式发生了一些变化；从整个贸易环境来看，有的商业机会消失了，同时又有新的商业机会产生，有的行业衰退了，同时又有别的行业兴起，从而使得整个贸易过程呈现出一些崭新的面貌。

为了更好地理解电子商务环境下的市场结构，我们可以参考下面一个简单的电子商务的一般框架图（图 11－2），该图简洁地描绘出了这个环境中的主要因素。

1. 网络基础设施

网络基础设施在美国称为信息高速公路，它是实现电子商务的最底层的基础设施。它由骨干网、城域网、局域网层层搭建，从而使得任何一台联网的计算机能够随时同这个世界连为一体。信息可能是通过电话线传递的，也可能通过无线电波的方式传递。

2. 媒体内容和网络宣传

目前较流行的网上信息发布方式是以 HTML（超文本链接语言）的形式将信息发布在 WWW 上。网络上传播的内容包括有文本、图片、声音、图像等。HTML 将这些多媒体内容组织得易于检索和富有表现力。网络本身并不知道传递的是声音还是文字，它把它们一视同仁的看作是 0、1 字符串。对于这些字符串的解释、格式编码及还原是由一些网络基础设施的硬件和软件共同实现的。应用JAVA更方便地使这些传播适用于各种网络（有线、无线、光纤、卫星通信……），各种设备（PC、工作站、各种大中型计算机、无线接收设备……），各种操作系统（Windows NT，UNIX……）以及各种界面（字符界面、图形界面、虚拟现实）等。此外，CORBA、COM等也为各种平台连接提供了方便。

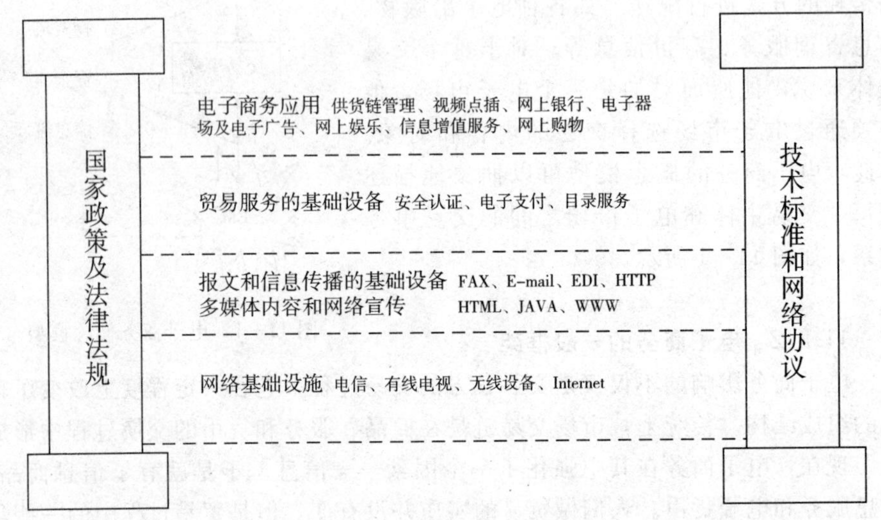

图 11－2 电子商务框架

过去，厂商需要花很大的力气做各种广告和促销活动来宣传自己的产品，在电子商务的环境下，厂商仍然要宣传自己的产品，不过宣传方式就大不相同了。这种不同有两个前提条件：其一是网络基础设施的畅通、方便、便宜地接收；其二是要有数目可观的潜在网络用户群，因为厂商宣传的目的是要让用户知晓自己的产品和服务，就如在报纸上做广告就得找读者群多的报纸，这样效果才会好。有了这两个条件，Internet就无可争议了。Internet使地域变得不再那么重要，用户只要学会如何使用Web浏览器，就能很好地访问和使用Web上的电子商务工具。WWW带来了相对公平的商业竞争机会，小公司像亚马逊（Amazon）这样的联机书店，也完全有能力在Web上发布产品目录和存货单，从而吸引了Web上数目极为可观的顾客。在非Web的环境下，这几乎是不可能的，因为这时只有大书店才有能力向这么多的潜在用户提供信息。同样，Web也使得企业能够为其合作伙伴、供应商和消费者提供了更好、更丰富的信息，HTML使得消费者和采购人员能够得到最适当、最精炼的信息。比如，一个复杂的Web服务器可以向一个特定的查询者提供符合其个人习惯的目录，一个Web站点所能完成的功能比任何用户登记卡所能做到得更好、更持久，它能够捕捉和分析用户行为，用来完成未来规划，掌握动态的个人市场营销情况。

3. 报文和信息传播的基础设施

报文和信息传播工具提供了两种交流方式：一种是非格式化的数据交流，如用 FAX 和 E－mail 传递的信息，它主要是面向人的；另一种是格式化的数据交流，像前面的 EDI 就是典型代表，它的传递和处理过程可以是自动的，无须人的参与，也就是面向机器的，订单、发票、装运单都比较适合格式化的数据交流。HTTP 是 Internet 上通用的信息传播工具，它以统一的显示方式，在多种环境下显示出非格式化的多媒体信息。目前，大量网民在各种终端和操作系统下通过 HTTP 用统一资源定位器（URL）找到需要的信息，进而这些用超文本链接语言展示的信息还能够容易地连接到其他所需要的信息上去。

4. 贸易服务的基础设施

是指为了方便贸易所提供的通用的业务服务，是所有的企业、个人做贸易时都会用到的服务，所以也将其称为基础设施。它主要包括：安全、认证、电子支付和目录服务等。

对于电子商务来说，目前的信息传播要想适合电子商务的业务，需要确保安全和提供认证，使得传递的信息是可靠的、不可篡改的、不可抵赖的，在有争议的时候能够提供适当的证据。商务服务的关键是安全的电子支付。当人们在进行一笔网上交易时，购买者发出一笔电子付款（以电子信用卡、电子支票或电子现金的形式）并随之发出一个付款通知给卖方，当卖方通过中介机构对这笔付款进行认证并最终接收，同时发出货物，这笔交易才算完成。为了保证网上支付是安全的，就必须保证其是保密的、真实的、完整的和不可抵赖的，目前的做法是用交易各方的电子证书（即电子身份证明）来提供端点到端点的安全保障。后面将会专门讨论电子商务中的安全问题。

如同前面所提到的，任何一个贸易服务包括三个基本部分，即电子销售偿付、供货体系服务、客户关系解决方案。目录服务将信息妥善组织，使之方便地增、删、改。目录服务提供这些贸易服务的基础。例如：目录服务提供支持市场调研、咨询服务、商品购买指南等服务，是客户关系解决方案的一部分；目录服务加速收缩供货链，这正是供货体系服务的目标。

5. 电子商务应用

在上述基础上，我们可以一步一步地建设实际的电子商务应用。如供货链管理、视频点播、网上银行、电子市场及电子广告、网上娱乐、有偿信息服务、家庭购物等。

如图 11－2 所示，整个电子商务框架有两个支柱：社会人文性的政策法规和自然科技性的技术标准。

第一个支柱：国家政策及法律、法规。

国家政策包括围绕电子商务的税收制度、信息的定价、信息访问的收费、信息传输成本、隐私保护问题等，需要政府制定政策。其中税务制度如何制定是一个至关重要的问题。例如，对于咨询信息、电子书籍、软件等无形商品是否征税，如何征税；对于汽车、服装等有形商品如何通过海关，如何征税；税收制度是否应与国际惯例接轨，如何接轨等。若处理得不好，将严重制约电子商务的发展。

法律法规维系着商务活动的正常运作，违规活动必须受到法律制裁。网上商务活动有其独特性，买卖双方很可能存在地域的差别，如果没有一个成熟的、统一的法律系统进行仲裁，他们之间的纠纷就不可能解决。知识产权问题在电子商务活动中尤显突出。如何保证授权商品交易的顺利进行，如何有效遏制侵权商品或仿冒商品的销售，如何打击侵权行为，这些都是现在制定电子商务法律时应该考虑的问题。法律制定的成功与否关系着电子商务活动能否顺利开展。

另外，提到政策法规，就得考虑各国的不同体制和国情，而这同 Internet 和电子商务的跨国界性是有一定冲突的，这就要求加强国际的合作研究。例如，美国的社会体制决定了私有企业在美国经济运行中的主导地位，在制定政策法规时，美国政府必将向私有企业倾斜，同时尽量减少政府限制。而在中国，因与美国社会体制存在很大的不同，不可能照搬美国的政策法规，可以像新加坡那样采取以政府为主导的经济管理政策。此外，由于各国的道德规范不同，也必然会存在需要协调的问题。

目前，在我国的电子商务应用方面，政府的注意力还主要集中在信息化基础建设上，信息立法还没有进入实质阶段，针对电子商务的法律法规还有待健全。比如，是否允许商家跟踪用户信息，信息定价，对儿童能够发布哪些信息等，这些问题随着越来越多的人介入到电子商务中，必将变得更加重要和迫切。

第二个支柱：各种技术标准和网络协议。

技术标准定义了用户接口、通信协议、信息发布标准、安全协议等技术细节。它是信息发布、传递的基础，是网络信息一致性的保证。

就整个网络环境来说，技术标准对于保证各种硬件设备和应用软件的兼容性和通用性是十分重要的。正如在交通方面，有的国家是左行制，有的国家是右行制，这样会给交通运输带来一些不便；不同国家 110V 和 220V 的电器供电标准会给家电使用带来麻烦。我们今天在电子商务中也会遇到类似的问题，而且由于电子商务的全球性，非国际化的技术标准将会带来更为严重的问题。目前，许多企业和厂商、国际组织都意识到技术标准的重要性，正致力于联合起来开发统一的国际技术标准，比如：EDI 标准，TCP/IP 协议、HTTP 协议、SSL 协议、SET 协议等。

11.2.3 电子商务安全问题

安全问题是电子商务实施中的瓶颈之一，既是技术问题，更是管理问题，具体涉及计算机网络安全和商务安全两大方面。计算机网络安全指的是网络设备、网络系统和数据库等网络本身可能存在的问题。商务交易安全则是为了保证交易过程中的保密性、可鉴别性、防篡改性和不可抵赖性，消除信息被窃取、篡改和假冒等种种隐患。如黑客往往从网关或路由器上截取传送的信息，有的掌握了信息的格式后篡改信息，甚至发送假信息，以假乱真。

1. 加密的基本原理

（1）加密和解密

加密的基本思想是伪装明文以隐藏其真实信息，即将明文伪装成密文。通信的信息和数据称为明文，明文通过加密器加密后转换成局外人难以识别的形式称为密文，将明文变成密文的过程称为加密，加密时所使用的信息变换规则称为加密算法。合法接收者将密文恢复成原明文的过程称为解密，解密时所使用信息变换规则称为解密算法。非法接收者将密文恢复成原明文的过程称为破译。

（2）密钥

在加密过程中，加密算法和解密算法是在一组密钥的控制下进行操作的，密钥是由数字、字母或特殊符号组成的字符串，用来控制加密解密的过程。密钥可视为密码算法中的可变参数，如果改变了密钥，也就改变了明文和密文之间等价的数学函数关系。

2. 数字签名与数字证书

（1）数字签名的定义

联合国《电子签名示范法》：在数据电文中以电子形式所含、所附或在逻辑上与数据电文有联系的数据，它可用于鉴别与数据电文相关的签名人和表明签名人认可数据电文所含信息。

（2）数字签名的过程

先将要发送的信息通过 hash 算法形成信息摘要，然后用发送方的私钥加密，再将生成的结果附加到原信息上去，就形成了原信息的数字签名。接收方收到数字签名和原信息后，用发送方的公钥将信息摘要解密，将原信息通过 hash 算法生成新的信息摘要。将两个信息摘要进行对比，如果是一致的，就能说明信息在传输的过程中没有被篡改过，发送信息者的身份是可信的。

（3）数字证书

一个标准的 X.509 数字证书包含以下一些内容：

① 证书的版本信息；

② 证书的序列号，每个证书都有一个唯一的证书序列号；

③ 证书所使用的签名算法；

④ 证书的发行机构名称；

⑤ 证书的有效期，现在通用的证书一般采用 UTC 时间格式，它的计时范围为 1950—2049；

⑥ 证书所有人的名称；

⑦ 证书所有人的公开密钥；

⑧ 证书发行者对证书的签名。

3. 防火墙的概念

防火墙是指隔离在本地网络与外界网络之间的一道防御系统，通过它可以隔离风险区域（即 Internet 或有一定风险的网络）与安全区域（局域网）的连接，同时不会妨碍人们对风险区域的访问。

11.2.4 电子商务支付问题

电子支付是以金融电子化网络为基础，利用电子媒介，以计算机技术和通信技术为手段，将货币以电子数据（二进制数据）形式存储在银行的计算机系统中，并通过计算机网络系统以电子信息传递形式实现流通和支付。电子支付系统的功能是实现实时的付款交易活动，当顾客在浏览器上点击“付款”键后，支付过程就自动完成了。

电子支付的形式有信用卡、电子支票和电子现金等。

1. 信用卡

信用卡是银行或其他财务机构签发给那些资信状况良好的人士的一种特制卡片，持卡人可凭卡在发卡机构指定的商业机构消费。

2. 电子支票

电子支票是显示在屏幕上的支票。电子支票的使用者凭信用卡或银行账号到提供电子支票的银行注册，才能在网络上生成电子支票。电子支票的内容包括：支付人的姓名、支付人金融机构名称、支付人账户名、被支付人姓名、支票金额等。

3. 电子现金

电子现金又称数字现金，是以数字形式代表的现金货币，具体是用一串加密的数字来表示现金。电子现金具有货币价值、可交换性、可存储性和重复性。随着基于纸张的经济向数字经济的转变，在未来的社会中，数字现金将成为主宰，它比纸币更安全、隐私性更好。

11.2.5 电子商务物流系统

物流是指为满足用户需求而进行的原材料、中间库存、最终产品及相关信息从起点到终点间的有效流动以及为实现这一流动而进行的计划、管理、控制过程。

在我国，物流管理十分落后，物流成本占到商品流通成本的一半左右。许多企业将大量时间用于原材料购运、成本包装、储存和装卸等环节，严重影响了经济效益的提高。物流系统的完善将有力地推动电子商务的发展。

11.2.6 网络营销

1. 网络营销的定义

与许多新兴学科一样，“网络营销”同样也没有一个公认的、完善的定义。广义地说，凡是以 Internet 为主要手段进行的并为达到一定营销目标的营销活动，都可称之为网络营销（或网上营销）。也就是说，网络营销贯穿于企业开展网上经营的整个过程，包括从信息发布、信息收集、网站建设与推广到开展网上交易为主的电子商务阶段，网络营销一直都是一项重要内容。

网络营销往往使人们想到通过网上进行交易活动和以网络作为销售宣传媒体的功能。事实上，目前由于网上银行和电子货币的限制，主要的网上营销活动并不是“在线交易”，而是网上的宣传活动。然而，网络营销却是一个广泛的概念，就物理手段来讲，它包括 Internet 的信息高速公路、数字电视网、电子货币支付方式等；就所包含的过程来讲，它应包括网上信息收集、网上商业宣传、电子交易、网上客户支持服务等。

为了理解网络营销的全貌，我们有必要为网络营销下一个比较合理的定义。从“营销”的角度出发，将网络营销定义为：是企业整体营销战略的一个组成部分，是建立在 Internet 基础之上、借助于 Internet 特性来实现一定营销目标的一种营销手段。

2. 对网络营销定义的认识

根据以上的网络营销定义，可以得出下列认识：

（1）网络营销不是网上销售

网上销售是网络营销发展到一定阶段产生的结果，网络营销是为实现网上销售目的而进行的一项基本活动，但网络营销本身并不等于网上销售。这可以从两个方面来说明：

① 因为网络营销的效果可能表现在多个方面。例如，企业品牌价值的提升、加强与客户之间的沟通、作为一种对外发布信息的工具等。因此，网络营销活动并不一定能实现网上直接销售的目的。但是，很可能有利于增加总的销售。

② 网上销售的推广手段也不仅仅靠网络营销，往往还要采取许多传统的方式，如传统媒体广告、发布新闻、印发宣传册等。

（2）网络营销不仅仅限于网上

因为 Internet 本身还是一个新生事物，在我国，上网人数占总人口的比例还很小，对于已经上网并有意寻找相关信息的人来说，由于种种因素的限制，在 Internet 上通过一些常规的检索办法，不一定能顺利找到所需信息，何况许多初级用户，可能根本不知道如何去查询信息。因此，一个完整的网络营销方案，除了在网上做推广之外，还很有必要利用传统营销方法进行网下推广。这可以理解为关于网络营销本身的营销，正如关于广告的广告一样。

（3）网络营销建立在传统营销理论基础之上

因为网络营销是企业整体营销战略的一个组成部分，网络营销活动不可能脱离一般营销环境而独立存在，网络营销理论是传统营销理论在 Internet 环境中的应用和发展，所以网络营销是建立在传统营销理论基础之上的营销。

（4）网络营销不等于电子商务

网络营销只是一种手段，无论传统企业还是互联网企业都需要网络营销，但网络营销本身并不是一个完整的商业交易过程。

电子商务的定义强调的往往是电子化交易的基础或形式，也可以简单地理解为电子商务就是电子交易。所以也可以说，网络营销是电子商务的基础，在具备开展电子商务的条件之前，企业同样可以开展网络营销。

3. 网络营销的特点

（1）网络营销与传统市场营销的差别

① 产品：在 Internet 上进行市场营销的产品可以是任何产品或任何服务项目；

② 价格：在 Internet 上营销的价格与传统市场营销同样要涉及相同的因素，但实际运行证明，通过 Web 进行销售时，可以把价格调整到更有竞争力的位置上；

③ 销售：网上销售具有“距离”和“时差”上的优势，改变了传统的迂回模式，采用直接模式，实现零库存、无分销商的高效动作；网络营销将营销活动倾向于买方市场，众多客户通过 Web 来寻找、提出和实现自己的购买需求；

④ 促销：Web 对促销而言就像交通工具一样，各种广告、公关都可以在 Web 上实现，而且具有更丰富的内涵（诸如动态广告、虚拟现实等）；

⑤ 决策：与传统市场营销一样，网络营销面临着对企业产品的组织、市场定价、销售渠道、物流管理、促销手段及广告管理等多方面问题，但其决策内容及响应速度更多、更快；以企业 Intranet 连接 Internet 构成的信息系统综合环境，将各种决策条件和资源有效集成，为网络营销的在线决策提供了支持。

（2）网络营销的主要特点

① 网络营销是一种以消费者为导向，强调个性化的营销方式

网络营销使得消费者将拥有比过去更大的选择自由，他们可根据自己的个性特点和需求在全球范围内找寻满足品，不受地域限制。通过进入感兴趣的企业网站或虚拟商店，消费者可获取比产品更多的相关信息，使购物更显个性。商家则可以巧妙地将我生产什么、你购买什么的传统推销模式，调整为你需要什么、我生产什么的营销模式。

这种个性消费的发展将促使企业重新考虑其营销战略，以消费者的个性需求作为提供产品及服务的出发点。此外，随着计算机辅助设计、人工智能、遥

感和遥控技术的进步，现代企业将具备以较低成本进行多品种、小批量生产的能力。但要真正实现个性化营销，还必须解决庞大的促销费用问题。网络的利用则提供了一种聚集有关参与者及其信息的环境，顾客和厂商都可以更容易地找到对方，从而减少了搜索费用。例如一家专门网上营业的零售银行，同传统的零售银行相比，具有 30%～40%的成本优势。

② 网络营销具有极强的互动性，是实现全程营销的理想工具

网络提供了一种联系顾客与厂商的纽带与桥梁，因此增加了顾客购买倾向。在网络环境中，顾客有的会积极地向自己选择的厂商提供信息，厂商则可获得关于自己现有顾客的信息，这信息的获取使厂商能够及时地调整顾客需求目标，从而提高了交易双方选中对方的能力，并提高了厂商对顾客需求的理解能力，进一步提高了增加现有产品和服务的价值。

无论是传统的销售管理，还是现代营销管理都追求全程营销，即必须由产品的设计阶段就开始充分考虑消费者的需求和意愿。然而，在实际操作中这一点往往难以做到，原因在于消费者与企业之间缺乏合适的沟通。消费者一般只能针对现有产品提出建议或批评，对尚处于概念阶段的产品则难以涉足。此外，大多数的中小企业也缺乏足够的资本用于了解消费者的各种潜在需求，他们只能凭自身能力或参照市场领导者的策略进行产品开发。而在网络环境下，即使是中小企业也可通过 BBS、在线讨论区（Disscusion areas)、电子邮件等方式，以极低成本在营销的全过程中对消费者进行及时的信息收集，消费者则有机会对产品从设计到定价和服务等一系列问题发表意见。这种双向互动的沟通方式提高了消费者的参与性和积极性，更重要的是它能使营销决策有的放矢，从根本上提高消费者满意度。

③ 网络营销能使消费者的购物更方便，提高消费者的购物效率

在传统的购物方式中，商品的买卖过程大多数是在销售地点完成的，短则几分钟，长则数小时，再加上购买者去购买场所的路途时间、购买后的返途时间及在购买地的逗留时间，无疑是大大延长了商品的买卖过程，使消费者为购买商品必须在时间和精力上做出很大的付出。然而在现代社会，随着生活节奏的加快，人们越来越珍惜闲暇时间，越来越希望在闲暇时间内从事一些有益于身心的活动，并充分地享受生活。在这种情况下，网络购物是一种良好的解决方案。

那么，网络营销是怎样简化购买过程的呢?

销售前：向消费者提供丰富生动的产品信息及相关资料（如质量认证、专家品评等)，而且界面友好清晰，易于操作执行。消费者可以在比较各种同类产品的性能价格比以后，做出购买决定；

销售中：你无须驱车到很远的商场去购物，交款时也不需排队，也无须为联系送货而与商场工作人员交涉。在网上，一切都是那么简单迅速。坐在家中即可逛虚拟的商店，用电子货币结算，省去许多麻烦。

销售后：在使用过程中发生的问题，你可以随时与厂家联系，得到来自卖方及时的技术支持和服务。

④ 网络营销能满足价格重视型消费者的需求

网络营销能为企业节省巨额的促销和流通费用，使产品成本和价格的降低成为可能。而消费者则可在全球范围内找寻最优惠的价格，甚至可绕过中间商直接向生产者订货，能以更低的价格实现购买。

总之，网络营销简化了购物环节，节省了交易的时间，提高了交易活动的效率。消费者迫切需要新的快速方便的购物方式和服务，以最大限度地满足自身需求。消费者价值观的这种变革，呼唤着网络营销的产生，而网络营销也在很大程度上满足了企业营销的需求。

4. 网络营销的策略

(1) 网络营销的产品策略

传统意义上的产品多是一种物理的概念，即实实在在的东西。而信息化社会中产品的概念会发生变化，从“物质”的概念转变为一个综合服务和满足需求的概念。也就是说，企业售出的不光是一些物质性的产品，更是一种综合服务的理念。

① 什么样的产品在网上最好销?

这个问题实际上是指什么样的商品适合在网上零售，因为对于企业间购买而言，什么样的产品都比较适合在网上销售。

要知道什么样的商品适合在网上销售时，不妨从以下几方面考虑：

商品的消费对象是否与网民结构一致？现在，上网人口主要是年轻的高收入男性、专业人士和学生。从这个角度讲，计算机软硬件、通信产品、旅游、书籍、音乐、鲜花、教育等产品比较适合网上销售。当然，网民的结构也在随时变化，现在，越来越多女性开始上网，而且网络也日渐平民化，以前似乎不适合网上销售的一些产品如服饰等也开始在网上热卖。

商品的质量标准是否比较单一？消费者是否无须近距离接触就能比较清楚地了解其质量？从这个角度讲，名牌的家电、书籍等可能比较适合网上交易，而过于个性的服装则不适合。

你的商品以传统方式购买是否特别费事？或很难找到？这里，网络就可以发挥其信息收集与检索的优势了。比如，网上的二手货买卖，互联网能轻易地把众多的买主与卖主集合在一起交易，能让买方通过检索方便地发现自己所需的商品。

考虑到配送成本，你的商品在目标市场与别的商店，包括网下的商店比是否还具有价格优势，从这个角度讲，各种“软”产品，如教育、咨询、证券交易、软件、音乐等特别适合网上交易，一些体积小、价值高或与目标市场差价特别大的商品，如手工艺术品等也适合在网上销售。

考虑什么产品适合在网上销售，要结合以上因素综合考虑。

② 网上的产品开发战略

电子商务带来的一大变化就是消费者主权，消费者不仅可以挑选信息、挑选商品，而且还可以自己参与商品设计。

以批量生产的成本为消费者提供“量身定做”的产品是电子商务的一大优势，其技术基础就在于互联网为买卖双方提供了一种即时互动的低廉的沟通手段和生产高度的自动化。

目前，“量身定做”的方式主要是由企业提供一些半产品，如各种模板或部件，再让消费者根据自己的需要和爱好修改模板或选择部件的组合，如“戴尔”公司的电脑订制。

为了在交货时间、价格上保持竞争力，企业应把产品的部件尽可能的标准化，同时自动化处理“个性化”部分。

③ 网上的产品生命周期策略

产品的极端个性化将导致产品生命周期的消失，虽然目前还不可能达到这一步，但毫无疑义的是，产品生命周期将越来越短。随着技术在网上的快速扩散，新产品开发速度越来越快，企业不能等到某产品已显败象时才想到开发新产品，而应在现产品的兴盛时期就推出新产品。

(2) 网络营销的价格策略

① 产品定价策略的变化

传统商品的定价策略基本上是按：“生产成本＋生产利润＋商业利润＋品牌系数”来确定的。在这种价格策略中，生产厂家对价格起着主导作用。但这种价格策略能否为消费者和市场接受是一个具有很大风险的未知数。

而新型的4C's组合则相反，根据消费者和市场的需求来计算满足这种需求的产品和成本。由这种成本开发出来的产品和制定的产品价格风险相对是较小的。这种由成本定价到满足需求定价的过程可表示如下：

成本定价：产品及功能设计→生产成本＋生产利润＋商业利润＋品牌系数→产品价格。

满足需求定价：消费者需求→产品功能→生产与商业成本→市场可以接受的性能价格比。

② 价格策略

• 低价策略

由于网上的周转时间比较短，因此仓储费用和销售费用相对要低廉，企业能在很短时间内实现销售。目前许多网上商品的定价大多采用成本加一定利润，有的甚至是零利润或负利润（网站也是媒体，顾客踊跃就有广告价值，从供应商付的广告费中可弥补负差价）。

• 折扣策略

为吸引更多的人到网上购买，对于公开定价商品采用折扣策略。如 Amazon

的图书价格一般都要进行折扣，而且折扣价格达到 3～5 折；或根据顾客累计购买量自动打折；或在“联合购买”的站点，如“酷必得”上（http：//www.coolbid.com）根据不同的购买量提供不同的折扣。

• 促销价格

由于网上的消费者面广泛，而且具有很大购买能力，许多企业为打开网上销售局面和推广新产品，采用临时促销定价策略。促销定价除了前面提到的折扣策略外，比较常用的是有奖销售和附带赠品销售。

• 拍卖竞价

网上拍卖是目前发展比较快的领域，经济学认为市场要形成最合理价格，拍卖竞争价是最合理方式。网上拍卖由消费者通过互联网轮流公开竞价，在规定时间内价高者赢得。目前国外比较有名的拍卖网站是 http：//www.ebay.com，它允许商品公开拍卖，拍卖竞价者只需要在网上进行登记即可，拍卖方只需将拍卖品的相关信息提交给 eBay 公司，经公司审查合格后即可上网拍卖，国内比较有名的网上拍卖网站有易必得（http：//www.ebid.com.cn）、拍得（http：//www.paide.com）、大中华拍卖网（http：//www.ibid.com.cn）等。

• 按需定价策略

企业可通过提供定做服务，根据消费者选择的产品功能配置而实行不同的价格。以独特商品获取高价，而且满足顾客个性化需求。

• 买家出价，卖方应价策略

由买方先提出愿意为商品与服务支付多少费用，卖方看能否接受，这是一种全新的价格策略，如“价格线”（http：//www.priceline.com）。

• 品牌定价策略

产品的品牌和质量会成为影响价格的主要因素，它能够对顾客产生很大的影响。如果产品具有良好的品牌形象，那么产品的价格将会产生很大的品牌增值效应。名牌商品采用“优质高价”策略，既增加了盈利，又让消费者在心理上感到满足。对于这种本身具有很大的品牌效应的产品，由于得到人们的认可，在网站产品的定价中，完全可以对品牌效应进行扩展和延伸，利用网络宣传与传统销售的结合，产生整合效应。

（3）网络营销的渠道策略

营销渠道是商品和服务从生产者向消费者转移过程的具体通道或路径。网络虽然缩补了人们的沟通距离，但并没有缩短人们与商品的物理距离，即使开展电子商务，中间渠道的作用也是必要的。

① 配送中心

这实际上是传统销售模式的网络版，把商品集中配送到各配送中心，再由配送中心送到消费者手中可能要比直接送到消费者手中要省钱得多。比如，现在流行的所谓“BtoBtoC”的模式，即由网上商店把商品送到居委会或邮局等中间环节，再由消费者自己去取就是此方面的一个实例。

② 服务中心

比如，一个家电企业可以在网上直销商品，但由分布各地的维修点负责维修。

③ 销售中介

根据统计，一般消费者平时经常浏览的站点不超过 10 个，虽然网上有很多工具帮助消费者发现直接卖主，但这是需要付出代价的，所以大部分消费者在大多数时候都不一定会千方百计去找直接厂家，这样，中介的作用就体现出来了。目前，网上营销的一个流行趋势就是会员制营销，即让会员站点帮自己一起销售商品。

11.3　电子商务的发展状况

电子商务已经在全世界范围内形成了广泛的共识，各国政府都在加紧建设本国的电子商务体系。我国的电子商务框架也正在逐步建立，电子商务的概念、体系结构、应用领域、核心技术都在逐渐完善。

11.3.1　电子商务在国际上的发展及应用

在 1997 年底世界瞩目的亚太经合组织非正式会议上，美国总统克林顿提出了一个议案，敦促世界各国共同促进电子商务的发展，这个议案已经引起全球首脑的关注。在 1998 年的亚太经合组织领导人非正式会议上，江泽民指出电子商务代表着未来贸易方式的发展方向，其应用推广将给各成员国带来更多的贸易机会。IBM、HP、SUN 等国际著名的 IT 行业厂商更是宣布 1998 年为电子商务年，认定电子商务是一个前所未有的大市场，他们纷纷向世界各地投资，投入到各地的电子商务建设上去，推动着电子商务迅猛发展。

在发达国家，通过 Internet 进行交易已经成为一种时尚与潮流。基于电子商务而推出的商品交易系统方案、金融电子化方案与信息安全方案等，出现了许多新兴产业，给信息技术带来了新的机会，并逐渐成为国际信息技术市场竞争的焦点。由于电子商务的快速发展，社会经济发展与就业市场的面貌也将经历巨大的变化。电子商务正在或将要改变许多人（最终是所有人）的日常生活方式和工作模式。我们可以从全球经济较为发达的美国和欧洲地区来分析一下电子商务的应用状况。

1. 美国

1997 年 1 月，当时的美国总统克林顿对美国国民说：“在 19 世纪，我们决定把美国从东海岸扩展到西海岸；在 20 世纪初，我们决定利用工业革命的技术成果，这些决定都带来了巨大的变化；在 21 世纪初，我们要做出的选择就是：加强信息时代和全球社会的力量，发挥全体人民的无穷潜力，建设一个更加完美的联邦。”据有关调查结果显示，美国的互联网用户约为2.4亿，渗透率高达74.9%。其中，已经有约3/4的互联网用户属于网购人群，网购渗透率达到71.6%。美国2012年电子商务销售额为2255万美金（约为1.4万亿人民币），比2011年增长14.8%。美国移动互联网发展迅速，来自移动端的交易额也是逐年上涨，并且这一趋势在未来相当长的一段时间内都将持续。未来，移动互联网将不仅带来电子商务交易额的增加，也将使得电子商务的交易方式发生一些改变。数据显示：2012年移动端的成交额为250亿美金（约合1550亿人民币），比2011年增长56.5%。2012年，来自移动端的交易额占比达到11%，预计2017年将提升到25%。

2. 欧洲地区

有人说：“欧洲人在二次大战时，靠战争成了世界政治的中心，却也丢掉了成为世界经济中心的机会。”现在欧洲人正在积极地行动起来，因为他们不想再失去一次机会。2013年6月18日消息，据最新全球电子商务报告显示，2012年欧洲电子商务增长16.62%，达到3022亿美元。

欧洲2012年电子零售的增长情况表现小幅度胜过美国。据总部位于英国的零售研究中心报告，2012年欧洲在线销售总额为3022亿美元，比2011年的2604.1亿美元增长了16.62%。相比较，美国商务部的报告显示，美国电子商务年增长率为15.9%，从2011年的1946.1亿美元增长到了2012年的2255.4亿美元。

根据发布的2013年欧洲电子商务500强年度报告，欧洲领先的电子零售商取得了不错的成绩，集体增加了17%的网络销售，达到1227.4亿美元。此份2013年最新版报告项目涵盖了邮件营销竞争数据、社交网络关系、月度流量及UV、来自搜索引擎的流量比例、欧洲18个最大国家在线销售统计和互联网使用及人口分布详图、欧洲500强组织近800名电商高管的信息等，多方面概括了欧洲电子商务发展迅速、市场广阔、潜力巨大，但同时困难重重、风险犹存等现状。

欧洲电子商务企业500强中有40家是总部位于美国的公司，它们在2012年的集体销售额为253.9亿美元，同比增长了13.7%，占领了欧洲市场22.1%的份额。

11.3.2 电子商务在我国的发展与应用

1. 我国电子商务的发展现状

我国政府早在20世纪80年代就开始关注世界信息化的潮流，关注信息技术的发展及应用。1993年开始兴建的“三金”工程，即“金桥”、“金关”和“金卡”，为中国电子商务的发展打下了良好基础。

“金桥”工程又称经济信息通信网工程，实施的目的是建设国家公用经济信息通信网，是实施国民经济信息化的基础设施，也被认为是我国信息高速公路的雏形。“金关”工程又称海关联网工程，其目标是推广 EDI 技术，实现货物通关自动化、国际贸易无纸化。“金卡”工程又称电子货币工程，是实现金融电子化和商业流通现代化的必要手段。“三金”工程的建设无疑为电子商务的发展提供了必要的技术条件。以后，我国又陆续提出了一系列金字开头的工程，包括“金税”、“金卫”、“金农”等，都与电子商务的实施密切相关。特别是 1998 年推出的“金贸”工程，该项工程以电子商务为主要内容，在构架我国电子商务系统的同时，还担负着研究制定我国电子商务发展的总体规划和政策法规的任务。

在具体的电子商务工程与技术的实施与应用上，近年来我国已取得了一系列成果。

1996 年 2 月，我国成立了中国国际电子商务中心，负责研究、建设和运营中国国际电子商务工程。目前，中国国际电子商务网已经建成由通信平台、数据交换平台、信息平台构架电子商务网络环境。同时，借助中国电信公用网实现了与联合国全球贸易网等国际商务网络的连接，并在主要城市开通了节点，初步形成了覆盖全国、连通世界的国家外经贸专业网。

1997 年，中国化工信息网正式在互联网上提供商务服务，这被人们看作是我国电子商务的正式发端。近年来，伴随着我国国民经济的快速发展以及国民经济和社会发展信息化的不断进步，我国电子商务行业虽然历经曲折却仍然取得骄人成绩。根据商务部所发布的《中国电子商务发展报告（2012）》，2012 年我国电子商务交易额突破 8 万亿元，仅次于美国，成为目前世界第二大网购市场，自 2003 年以来年复合增长率达到 120%。

2. 当前我国电子商务特点

我国近年来的电子商务交易额增长率一直保持快速增长势头，并以 GDP 的 2～3 倍的速率在增长。网络零售市场更是发展迅速，2012 年达到 13110 亿元，按汇率计算合计 2068 亿美元，与美国 2012 年的 2255 亿美元已经非常接近。2012 年 11 月 11 日，阿里巴巴“双十一”节日交易额达到 191 亿元，更是让人们看到我国网络零售市场发展的巨大潜力。毫无疑问，电子商务正在成为拉动国民经济保持快速可持续增长的重要动力和引擎。下面介绍当前我国电子商务的特点：

（1）企业、行业信息化快速发展，为加快电子商务应用奠定坚实基础

近年来，在国家大力推进信息化和工业化融合的环境下，我国服务行业、企业加快信息化建设步伐，电子商务应用需求变得日益强劲。根据国家统计局的调查，2011 年我国 58754 家大中型企业拥有企业网站数量为 39162 个，平均每个企业拥有 0.67 个网站。大中型工业企业的业务应用重点是加强电子商

务在需求计划、物资储备、采购供应链管理、供应商管理等采购管理环节的作用。就工业行业来看，近年来计算机、通信等多种设备制造业，汽车制造以及黑色金属冶炼和加工行业在开展电子商务交易应用（含电子商务采购、电子商务销售）方面比较积极。

(2) 电子商务服务业迅猛发展，初步形成功能完善的业态体系

从电子商务交易情况来看，近年来出现了一些新的发展趋势。一是发展模式不断演变。近年来 B2B 与 B2C 加速整合，并由信息平台向交易平台转变。就零售市场来看，C2C 占据主流，但 B2C 在不断扩大市场份额。团购在热闹一阵之后很快趋于平静，其前景不明；但是移动购物开始发力，将来的影响值得期待。二是零售电子商务平台化趋势日益明显。具体包括三种情况：追求全品类覆盖的综合性平台，专注细分市场的垂直型平台，大型企业自营网站逐渐向第三方平台转变。三是平台之间竞争激烈，市场日益集中。以阿里巴巴（淘宝、天猫）、京东商城为第一梯队拉开了与其他中小型电子商务企业的差距，电商平台的寡头竞争局面初步形成。

从支撑性电子商务服务业来看，近年来出现了不少重大的变化，将对未来现代服务业发展产生重要影响。这些变化具体包括以下几个方面：一、各方面的功能日益独立显现，呈现高度分工的局面。在这方面，物流、电子支付两个领域的发展非常显著，规模快速膨胀，市场竞争非常激烈，成为支撑电子商务深入发展的两大重要支撑力量。另外，第三方支付牌照以及整个市场的不断规范，将为其他网络交易（如政府）和企事业公共服务收费（如支付水电、燃气、物业、电话费等业务）提供更加完善的渠道，并为平台企业开展金融增值服务提供强有力的手段，有望成为未来促进金融创新的亮点。二、新一代信息技术在电子商务服务中得到快速应用。除了已经得到大量应用的以 RFID 为代表的物联网技术外，大数据正逐渐让数据挖掘发挥其精准营销功能。传统的数据挖掘技术已经难以应付电子商务快速发展的局面，为此阿里巴巴、京东商城等几家大型电子商务企业正在开展大数据的相关应用，大数据的作用将日益显现。云计算也开始在电子商务平台企业中得到应用，阿里巴巴建立了聚石塔，京东商城则投资 40 亿元分别在内蒙古、江苏建设自己的云中心基地，并开发了名为“云鼎”的云计算架构平台。三、电子商务平台的功能日益全能化。阿里巴巴、京东商城、易迅等都在着力建立和完善自己的物流快递体系，而第三方支付牌照也让各自平台拥有基于自身支付工具的交易手段。在其他支撑性服务方面，也都存在类似的情况和趋势。

(3) 电子商务区域发展不平衡情况显著

根据中国互联网络信息中心的调查，开展在线销售应用的企业主要集中在东部地区，该比例高于整体受访企业中的东部地区企业数量比例，而中部、西部地区在线销售企业比例均低于其整体占比。另一方面，电子商务服务企业主

要集中在长三角、珠三角和北京等经济发达地区，而且出现企业日益集中的趋势。出现这种局面的原因主要有：良好的经济发展基础和交通基础设施条件，地方政府支持，相对成熟的环境。

(4) 跨境电子交易获得快速发展

在国际经济形势持续不振的环境下，我国中小外贸企业跨境电子商务仍然逆势而为，近年来保持了30%的年均增速，成为世界跨境电子商务第一大国。有关部门正在加紧完善促进跨境网上交易对平台、物流、支付结算、海关商检等方面的配套政策措施，促进跨境电子商务模式不断创新，出现了一站式推广、平台化运营、网络购物业务与会展相结合等模式，使得越来越多的中国制造产品得以通过在线外贸平台走向国外市场，从而有力地推动了跨境电子商务向纵深发展。

(5) 电子商务形成新的治理结构

全社会几乎所有的产品和服务都日益集中到为数不多的几个大型电子商务平台，所有的产品与服务提供企业都面临着同样的电商平台，这时电商平台就具有了一种超然的地位，发挥着企业前台的角色。而对产品与服务提供企业来说，则面临着一种更加不同的环境，不仅要接受来自社会和政府职能部门的监管，还要接受电商平台的规则制约。因此，电商平台企业实际上发挥着一种公共监管者的职能，从而形成一种独特的电子商务治理结构。这种治理结构对我们是一个全新挑战，必须对此进行充分的理论研究和政策分析。

(6) 电子商务经济发展环境在不断改善

为促进电子商务经济发展，近年来各部门都基于各自职能采取了诸多的政策措施。国家发改委、商务部于 2012 年 5 月在全国开展了建设电子商务试点城市和试点基地的活动，中国人民银行在 2010 年通过了《非金融机构支付服务管理办法》，并从 2011 年开始多批次地颁发了将近 200 张第三方支付牌照。2012 年是我国出台电子商务环境举措最为密集的一年，将对促进今后我国电子商务经济的发展产生重要的影响。

阅读资料：

联想电子商务

作为电子商务的前期工作，首先是软件基础建设方面。联想开始建设企业核心的业务管理应用系统和电子商务网站。为了整顿内部管理，提高工作效率，联想开始考虑实施 ERP。ERP 是企业资源计划，它将企业内部原材料采购、生产计划、制造、订单处理与交付等环节有机地联系在一起，使得企业对供货流程的管理更加科学、规范、高效；同时由于它能够对库存的数量和金额进行实时监控，能够有效地提高决策支持以及财务核算的效率，因此它是企业实施电子商务最基础、最核心的支撑系统。

通过R/3系统的实施，联想在企业信息功能和结构方面制定了统一的业务标准，建立了统一的信息平台，并利用这个平台，对整个公司的信息流进行统一的规划和建设。公司的财务管理、销售管理、库存管理等多个环节被集成在一个信息系统里，减少了数据冗余，并且信息流动更加有序和安全。由于系统高度集成，用户订单、库存、采购等业务流程中的数据能够实时更新，并能在用户之间集成和共享，同时又降低了运作成本，提高了盈利水平和工作效率。例如，财务结账日由原来的20天降低到1天，仅财务结算项目成本就减少了9成。

在加强内部信息化建设、实施ERP的同时，联想也没有忽视自身品牌的宣传和企业形象的树立。为了及时向外发布企业信息，让越来越多的人了解企业，联想还建立了实现互动的外部网站，在电子商务领域内迅速占领了一席之地。外部主页既是企业对外进行品牌宣传、信息和产品发布的窗口，也是企业进行电子商务、电子服务的必需工具。联想的外部主页不仅仅是一本电子版的杂志，它包含很多技术成分：联想电子商务网站系统的配置非常讲究，还在网站上配置了防火墙、负载均衡设备和数据交换服务器等设备。联想最近开发了一个叫i—Cache的服务器，它利用计算机高速缓存的原理以及这样一个事实——对Web的访问请求80%集中于20%的页面上来设计的，在系统中增配了此设备，测试速度可相当于增加带宽10倍以上。由于联想网站的用户访问请求响应速度快，页面设置合理，内容丰富多彩，不仅吸引了大量用户，而且还大大提高了品牌的知名度，及时地树立了企业的电子商务形象。

这时，联想的电子商务已经具备了基本框架，有网络硬件和信息环境作基础，有ERP完善企业内部管理以及电子商务网站做宣传。

接下来，联想开始了电子商务的三个核心部分的设计，即CRM、SCM以及PDM这三个直接增值环节。

客户关系管理（CRM）就是通过构筑客户信息数据库，建立企业与每一个用户之间一致的界面，用户的每一次访问（不论是Web、电话还是现场）都被记录下来，用以分析其使用需求和访问习惯，以便于个性化地定制产品和网页；企业不同部门的人对用户的拜访也被记录下来，用以了解用户全面的需求和心理；客户的咨询服务只要拨同一个电话就会自动转接到相关人员那里，而且此人能够立即获取已购设备的用户以前的服务和维修的记录，便于向客户解答；也可以设计主动去了解用户对企业的需求和对产品的满意度，并有针对性地去提供他所愿意要的相关产品，从而大大提高企业的效率和客户满意度。

供应链管理（SCM）是在ERP基础上通过构筑与前端客户以及后端供应商的互动系统，来实现产品供应的通畅、合理、高效，既满足供应，又不保留大量库存进而积压，保持供应的高弹性。比如联想正在建设的第三代电子商务系统，将企业和代理商紧密地联系在一起。代理商可以通过Web了解到当前各产品的供货周期、订单的执行情况、资金状况，而联想则可以即时了解各代理商每个产品的库存情况、销售情况，通过统计分析做出新的市场决策，大大提高了决策的准确性和时效性。同时，在此模块实施过程中，联想还将其中的应用成熟的模块，诸如网上订单处理、网上信用管理、网上支付提炼成 i-order、i-Cred it、i-Payment 这样的产品，用以支撑自身的系统集成业务，给其他企业提供服务。

产品研发管理（PDM），就是通过构筑产品信息数据库，建立一个统一的产品研发系统平台。在这个平台上，所有参与设计的人员通过浏览器就可以共享所有的设计文档与信息，就可以共同完成某种产品的开发设计工作。这样，联想的用户和合作伙伴都可以跨越时空的限制，参与到联想产品研发设计的各个环节中来，使产品从一开始设计就充分体现用户的需求，这样生产出来的产品才能够真正让用户满意。同时，产品的设计信息将直接进入生产制造系统，与供应链上的采购、生产、销售、商务等各个环节自动连接起来，从而简化工作流程，大大缩短了新产品从创意到上市的时间周期。

正是由于 CRM、SCM、PDM 等模块的实施，帮助企业实现高效率、低成本，高度满足客户个性化的需求和满意度。联想通过 E 化的方式，使产品的设计和市场的需要趋于一致，并缩短了企业和客户之间的距离，真正实现了电子商务更丰实的内涵。

本章小结

本章概要地介绍了电子商务相关内容，结合电子商务运作的规律，从电子商务基于实务的原则出发，理论联系实际，介绍了电子商务的起源、基本模式和安全技术，并介绍了电子商务的电子支付、物流、网络营销等内容，最后介绍了电子商务在我国的发展现状。

复习与思考

1. 简述电子商务概念模型（信息流、资金流、物流之间的关系）。
2. 简述发展电子商务给企业带来的效益。
3. 试说明网络营销与电子商务的关系。
4. 通过上网查询，举出几个电子商务应用的实例，分析其经营的模式和市场切入点，并分析其前景。
5. 有哪些社会因素和技术因素影响电子商务的发展？
6. 试阐述政府在发展电子商务中的作用。

第12章　决策支持系统

【本章要点】

- 决策支持系统的定义、结构、组成情况
- 决策支持系统的产生和发展
- 决策支持系统（DSS）的定义
- 决策支持系统的功能与组成

章首案例：

F1维修站里的秘密

2014年4月，上海举办了F1比赛（世界一级方程式大奖赛）。从当年的车王塞纳，到大舒马赫，再到现在的维特尔、巴顿等，他们在F1比赛中的精彩表现吸引了众多观众。

F1最神秘的地方，很多人觉得就是维修站。每场比赛都会有两三次的进站换轮胎及调整赛车。数不清的赛车超越源于车手在进站时接收到的策略被完美执行。这些策略除了来自经验判断，也必须来自数据。所有数据的采集、整理、强大的分析以及最终精明的决策，都在那不大的维修站中完成。

现场车队中的工程师差不多有10到12个来完成比赛中数据采集和分析的工作。除此之外，还会有一支额外的支持工程师团队在总部的技术中心，通过维修站的控制墙与前方支持团队沟通，他们分工非常明确，大部分是负责数据实时分析及决策支持。比赛中，有一个特殊的角色叫“比赛工程师”，只有他可以与车手对话、布置战术，所有指令和沟通都是由比赛工程师发出的。

工程师们需要处理的数据分为三类：历史数据、赛前测试数据和实时数据。对于上海站而言，最有价值的历史数据就是该车手在上海赛道的以往各种数据集合。一辆F1赛车上基本上会有150～200个传感器，一站下来的所有数据将达到3T之多。这些数据非常详尽，比如在第5圈第4弯的胎压是多少，当时用的油量是多少，车子的速度、刹车的情况等。最有趣的是连哪个时候，车手出多少汗都能测量出来。工程师对这些历史数据进行整理和分析，可以在赛前为车手创建特有的策略，比如根据空气动力学设置赛车，什么时候使用什么轮胎，何时进站等。

赛车的实时性能监控是比赛的关键，所有核心数据都集中显示在数据仪表盘上。实时比赛数据来自于赛车的传感器、GPS等，都是实时的采集、加工和分析。这些数据包括名次、领先时间、最快及当前圈时间、燃油情况及预测燃油耗尽圈数等信息以及上一次进站消耗的时间、胎压信息等。工程师们会基于燃料、胎压、轮胎磨损及各零部件数据去预测什么时候需要进站。数据仪表盘还可以进行驾驶行为监控，比如当前速度及档位、油门及刹车的使用都会有效反映在上面。同时，数据仪表盘还会显示赛道布局及弯道所有编号，风力情况，天气情况，乃至赛道温度。这些实时数据都是决策的重要指标，用以决定使用什么样的轮胎和空气动力学设置以及进站策略等决策行为。

F1维修站里的数据分析和决策体现了信息系统如何改善决策。F1车队用信息系统帮助解决选择什么样的轮胎和空气动力学设置，乃至进站策略等决策问题，为车手在比赛中取得理想成绩奠定了基础。

本章关注企业如何使用信息系统改善决策。多种信息系统直接改善决策，遍及公司各层级，从主管层级到顾客服务中心和工厂车间，甚至帮顾客做出更好的决策。

12.1　决策支持系统的概念

12.1.1　决策支持系统的产生和发展

1. 决策支持系统产生的背景

20世纪60年代末70年代初出现的MIS为人们对信息系统在管理领域的发展带来了巨大的希望，它使各企事业单位的管理由原来人工处理大量烦琐的事务变成了计算机的科学管理，从而使管理提高到新的水平。随着时间的推移，人们发现它并不像预期的那样能带给企业巨大的利润。

究其原因，一方面是其刻板的结构化系统分析方法、漫长的生命周期以及以信息为导向的开发模式，使传统的MIS难以适应多变的外部及内部管理环境。另一方面，早期的管理信息系统提高的仅仅是效率而非效益，当企业在经营中决策出现问题的时候采用信息系统导致的损失远远大于传统手工，因此如何做有效的事情才是决策者和今后管理信息系统要面对的事情。还有就是忽视人在管理领域和系统处理中的作用以及没有强调对决策工作的积极支持。

信息系统的最终目的是为管理服务的，而管理的重要任务之一是决策，只有当一个信息系统与管理、决策和控制联系在一起时才能发挥其效益。系统分析人员和信息系统本身都不是企图取代决策者做出决策，支持决策才是他们正确的地位。于是人们自然期望一种新的用于管理的信息系统，它在某种程度上可以克服以上缺点，为决策者提供一种切实可行的帮助。70年代起推出的用来支持决策的各种系统呼应了这种需求。

2. 决策支持系统的发展过程

70年代中期Keen和Scott Morton首次提出了“决策支持系统”（Decision Support Systems，简称DSS）一词，标志着利用计算机与信息支持决策的研究与应用进入了一个新的阶段。

到70年代末，DSS一词已经非常流行，一般认为DSS是结合与利用计算机强大的信息处理能力和人的灵活判断能力，以交互方式支持决策者解决半结构化和非结构化决策问题的系统。当时的DSS大都由模型库、数据库及人机交互系统等三个部件组成，被称为初级决策支持系统。80年代初，DSS增加了知识库与方法库，构成了三库系统或四库系统。知识库系统是有关规则、因果关系及经验等知识的获取、解释、表示、推理及管理与维护的系统。知识库系统知识的获取是一大难题，但几乎与DSS同时发展起来的专家系统在此方面有所进展。方法库系统是以程序方式管理和维护各种决策常用的方法和算法的系统。

80年代后期，人工神经元网络及机器学习等技术的研究与应用为知识的学习与获取开辟了新的途径。专家系统与DSS相结合，充分利用专家系统定性分析与DSS定量分析的优点，形成了智能决策支持系统IDSS，提高了DSS支持非结构化决策问题的能力。DSS与计算机网络技术结合构成了新型的能供异地决策者共同参与进行决策的群体决策支持系统GDSS。

进入90年代后，计算机技术的快速发展为DSS的进一步完善提供了技术环境的支持。传统的数据库解决日常事务非常理想，但是用户的需求慢慢地发生了变化，如对数据的存取频率越来越高，需要对历史数据进行分析等，而传统的数据库已经不能满足这些需求。数据仓库技术的出现很好地解决了这些问题，它为DSS的海量数据提供了适当的组织形式。

随后出现了数据挖掘技术。数据挖掘技术就是从数据库或数据仓库中挖掘出潜在的、事先未知的、对决策有用的知识来辅助决策。E. F. Codd于1993年提出了联机分析处理（On-Line Analytical Processing，简称OLAP）概念，OLAP是对多维数据仓库中的数据进行查询分析的工具，在深入了解数据的基础之上将数据转化成能够辅助决策的信息。数据仓库、联机分析处理、数据挖掘三者结合的模式逐渐成为新决策支持系统的基本结构。

12.1.2 决策支持系统的功能与定义

决策是人们在改造客观世界中为实现主观目的而进行策略或方案选择的一种行为，它必然带有决策者的大量主观因素。有些结构化的决策问题可较容易地借助计算机来实现，但这种情况是少数。现实世界中更多的决策问题，例如，维系企业生存与发展的战略规划的制定、投资方向的选择是无法用明确表达的规则来解决的，这些半结构化或非结构化决策问题的解决主要依赖于决策者经验的分析与判断。

DSS 的目标就是要在人的分析和判断能力的基础上，借助计算机与科学方法支持决策者对半结构化和非结构化问题进行有序的决策，以获得尽可能令人满意的客观的解决方案。DSS 目标要通过所提供的功能来实现，系统的功能由系统结构决定，不同结构的 DSS 功能不尽相同，大致体现为：DSS 能为决策者提供决策所需的数据、信息和背景资料，帮助明确决策目标和进行问题的识别，建立或修改决策模型，提供各种备选方案，并对各种方案进行评价和选优，通过人机对话进行分析、比较和判断，为正确决策提供有益帮助。

有关 DSS 的严格定义目前还是一个值得进一步探讨的问题。DSS 的概念是 20 世纪 70 年代早期 M. S. Scott Morton 教授最早提出的，当时称之为“管理决策系统”。他把这样的系统定义为“基于计算机的交互系统，用以帮助决策者使用数据和模型去解决结构化较差的问题”。而后经 Keen 和 Scott Morton 修正，所做的经典定义如下：“DSS 把个人的智能资源和计算机的能力结合在一块以改善决策的质量，它是基于计算机的支持系统，用以帮助决策者处理半结构化问题。”上述定义后经 Little、Alter、Moore、Bonczek、Keen 以及 Turban 等人的不断完善后，概括为：DSS 是以管理科学、运筹学、控制论和行为科学为基础，以计算机技术、模拟技术和信息技术为手段，面对半结构化问题，支持决策活动的具有智能作用的人机系统。它能为决策者提供决策所需要的数据、信息和背景资料，帮助明确决策目标和进行问题的识别，建立或修改决策模型，提供各种备选方案，并对各种方案进行评价和选优，通过人机对话进行分析、比较和判断，为正确决策提供有益的帮助。

12.1.3　决策支持系统与管理信息系统的区别

虽然说决策支持系统是在传统的管理信息系统基础上形成和发展起来的，属于管理信息系统发展的高级阶段，但是它们在处理问题的方法以及系统的结构上仍然有较大的不同。

（1）管理信息系统是面向组织中的中层管理人员，处理的是结构化的信息流；而决策支持系统则面向组织中的高层和中层管理人员，支持半结构化决策和非结构化决策，辅助管理决策。

（2）就系统目标而言，决策支持系统目标更明确。管理信息系统在组织总的控制下为管理者提供日常的数据和帮助，决策支持系统则主要集中在像排队、评估、资源分配等专门的决策问题上。

（3）在系统分析上，管理信息系统主要是确定信息需求；而决策支持系统则是要根据决策问题，确定并建立决策过程中将要使用的分析模型。

（4）从原理上讲，决策支持系统在运行过程中，允许终端用户控制数据、分析模型和对话，针对同一问题，使用者选取不同的分析模型，采集不同的数据，得到不同的方案，由此产生多个可供选择的行动方案。

（5）决策支持系统的运行是由它的使用者控制的；而管理信息系统则主要是基于固定的信息需求，由专门人员控制的，像系统分析员、系统设计员和系统程序员等，用户最终获得的信息是由这些专业人员决定的。

（6）决策支持系统更强调灵活性、多变性和快速响应，决策支持系统相对于管理信息系统更多地用到模型、假设和图形等。

（7）管理信息系统的开发一般使用生命周期法，决策支持系统使用原型法。

12.1.4 决策支持系统的特点

决策支持系统的主要特点可以归纳如下：

（1）面向决策者。DSS的输入和输出、起源和归宿都是决策者。

（2）主要帮助管理人员完成半结构化的决策问题。这些问题得不到电子数据处理和管理信息系统的支持，而DSS可以解决一部分问题。

（3）强调支持的概念。DSS必须是辅助和支持管理人员，力求扩展决策者做出科学决策的能力，而不是取而代之。因此，计算机既不应该试图提供答案，也不应该给决策者强加一套预先规定的分析顺序。

（4）模型和用户共同驱动。决策过程是动态的，是根据决策的不同层次、周围环境、用户要求以及现阶段人们对决策问题的理解和已获得的知识等动态确定的。

（5）强调交互式的处理方法。通过大量的、反复、经常性的人机对话方式将计算机系统无法处理的因素（如人的偏好、主观判断能力、经验、价值观等）输入计算机，并依次来规定和影响决策的进程，让决策者在依据自己的实际经验和洞察力的基础上，主动利用各种支持功能，在人机交互过程中反复地学习和探索，最后根据自己的“主观判断”选择一个合适的方案。

12.2 决策支持系统的基本架构

DSS部件之间的关系构成了DSS的系统结构，系统的功能主要由系统结构决定，具有不同功能特色的DSS，其系统结构不同。现在，对决策支持系统的结构比较经典的提法是：DSS=三库系统+对话系统（人机界面）。

三库系统是指：数据库系统、模型库系统、方法库系统。决策支持系统基本结构如图12-1所示。

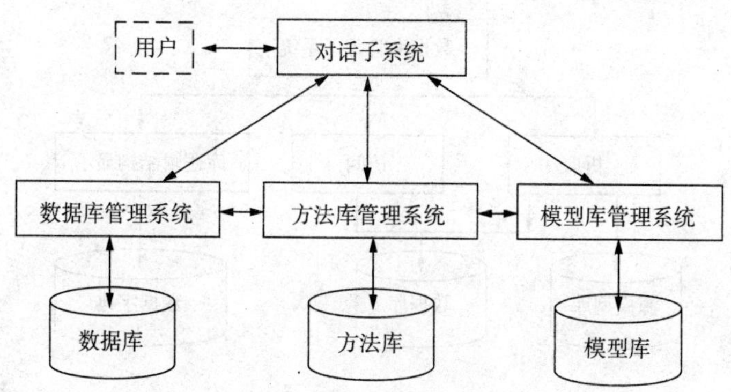

图 12－1　决策支持系统基本结构

图 12－1 中的工作流程大致如下：

（1）对话管理子系统是 DSS 人机接口界面。

（2）决策者作为 DSS 的用户通过该子系统提出信息查询的请求或决策支持的请求。

（3）对话管理子系统对接收到的请求做检验，形成命令，为信息查询的请求进行数据库操作，提取信息，将所得信息传送给用户。

（4）对决策支持的请求将识别问题与构建模型，从方法库中选择算法，从数据库读取数据，运行模型库中的模型，运行结果通过对话子系统传送给用户或暂存数据库待用。

12.2.1　人机对话子系统

人机对话子系统是 DSS 中用户和计算机的接口，在操作者、模型库、数据库和方法库之间起着传送（包括转换）命令和数据的重要作用，其核心是人机界面。它是 DSS 不可缺少的重要组成部分，是连接人与系统的中间纽带；它把用户与数据库、模型库、知识库和方法库有机地连成一个整体。决策者要对各库进行操作和控制时，一方面要向系统提供信息、提出任务要求；另一方面系统在解答任务时也可能向人索取所需要的补充信息。

12.2.2　数据库子系统

1. 数据库子系统的概念

数据库子系统是负责存储、管理、提供与维护用于决策支持的数据的 DSS 基本部件，是支撑模型库子系统及方法库子系统的基础。

2. 数据库子系统的组成

由数据库、数据析取模块、数据字典、数据库管理系统及数据查询模块等部件组成，如图 12－2 所示。

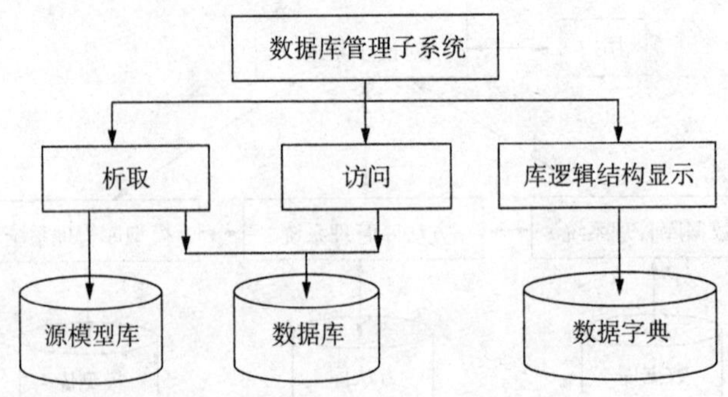

图 12-2 数据库子系统结构

(1) 数据库

DSS 数据库中存放的数据大部分来源于 MIS 等信息系统的数据库，这些数据库被称为源数据库。源数据库与 DSS 数据库的区别在于用途与层次的不同，是模型库、方法库和对话系统的基础部分。

(2) 数据析取模块

数据析取模块负责从源数据库提取能用于决策支持的数据，析取过程也是对源数据进行加工的过程，是选择、浓缩与转换数据的过程。

(3) 数据字典

用于描述与维护各数据项的属性、来龙去脉及相互关系。也可被看作是数据库的一部分。

(4) 数据库管理系统

用于管理、提供与维护数据库中的数据，也是与其他子系统的接口。

(5) 数据查询模块

用来解释来自人机对话及模型库等子系统的数据请求，通过查阅数据字典确定如何满足这些请求，并详细阐述数据库管理系统的数据请求，最后将结果返回对话子系统或直接用于模型的构建与计算。

12.2.3 模型库子系统

1. 模型库子系统的概念

模型库子系统在 DSS 中占有重要地位，它是 DSS 中的特色部件，是辅助决策的关键环节。管理者使用 DSS 不是直接依靠数据库中的数据进行决策，而是在很大程度上依靠模型库中的模型进行决策。因此，DSS 可以说是由“模型驱动的”。

2. 模型库子系统的组成

由模型库和模型库管理系统两部分组成。

（1）模型库

模型库是 DSS 的核心部分，用来存储模型的代码，实际上由源码库和目标码库两部分组成，也就是说在逻辑上模型库应是各种模型的集合；在软件内容上则由许多计算机内的程序模块组成。

模型的组合实际就是数据的连接，也是模型之间的通信，模型库系统必须具有将逻辑上相关的模型组合成为一个特定决策问题的模型，并且这种组合应该是动态的，即这些模型在物理上是独立存在的，只有在实际运行时才根据问题的需要加以组合。

使用 DSS 支持决策时，根据具体问题构造或生成决策支持模型，这些决策支持模型如有再用的可能性则也可存储于模型库。如果将模型库比作一个成品库的话，则该仓库中存放的是成品的零部件、成品组装说明、某些已组装好的半成品或成品。从理论上讲，利用模型库中的"元件"可以构造出任意形式且无穷多的模型，以解决任何所能表述的问题。

（2）模型库管理系统

模型库管理系统是随着 DSS 的需要发展起来的，它使模型管理技术提高到一个新水平。它的主要功能是对模型的利用与维护。模型的利用包括决策问题的定义和概念模型化，从模型库中选择恰当的模型或单元模型构造具体问题的决策支持模型以及运行模型。模型的维护包括模型的联结、修改与增删等。模型库子系统是在与 DSS 其他部件的交互过程中发挥作用的。与数据库子系统的交互可获得各种模型所需的数据，实现模型输入、输出和中间结果存取自动化；与方法库子系统的交互可实现目标搜索、灵敏度分析和仿真运行自动化等；与人机对话子系统之间的交互，模型的使用与维护实质上是用户通过人机对话子系统予以控制与操作的。

12.2.4　方法库子系统

1. 方法库子系统的概念

方法库子系统是存储、管理、调用及维护 DSS 各部件要用到的通用算法、标准函数等方法的部件，方法库中的方法一般用程序方式存储。它通过描述外部接口程序为 DSS 提供一个合适的环境，允许计算过程本身实现交互式存取数据，从数据库选择数据，从方法库选择算法，然后将数据和算法结合起来进行计算，并通过清晰的显示方法将结果输出，供决策者使用。

2. 方法库子系统的组成

由方法库与方法库管理系统组成。方法程序库内存储的方法程序可以有：排序算法、分类算法、最小生成树算法、最短路径算法、线性规划、整数规划、动态规划等各种统计算法以及各种组合算法等，如图 12－3 所示。

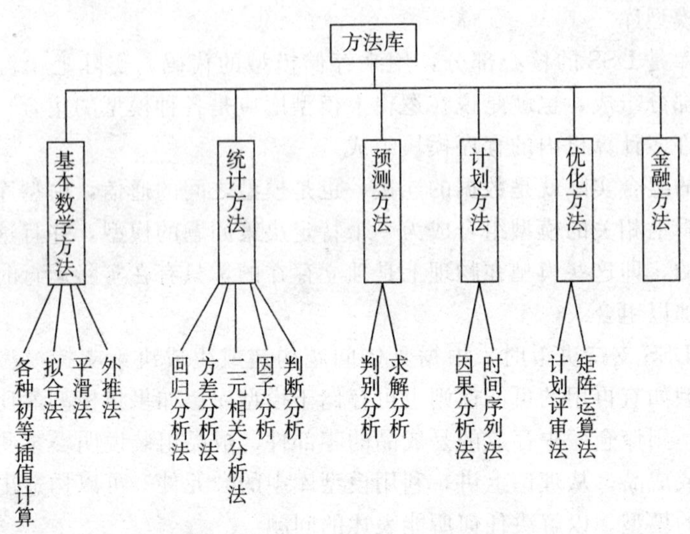

图 12-3　一种方法库中的方法集合

12.3　智能决策支持系统

12.3.1　智能决策支持系统的基本概念

DSS借助强大的运算能力与人灵活的分析判断能力交互协作，为人们解决半结构化与非结构化的决策问题提供了有力的支持。但由于DSS中计算机一方的重点还在于模型的定量计算，人机对话方式与大多数不熟悉计算机的使用者存在一定的距离，限制了DSS的应用效果。与此同时，人工智能领域研究在人的知识开发与利用上获得了不少成果，这些成果能弥补DSS的不足。因此，将人工智能技术引入传统DSS形成智能型DSS（IDSS），即IDSS是在传统DSS的基础上结合人工智能技术而形成的。

人工智能应用的两大分支是专家系统（Expert System，简称ES）和人工神经网络（Artificial Neual Network，简称ANN）。

专家系统是以计算机为工具，利用专家知识及知识推理等技术来理解与求解问题的知识系统。在结构上增设了知识库、推理机与问题处理系统，人机对话部分还加入了自然语言处理功能。

人工神经网络是通过采用物理可实现的器件或采用计算机来模拟生物体中神经网络的某些结构与功能。就其性质而言神经网络属于基于案例学习的模型，它模拟人的神经元结构，构造人工神经元，吸取了生物神经网络的部分优点。人工神经网络在结构上由许多很小的处理单元相互连接而成，局部或部分的神经元损坏后不影响全局的活动，其连接权值和连接结构都可以通过对样本数据的学习而得到。

12.3.2 智能 DSS 的结构

较完整与典型的 DSS 结构是在传统三库 DSS 的基础上增设知识库与推理机，在人机对话子系统中加入自然语言处理系统（LS），与四库之间插入问题处理系统（PSS）而构成的四库系统结构（图 12－4）。

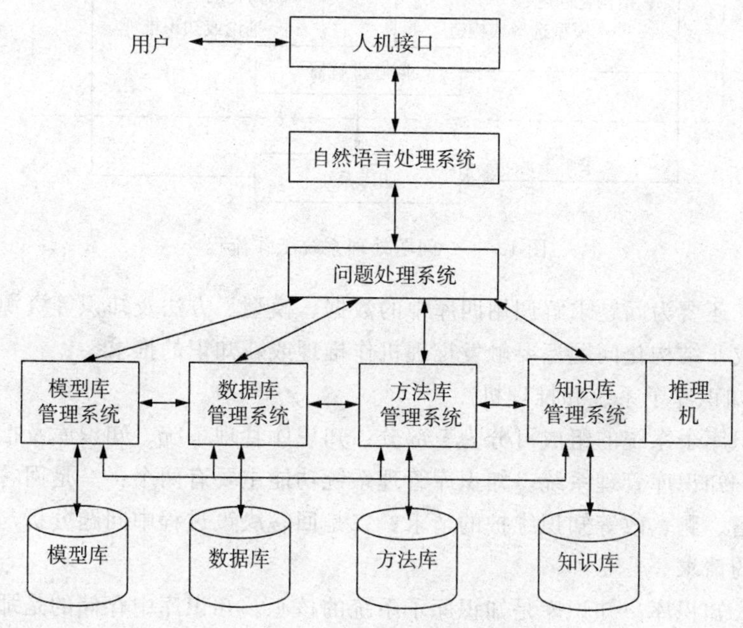

图 12－4 四库 IDSS 的基本结构

1. 智能人机接口

四库系统的智能人机接口接受用自然语言或接近自然语言的方式表达的决策问题及决策目标，这较大程度地改变了人机界面的性能。

2. 问题处理系统

问题处理系统处于 DSS 的中心位置，是联系人与机器及所存储的求解资源的桥梁，主要由问题分析器与问题求解器两部分组成。其工作流程图如图 12－5 所示。

自然语言处理系统转换产生的问题描述由问题分析器判断问题的结构化程度，对结构化问题选择或构造模型，采用传统的模型计算求解；对半结构化或非结构化问题则由规则模型与推理机制来求解。

问题处理系统是 IDSS 中最活跃的部件，它既要识别与分析问题，设计求

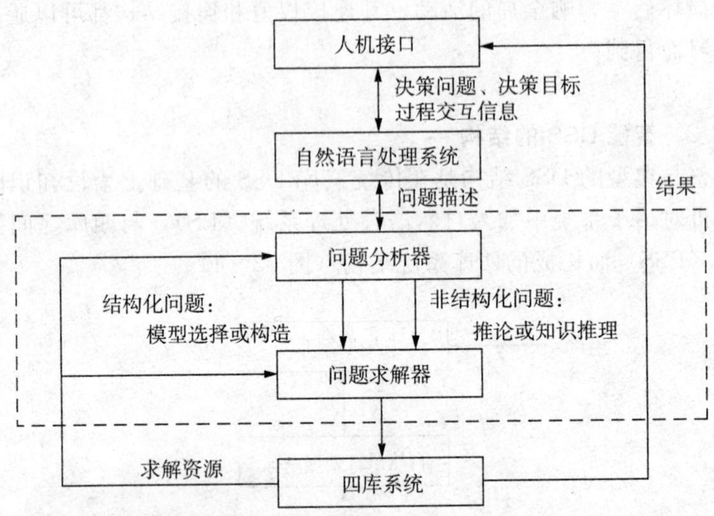

图 12-5　问题处理系统工作流程

解方案，还要为问题求解调用四库中的数据、模型、方法及知识等资源，对半结构化或非结构化问题还要触发推理机作推理或新知识的推求。

3. 知识库子系统和推理机

知识库子系统的组成可分为三部分：知识库管理系统、知识库及推理机。

（1）知识库管理系统。知识库管理系统功能主要有两个：一是回答对知识库知识增、删、改等知识维护的请求；二是回答决策过程中问题分析与判断所需知识的请求。

（2）知识库。知识库是知识库子系统的核心。知识库中存储的是那些既不能用数据表示，也不能用模型方法描述的专家知识和经验，即决策专家的决策知识和经验知识，同时也包括一些特定问题领域的专门知识。

知识库中的知识表示是为描述世界所做的一组约定，是知识的符号化过程。对于同一知识，可有不同的知识表示形式，知识的表示形式直接影响推理方式，并在很大程度上决定着一个系统的能力和通用性，是知识库系统研究的一个重要课题。

知识库包含事实库和规则库两部分。例如：事实库中存放了“任务 A 是紧急订货”、“任务 B 是出口任务”那样的事实。规则库中存放着“IF 任务 i 是紧急订货，and 任务 i 是出口任务，THEN 任务 i 按最优先安排计划”、“IF 任务 i 是紧急订货，THEN 任务 i 按优先安排计划”那样的规则。

（3）推理机

推理是指从已知事实推出新事实（结论）的过程。推理机是一组程序，它针对用户问题去处理知识库（规则和事实）。推理原理如下：

若事实 M 为真，并且有一规则“TF M THEN N”存在，则 N 为真。

因此，如果事实“任务 A 是紧急订货”为真，并且有一规则“IF 任务 i 是紧急订货 THEN 任务 i 按优先安排计划”存在，则任务 A 就应优先安排计划。

12.4　群体决策支持系统

12.4.1　群体决策支持系统的基本概念

群体决策支持系统（Group Decision Support System，简称 GDSS）是一种基于计算机和通信的人机交互系统，它将计算机软、硬件设备和群体成员融合为一体，通过对为了一个共同工作目标的决策群体提供决策支持，来求解半结构化和非结构化的决策问题。

从理论上讲，GDSS 对群体决策是非常有益的手段，但它涉及的面很广。GDSS 要面对不同风格与偏好的个人，要综合决策科学、人工智能、计算机网络、运筹学、数据库技术、心理学及行为科学等多种学科的理论、方法与技术，实用系统研究与开发的难度非常大。目前，国内外能投入实际运行的 GDSS 很少见。

12.4.2　群体决策支持系统的类型

根据决策问题所在组织的环境、人员空间分布、决策周期的长短等因素，GDSS 大致可以分为以下四种类型：

1. 决策室

决策者面对面地集于一室在同一时间进行群体决策时，GDSS 可设立一个与传统的会议室相似的电子会议室或决策室，决策者通过互联的计算机站点相互合作完成决策事务。决策室是相对较简单的 GDSS。

2. 局域决策网

多位决策者在近距离内的不同房间（一般是自己的办公室）里定时或不定时做群体决策时，GDSS 可建立计算机局域网，网上各位决策者通过联网的计算机站点进行通信，相互交流，共享存于网络服务器或中央处理机的公共决策资源，在某种规程的控制下实现群体决策。主要优点是可克服定时决策的限制，即决策者可在决策周期内时间分散地参与决策。

3. 虚拟会议

利用计算机网络通信技术，使分散在各地的决策者在某一时间内能以不见面的方式进行集中决策。在实质上与决策室相同，它的优点是能克服空间距离的限制。

4. 远程决策网

远程决策网充分利用广域网等信息技术来支持群体决策，它综合了局域决策网与虚拟会议的优点，可使决策参与者异时异地共同对同一问题做出决策。这种类型还不成熟，开发应用也很少见。

12.4.3 群体 DSS 的组成

GDSS 在计算机网络的基础上，由用户、问题库系统、知识库系统、数据库系统、模型库、人机对话设备等部件组成，如图 12-6 所示：

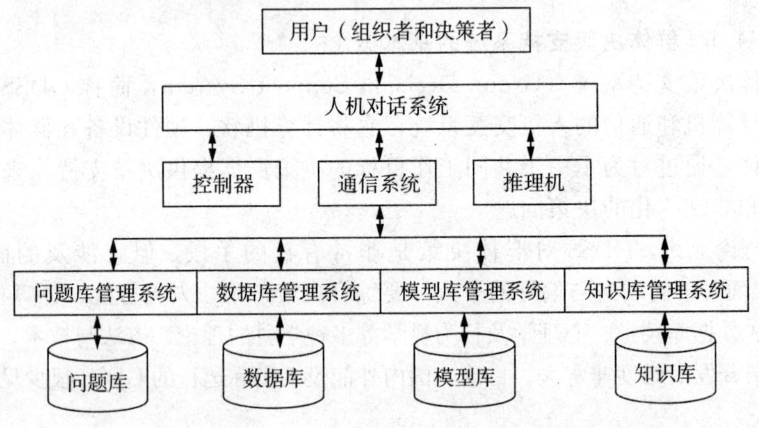

图 12-6 代表性的群体 DSS

与个人 DSS 相比，GDSS 必须建立在一个局域网或广域网上，在构件上增设了规程库、通信库、共享的公共数据库、模型库及方法库等。

GDSS 一般以一定的规程展开，如正式会议或虚拟会议的方式运行，会议由一个主持人及多个与会者，围绕一个称为“主题”的决策问题，按照某种规程展开。

人机对话系统接收决策群体的各种请求，这些请求包括主持人关于会议要求与安排的发布请求，与会者对数据、模型、方法等决策资源的请求等。

通信系统相当于会议的秘书处，是系统的核心，它存储与管理主题信息、会议进程信息及与会者的往来信息，负责这些信息的收发，沟通与会者之间、与会者与问题库、数据库、模型库与知识库之间的通信。

12.5 数据仓库与数据挖掘

12.5.1 数据仓库

1. 数据仓库的概念

随着市场竞争的加剧和信息社会需求的发展，从大量数据中提取（检索、查询等）制定市场策略的信息就显得越来越重要了。这种需求既要求联机服务，又涉及大量用于决策的数据，而传统的数据库系统已无法满足这种需求。其具体体现在三个方面：历史数据量很大；辅助决策信息涉及许多部门的数据，而不同系统的数据难以集成；由于访问数据的能力不足，它对大量数据的访问性能明显下降。

随着 C/S 技术的成熟和并行数据库的发展，信息处理技术的发展趋势是：从大量的事务型数据库中抽取数据，并将其清理、转换为新的存储格式，即为决策目标把数据聚合在一种特殊的格式中。随着此过程的发展和完善，这种支持决策的、特殊的数据存储即被称为数据仓库（Data Warehouse，简称 DW）。

数据仓库的概念是由数据仓库之父 W. H. Inmon 于 1990 年提出的，他对数据仓库的定义是：数据仓库是支持管理决策过程的、面向主题的、集成的、稳定的、不同时间的数据集合。

主题是数据归类的标准，每个主题对应一个客观分析领域，如客户、商店等，它可为辅助决策集成多个部门不同系统的大量数据。数据仓库包含了大量的历史数据，经集成后进入数据仓库的数据是极少更新的。数据仓库内的数据时限为 5 年至 10 年，主要用于进行时间趋势分析。数据仓库的数据量很大，一般为 10GB 左右。它是一般数据库（100MB）数据量的 100 倍，大型数据仓库达到 TB 级。

2. 数据仓库的结构

数据仓库的体系结构由数据获取层、数据存储层以及数据分析层组成，数据仓库的体系结构如图 12-7 所示。

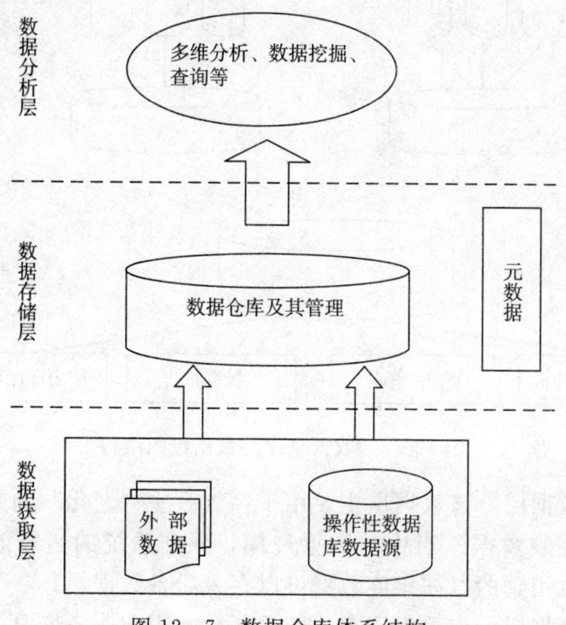

图 12-7　数据仓库体系结构

(1) 数据获取层：数据源与数据仓库之间的接口层。它的功能是对数据源中的数据进行清洗、转换和集成，将那些对决策分析有用的数据提取出来存入数据库。

(2) 数据存储层：数据存储层负责存储数据，这些数据包括数据仓库的元数据以及企业外部数据。因此，并不是所有的数据都会被移入数据库，而仅是把元数据中属于数据仓库的数据经过清洗、转换和集成并按主题分别存放到数据仓库中，它是整个数据仓库的核心。

(3) 数据分析层：该层的功能主要包括数据查询、联机分析处理、数据挖掘等，一般是直接面向决策者，为其提供数据查询服务，协助其分析和评估决策过程。数据查询服务主要是为决策者提供最基本的查询、统计以及报表等功能；而OLAP工具是一种针对特定主题的联机数据访问和数据分析的技术，它以数据仓库为应用平台，依据决策者的要求，从多角度对存储于数据仓库的数据进行全面、迅速、透彻的分析，使决策者能够看到数据中的隐藏信息内涵，以实现最终的决策支持目标；数据挖掘是一个利用各种分析工具在海量数据中发现模型和数据间关系从而提取信息的过程。

3. 数据仓库的数据组织结构

数据仓库的数据组织结构与传统的数据库的数据组织结构还是有所区别的。除元数据以外，数据仓库还需要通过加工处理，把企业中分散的操作数据按决策的主题分类集中，得到如图12-8所示的数据组织结构。

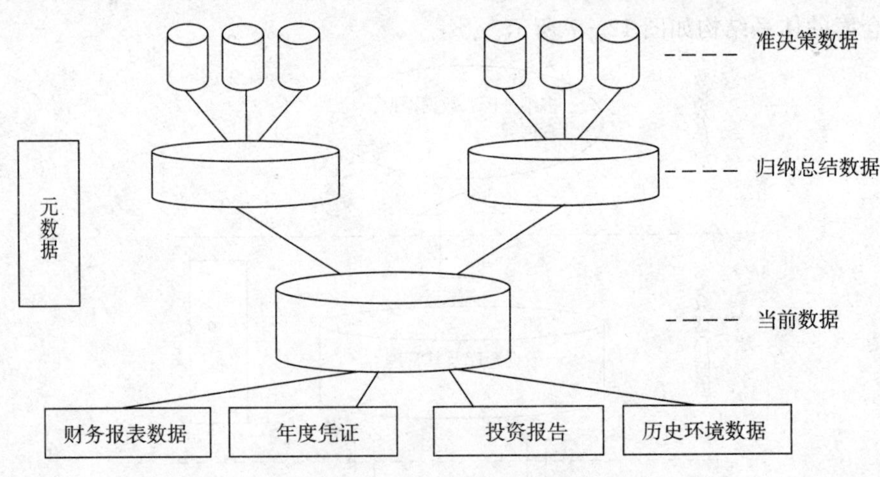

图12-8 数据仓库的数据组织结构

(1) 后备数据层。该数据层主要用于存放一些“老化”的数据。随着时间的推移，为了控制数据库当中的数据规模，保证系统的运行效率，一些早期的、现在不需要用到的以往年度数据可以存入后备数据层。

(2) 当前数据层。该数据层存放的是所反映当前业务情况，用于分析、预测的最新数据。随着时间的推移，这些数据会转移到后备数据层，投资决策支持问题中经常涉及从当前业务中获得的数据。例如，更新某项固定设备需要投入多少资金，企业目前的资本结构能够给项目提供多少资金等，这些数据可以从日常的账务汇总获得，另外一些可能需要从企业外部获得。

（3）归纳总结数据层。该层数据来源于底层的后备数据和当前数据，这一层次的数据主要是各种投资信息的汇总表数据以及一些会计报告数据等，通过对这些数据进行归纳总结得出准决策数据。

（4）准决策数据层。该层存放的是高度综合级数据，其内容非常精炼，是可直接用于分析决策的数据。如某项目的投资成本是多少、投资回收期有多长、现金净流量等。整个数据仓库以元数据为核心，元数据是关于数据的数据，是数据仓库中必不可少的，主要记录了数据仓库中的数据的结构、数据源、数据进入数据仓库时所采用的转换规则、数据模型等信息。

12.5.2　数据挖掘

1. 数据挖掘的概念

近年来，随着信息技术和计算机技术的迅速发展，人们搜集数据的能力大幅度提高，如何从海量的数据中高效地提炼出对企业投资决策有价值的信息变得异常重要。数据挖掘技术的出现极大地提高了决策者发现信息的效率。数据挖掘（Date Wining，简称 DW）是发现知识的有效手段，是通过从大量的、不完全的、有噪声的、模糊的、随机的数据中，提取隐含在其中的、人们事先不知道的、但是潜在有用的信息和知识的过程。

2. 数据挖掘的体系结构

数据挖掘系统不是多项技术的简单组合，其核心技术是人工智能、统计学、计量学等，结合辅助技术，通过数据的搜集、处理、分析，将最后的结果呈现给决策者。数据挖掘工具通过接口访问数据库、数据仓库等其他外部数据源，对这些数据进行处理、清洗、集成，在保证数据一致性的情况下将它们存入挖掘库。挖掘库是数据挖掘工具的核心部分，其中存放了数据挖掘所需要的数据、知识库和模型库，然后通过生成报表或其他方式将挖掘的结果呈现给决策者。图 12－9 展示了数据挖掘技术的体系结构。

3. 数据挖掘在决策支持系统的应用

在 DSS 中通过对现实数据进行汇总、归纳、推理，对历史数据的分析和预测，采用 OLAP 技术对系统多维数据仓库中的数据进行处理，可以得出很多对决策有用的知识。然后将这些知识按照统一的知识表示规则和知识结构存储在知识库中，当之后的决策需要借助这些知识进行求解时，便可调用知识库系统中相关的知识。通过数据挖掘技术，决策支持系统的智能化程度得到了显著的提高，系统中的知识不再简单的由专家从系统外部输入，而是可以通过系统的自学习能力获得，并且通过数据挖掘技术可以发掘更多潜在的不为人知的信息，给决策者提供更多的决策信息。

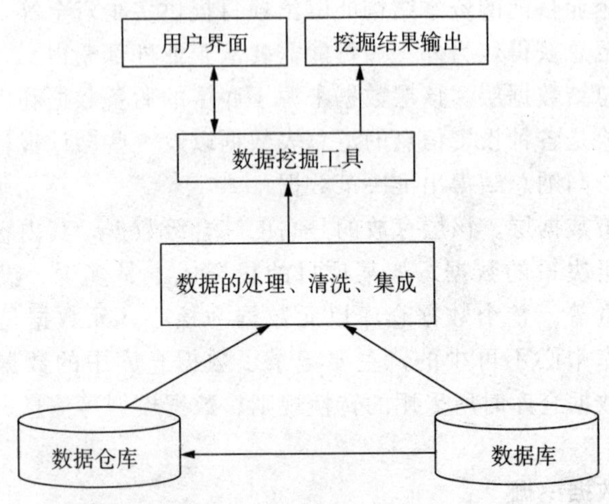

图 12-9　数据挖掘技术的体系结构

阅读资料：

宝洁的决策支持系统应用

宝洁（Procter & Gamble，简称 P&G）是世界上最大的消费品公司，年销售额达 510 亿美元。公司销售 300 种品牌的商品，包括佳洁士、飘柔、帮宝适、OLAY 等。虽然宝洁以创新和市场实力知名，但它总是在寻找降低成本的途径，以应对竞争者和大客户的压力。

在 20 世纪 90 年代初，宝洁开始了寻找降低供应链成本和改善制造和分销网络效率的方法。宝洁的供应链令人难以置信的复杂。它拥有 10 万多个供应商，仅宝洁的全球美容护理部门就涉及几百个供应商、制造设备商和营销商的组合。一个细小的变化波动将贯穿供应链，影响库存水平、服务水平和成本。

宝洁每一款产品的成功取决于厂址和原材料的选择。这个问题非常复杂，有几百万个可能的解。宝洁将这个问题转交给它的全球分析组去寻找解决方案。IT 全球分析公司构建了几个模型，有的用微软的 Excel 电子报表及附加产品，还用 Palisade 的 Risk 软件进行蒙特卡洛模拟，它随机产生不确定性变量的值。此模型的目的是最大化投资的价值，考虑了制造成本、运输成本、输入/输出费用、地区工资率、外汇汇率、税收和资金的价值等。这个模型是 IT 分析公司为重构宝洁供应链开发一系列模型中的一个。宝洁用最优化模型确定如何最好的配置供应链资源，用模拟模型从数学上试出各种方案．观察它们对主要变量变化的反应。另外，该公司应用决策技术，如决策树，组合财务结果各种输出的概率。

这些决策支持系统的大多数数据来自于甲骨文数据仓库，里面保存了供应商、制造商、顾客和消费者 36 个月的分区历史数据。

宝洁应用重构的决策支持系统已经取得了很令人满意的结果，关停了北美 20％的工厂，每年降低供应链成本 2 亿美元。

本章小结

本章概要地阐述了决策支持系统的相关内容。从决策支持系统的产生与发展开始，介绍了决策支持系统的功能与定义、基本架构以及与管理信息系统（MIS）的不同点。在此基础上，又介绍了智能决策支持系统和群体决策系统。最后，介绍了目前决策支持系统最为热门的发展方向——数据仓库与数据挖掘技术在决策支持系统中的应用。

复习与思考

1. 决策支持系统是如何产生和发展的？
2. 什么是决策支持系统？
3. 决策支持系统和管理信息系统的区别和联系？
4. 简述决策支持系统的组成。
5. 群体决策支持系统的类型有哪些？
6. 简述数据仓库的概念和结构。
7. 在网上查找数据挖掘技术在决策支持系统中的应用案例。

第 13 章　管理信息系统案例

【本章要点】

- 系统开发的主要过程
- 业务数据图和数据流程图的绘制
- 数据字典
- 功能结构设计
- 数据库设计

本章综合应用前面章节的知识，以某小型贸易公司的库存管理为背景，采用结构化开发方法，叙述了管理信息系统开发的主要过程：系统规划、系统分析、系统设计和系统实施。读者在学习了管理信息系统理论知识的基础上，可进一步深入了解开发实际管理信息系统的主要过程以及在开发过程的各个阶段，开发者应当完成的各项工作内容和应当提交的书面成果，为以后的实际开发做准备。

13.1　系统调查和可行性分析

13.1.1　项目背景

某小型贸易公司经营汽车配件零售业务，内部分工简单，业务流程短促。公司的管理人员需要及时了解掌握各种商品的入库量、出库量和库存量，以便心中有数，合理安排进货和销售工作，因而商品的库存管理是该贸易公司管理中一项非常重要的工作。

在该公司中，由于汽车配件的多种多样，各种配件的出入库工作较复杂，随着经营规模的扩大，手工管理的种种弊端暴露无遗，数据的及时性和准确性都很难保证，给公司的发展带来了不必要的麻烦。公司管理者意识到库存管理存在的一些问题，他们希望通过采用信息技术改变现状，规范仓库内部管理，提高业务管理水平，使管理人员从烦琐的杂务工作中解脱出来，真正从事管理工作，使公司经营运作物流清晰，经营状况详细准确，使公司的经营管理更加科学化、规范化、合理化。

13.1.2　公司现状

根据初步调查，目前公司拥有少量计算机，仓库工作人员对计算机具有基本的操作能力，仓库管理没有采用任何管理信息系统，工作大多由人工完成，计算机仅仅进行文字录入、处理，导致工作烦琐、重复性大。仓库管理的业务流程中各个环节几乎都是手工操作方式，数据量大，使得工作人员工作量大，并且容易出现差错，效率低下。由于整个管理过程都采用了手工方式，一些供需的信息不能及时地传给高层管理者，造成信息滞后，不利于管理者安排合理的采购和销售。

13.1.3　系统目标

库存管理信息系统是为了适应库存管理的需求，改变仓库现有的管理模式，加速管理的自动化、标准化和科学化而建立的。它可以为管理层提供可靠的信息，为提高公司的效益服务。系统的总目标是：用信息来支持公司的决策和业务操作，用信息技术实现办公自动化代替原有手工管理方式，用过程管理代替职能管理，提高业务处理效率。具体如下：

（1）改变过去手工操作，建立计算机系统操作，更加快捷，真正做到高效率。

（2）公司在本系统的支持下，能够及时了解库存情况和销售情况，做到合理进货、及时销售、库存量小，减小积压，降低公司运作成本，取得最佳效益。

（3）通过业务的整合，提高数据的准确性、可信度。

13.1.4　可行性分析

1. 技术可行性

仓库目前有两台计算机、1 台打印机和复印机。在设备方面，仓库已经能满足系统应用的需求。

该系统对软件没有太高的要求，市场上存在的系统软件足以满足系统各个方面的要求。开发人员具有专业知识，已成功开发了一些复杂的管理信息系统，在开发技术上不存在难题。

仓库工作人员有一定的计算机应用能力，能够对日常的工作业务进行简单的操作和管理，并能自行排除日常工作中的一些基本的计算机故障。

2. 经济可行性

库存管理系统是比较简单的系统，开发和维护费用都不是很高。公司现有的设备已能满足系统的需要，公司所需投资较少，在公司可接受的范围。

系统投入后会给公司带来可观的经济效益：一方面解决了手工操作带来的工作效率低、容易出错等问题，为公司在业务上缩短了时间，增加了市场竞争力；另一方面，使得信息流动得更快，能为高层管理者提供更多的高质量的信息，使得管理者有更多的时间和信息为公司未来的发展作准备。

3. 环境上的可行性

由于公司高层管理者已经认识到仓库管理存在的问题和对系统需求的迫切性，对系统的开发是大力支持的，他们认为仓库管理走信息化的战略对公司的成长是有利的，并且有助于公司长期健康持续稳定的发展。而职工在长期业务工作中，也迫切希望能建立信息化处理平台，使自身能从烦琐重复的杂务中解脱出来，真正从事管理工作。

4. 可行性结论

根据上面可行性分析，公司进行系统开发的条件已经成熟，可以立即进行系统的开发。

13.2 系统分析

13.2.1 组织机构调查与分析

通过对公司的调查分析，了解到该公司的仓库管理人员由五名职工组成。五名职工根据分工不同，分为保管员、记账员和统计员。各职员明确分工，各行其职，各用其权，各尽其责，充分结合责、权、利。图 13－1 给出了该公司仓库的组织结构情况。

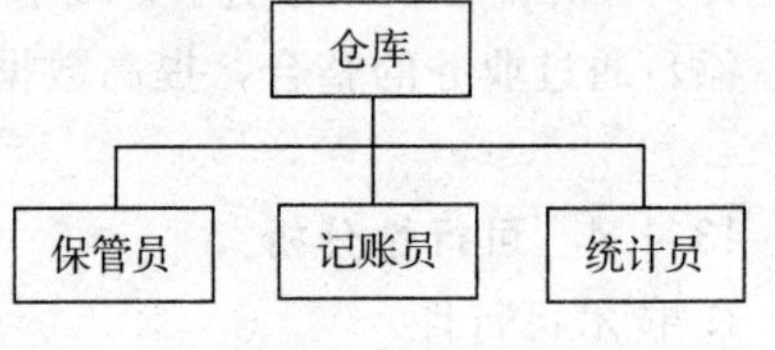

图 13－1 组织结构图

各人员主要职能：

(1) 保管员：主要负责对购入商品质量、入库单、出库单进行审核以及根据出库单付货。包括：抽检购入商品的质量及外表是否符合要求；检查入库单和出库单填写形式是否符合要求，商品实际入库数量和金额与入库单填写的数据是否一致，出库单上填写的出库数量是否大于产品实际库量；核对入库单上的商品代码是否正确无误；根据销售部门的出货单付货。

(2) 记账员：根据合格的入库单和出库单登记商品出入库台账，记录每一笔出入库业务。

(3) 统计员：根据库存台账定期统计分析各种商品每日、每月出入库数量等综合数据，对库存量超出上限或低于下限的商品进行报警等，也可进行库存数据的随机查询等。

13.2.2 管理功能调查与分析

通过对公司的调查，了解到公司仓库的基本组织结构，这些人员都是需要完成一定的管理职能。通过调查，我们了解到仓库人员的管理功能如图 13－2 所示。

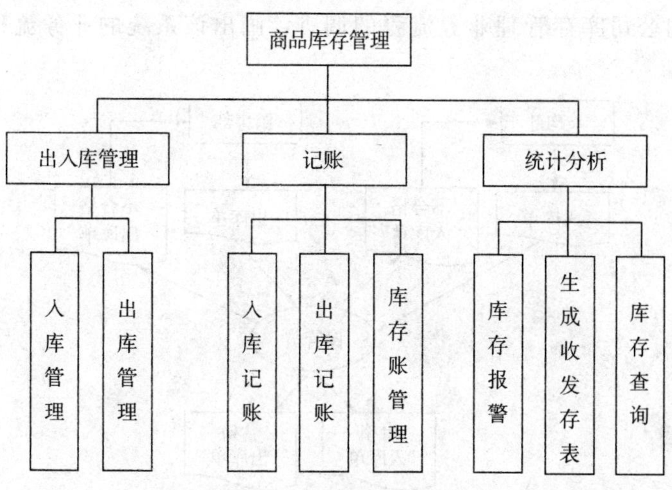

图 13－2　仓库管理功能图

13.2.3　业务流程调查与分析

公司属于贸易型公司，其库存管理业务较简单，主要负责商品的出入库管理、库存账务管理和统计报表，并且应当随时向经理提供库存查询信息。

商品入库管理的过程是，当购入商品到货后，采购部的工作人员首先填写入库单，然后与仓库保管员一起对购入商品进行检验：一是抽检商品的质量及外表是否合格；二是核对这些待入库的商品实物数量是否与入库单上的数据相符；三是确定这些商品是否为首次购入的新商品，若是新商品，则在库存账中建立此商品的新账页，同时要在该商品的新账中填写该商品的商品号、商品名称、购入单价等；四是共同核对入库单上的商品代码是否正确无误。

经过全面检验，合格的商品要入库归位，同时还要根据入库单上的数据由记账员登记库存台账。对于经过全面检查，认定为不合格的商品连同不合格的入库单交由采购部工作人员处理。

商品销售出库管理的过程是，每当发生一笔销售业务，销售部工作人员就填写相应商品的出库单，仓库保管员据此付货，同时记账员登记库存台账。

每月结束后，统计员进行月结的工作，按商品编号分别累计汇总出各种商品当月累计购入入库量和金额、累计销售出库量和金额以及实际库存结余量等数据，并把当月的库存数量与金额转为下月的期初数量与期初金额，将这些累计汇总后的数据形成商品收发结存报表。

在日常管理中，统计员要根据库存台账统计分析各种商品出入库等综合数据提供给经理；为了防止超储造成商品库存积压，同时也为了避免商品库存数量不足而影响销售，统计员还应该经常提供库存报警数据（与储备定额相比较的超储数量或不足数量）。

根据对公司库存管理业务流程的调查，画出该系统的业务流程图，如图13－3所示。

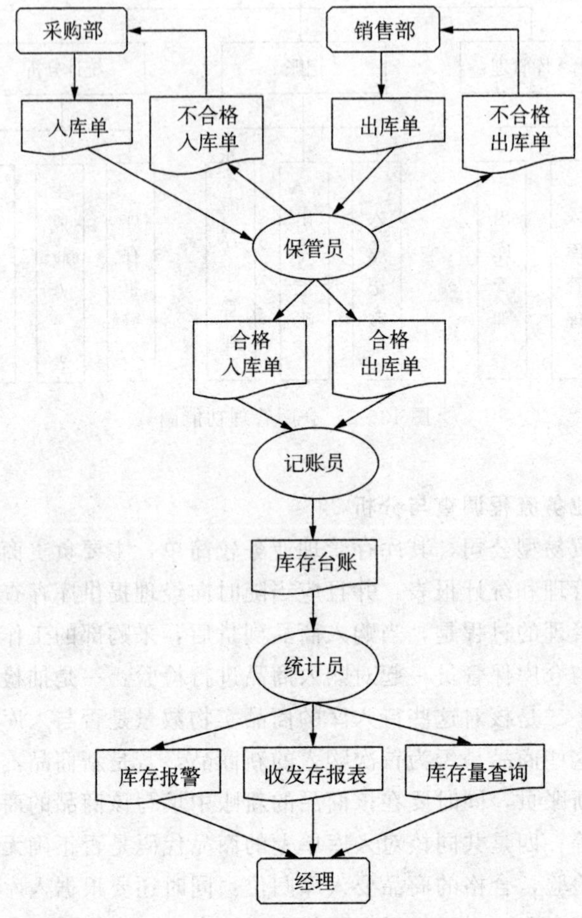

图 13－3　库存管理业务流程图

13.2.4　数据流程分析

根据分析得出的系统业务流程图绘制出系统的数据流程图，如图 13－4～13－5所示。

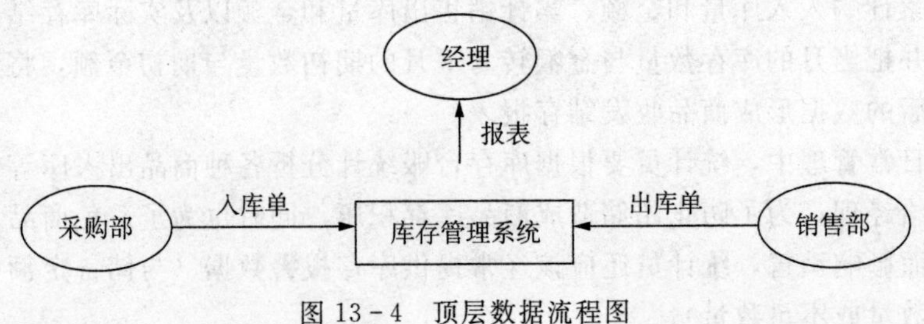

图 13－4　顶层数据流程图

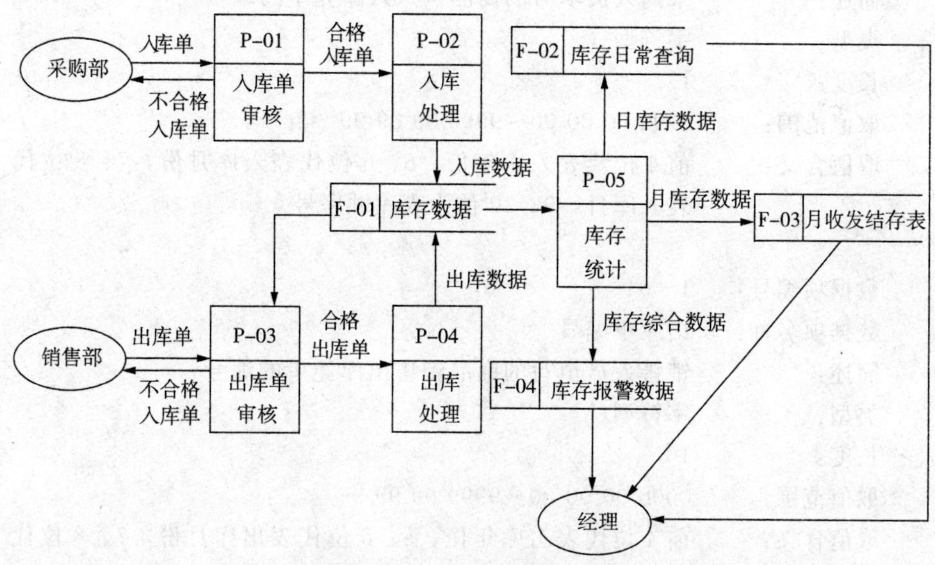

图 13-5　第二层数据流程图

13.2.5　数据字典

数据字典是数据流程的补充，由于项目较多，这里只写几个范例。

1. 数据项的定义

数据项编号：　1—01
数据项名称：　商品代码
简述：　某一商品的代码
类型：　字符型
宽度：　4
取值范围：　0001～9999

数据项编号：　1—02
数据项名称：　员工编号
简述：　某一员工的代码
类型：　字符型
长度：　2
取值范围：　01～99

数据项编号：　1—03
数据项名称：　入库单编号

简述： 采购人员填写的商品购入入库凭单的编号
类型： 字符型
长度： 13
取值范围： 0000 00 00 00～9999 99 99 99
取值含义： 前 4 位代表入库年份，5、6 位代表入库月份，7、8 位代表入库日，9、10 位为入库顺序号

数据项编号： 1－04
数据项名称： 出库单编号
简述： 销售人员填写的商品销售出库凭单的编号
类型： 字符型
长度： 10
取值范围： 0000 00 00 00～9999 99 99 99
取值含义： 前 4 位代表出库年份，5、6 位代表出库月份，7、8 位代表出库日，9、10 位为出库顺序号

数据项编号： 1－05
数据项名称： 购入单价
简述： 某商品购入入库单价
类型： 数值型
长度： 8
小数位数： 2
取值范围： 0～99999.99

数据项编号： 1－06
数据项名称： 销售单价
简述： 某商品销售出库单价
类型： 数值型
长度： 8
小数位数： 2
取值范围： 0～99999.99

数据项编号： 1－07
数据项名称： 入库日期
简述： 某种商品的购入入库日期
类型： 日期型

长度：　　　8

数据项编号：　1—08
数据项名称：　出库日期
简述：　　　某种商品的销售出库日期
类型：　　　日期型
长度：　　　8

数据项编号：　1—09
数据项名称：　入库数量
简述：　　　某种商品的购入入库数量
类型：　　　数值型
长度：　　　4 位整数
取值范围：　0～9999

数据项编号：　1—10
数据项名称：　出库数量
简述：　　　某种商品的销售出库数量
类型：　　　数值型
长度：　　　4 位整数
取值范围：　0～9999

数据项编号：　1—11
数据项名称：　库存数量
简述：　　　某种商品的库存数量
类型：　　　数值型
长度：　　　4 位整数
取值范围：　0～9999

数据项编号：　1—12
数据项名称：　库存上限
简述：　　　某种商品的库存允许的最高数量，若实际库存量超过该值，则进行库存超储报警
类型：　　　数值型
长度：　　　4 位整数
取值范围：　0～9999

数据项编号：　1－13
数据项名称：　库存下限
简述：　某种商品的库存允许的最低数量，若实际库存量低于该值，则进行库存不足报警
类型：　数值型
长度：　4 位整数
取值范围：　0～9999

2. 数据流的定义

数据流编号：　D－01
数据流名称：　入库单
简述：　采购人员填写的商品购入入库凭单
数据流来源：　采购部
数据流去向：　入库单审核模块
数据流组成：　入库日期＋入库单编号＋经手人代码＋凭证号＋商品代码＋商品名称＋入库数量＋购入单价＋入库金额
数据流量：　约 15 张/月
高峰流量：　约 25 张/月

数据流编号：　D－02
数据流名称：　合格入库单
简述：　经审核合格的商品入库单
数据流来源：　入库单审核模块
数据流去向：　入库处理模块
数据流组成：　入库日期＋入库单编号＋经手人代码＋凭证号＋商品代码＋商品名称＋入库数量＋购入单价＋入库金额
数据流量：　约 15 张/月
高峰流量：　约 25 张/月

数据流编号：　D－03
数据流名称：　不合格入库单
简述：　经审核不合格的商品入库单
数据流来源：　入库单审核模块
数据流去向：　采购部
数据流组成：　入库日期＋入库单编号＋经手人代码＋凭证号＋商品代码

+商品名称+入库数量+购入单价+入库金额
数据流量：约 2 张/月
高峰流量：约 2 张/月

数据流编号：D—04
数据流名称：出库单
简述：销售人员填写的商品销售出库凭单
数据流来源：销售部
数据流去向：出库单审核模块
数据流组成：出库日期+出库单编号+经手人代码+商品代码+商品名称+出库数量+销售单价+出库金额
数据流量：约 20 张/天
高峰流量：约 30 张/天

数据流编号：D—05
数据流名称：合格出库单
简述：经审核合格的商品销售出库凭单
数据流来源：出库单审核模块
数据流去向：出库处理模块
数据流组成：出库日期+出库单编号+经手人代码+商品代码+商品名称+出库数量+销售单价+出库金额
数据流量：约 20 张/天
高峰流量：约 30 张/天

数据流编号：D—06
数据流名称：不合格出库单
简述：经审核不合格的商品销售出库凭单
数据流来源：出库单审核模块
数据流去向：销售部
数据流组成：出库日期+出库单编号+经手人代码+商品代码+商品名称+出库数量+销售单价+出库金额
数据流量：约 2 张/周
高峰流量：约 4 张/周

数据流编号：D—07
数据流名称：入库数据

简述：　　　　根据入库单，应记入库存台账的商品入库数据
数据流来源：　入库处理模块
数据流去向：　库存台账
数据流组成：　入库单编号＋入库日期＋商品代码＋商品名称＋购入单价＋入库数量＋入库金额
数据流量：　　约 15 笔/月
高峰流量：　　约 25 笔/月

数据流编号：　D－08
数据流名称：　出库数据
简述：　　　　根据出库单，应记入库存台账的商品出库数据
数据流来源：　出库处理模块
数据流去向：　库存台账
数据流组成：　出库单编号＋出库日期＋商品代码＋商品名称＋销售单价＋出库数量＋出库金额
数据流量：　　约 20 笔/天
高峰流量：　　约 30 笔/天

数据流编号：　D－09
数据流名称：　库存数据
简述：　　　　库存台账上反映的各种商品实际出入库数据，用以形成库存报表和综合查询
数据流来源：　库存台账
数据流去向：　库存统计模块
数据流组成：　日期＋商品代码＋商品名称＋入库数量＋购入单价＋入库金额＋出库数量＋销售单价＋出库金额＋库存上限＋库存下限＋库存数量＋库存金额
数据流量：　　约 2 次/天
高峰流量：　　约 5 次/每天

3. 处理逻辑的定义

处理逻辑编号：P－01
处理名：　　　入库单审核
简述：　　　　审核采购部送来的入库单是否合格
输入：　　　　入库单
输出：　　　　合格入库单、不合格入库单

处理频率：　15 次/月
处理描述：　审核采购部送来的入库单填写格式是否符合要求，商品的质量及外表是否合格，商品实际入库数量是否与入库单上的数据相符。不合格的单据返回采购部，合格的单据转给记账员登记库存台账

处理逻辑编号：P—02
处理名：　入库处理
简述：　根据合格入库单，将入库数据记入库存台账
输入：　合格入库单
输出：　入库数据
处理频率：　15 次/月
处理描述：　根据合格入库单，将入库数据记入库存台账，并更新相应商品的库存数量和金额

处理逻辑编号：P—03
处理名：　出库单审核
简述：　审核销售部开出的出库单是否合格
输入：　出库单
输出：　合格出库单、不合格出库单
处理频率：　20 次/天
处理描述：　审核销售部开的出库单填写格式是否符合要求，商品实际出库数量和金额与出库单填写的数据是否一致，出库单上填写的出库数量是否大于商品实际库存量等。不合格的单据返回销售部，合格的转给记账员登记库存台账

处理逻辑编号：P—04
处理名：　出库处理
简述：　根据合格出库单，将出库数据记入库存台账
输入：　合格的出库单
输出：　出库数据
处理频率：　20 次/天
处理描述：　根据合格出库单，将出库数据记入库存台账，并更新相应商品的库存数量和金额

处理逻辑编号：P—05

处理名：　　库存统计
简述：　　　商品库存数据综合统计
输入：　　　库存数据
输出：　　　收发存月报表、库存量查询、库存报警
处理频率：　2次/天
处理描述：　根据库存台账，定期分析各种商品的出入库数量等综合数据，也可进行库存数据的随机查询等

4. 数据存储的定义

数据存储编号：F—01
数据存储名称：库存台账
简述：　　　　记录商品出入库数据的明细账
数据存储结构：日期＋商品代码＋商品名称＋入库数量＋购入单价＋出库数量＋销售单价＋库存数量
关键字：　　　日期＋商品代码
相关的处理：　P—01，P—02，P—03，P—04

数据存储编号：F—02
数据存储名称：库存日常数据
简述：　　　　根据库存台账统计形成的每日各种商品库存情况的数据或者综合查询数据
数据存储结构：日期＋商品代码＋商品名称＋入库数量＋出库数量＋库存数量
关键字：　　　日期＋商品代码
相关的处理：　P—05

数据存储编号：F—03
数据存储名称：商品收发存月报表
简述：　　　　根据库存台账统计形成的各种商品收发存情况的综合统计数据
数据存储结构：年＋月＋商品代码＋商品名称＋入库数量＋购入单价＋出库数量＋销售单价＋累计入库数量＋累计入库金额＋累计出库＋累计出库金额
关键字：　　　年＋月＋商品代码
相关的处理：　P—05

5. 外部实体的定义

外部实体编号：S－01
外部实体名称：采购部
简述：　　　　采购部门
输入的数据流：D－03
输出的数据流：D－01

外部实体编号：S－02
外部实体名称：销售部
简述：　　　　销售部门
输入的数据流：D－06
输出的数据流：D—04

外部实体编号：S－03
外部实体名称：经理
简述：　　　　库存管理部门的上级主管部门
输入的数据流：D－09

13.2.6　库存管理信息系统分析报告

通过对现行系统的全面调查与分析，本系统数据流向是合理的，系统功能能够满足实际管理工作的需要。本系统的输入边界是商品入库单、出库单；输出边界是收发结存报表和查询结果。

通过对数据字典中数据流、数据处理和数据存储等分析，该系统的总数据量较小，适宜于采用普通商用微机按批处理方式进行数据处理。

13.3　系统设计

13.3.1　系统设计目标

通过系统分析报告，制订本系统目标如下：

(1) 完全取消目前的手工记账方式。新系统应具有方便的数据输入性能，良好的人机界面，尽量减少汉字及其重复输入。

(2) 灵活快捷的查询性能，能快速实现对入库单、出库单及库存数据的查询；还能实现对商品超储或者不足数量的统计查询。

(3) 把目前基本上是“静态”商品库存管理变为“动态”管理，以便随时提供商品库存动态信息，从而达到加速资金周转、减少库存资金占用的目的。

(4) 系统应具有一定的操作合法权检验功能。

13.3.2 新系统功能结构设计（系统总体结构图）

考虑系统目标的要求，绘制的系统功能结构如图 13-6 所示。

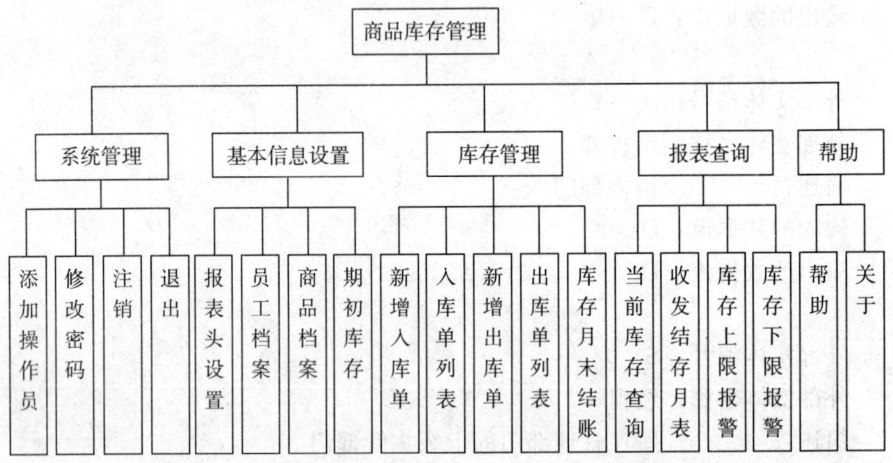

图 13-6 库存管理信息系统功能结构图

对图 13-6 中主要功能说明如下：

1. 系统管理

本系统具有一定的操作合法权检验功能，系统管理员与普通用户具有不同的操作权限。系统管理员（Admin）可以增加操作员、修改操作员的密码，而普通用户不具有该项权限。“注销”可以退出主界面并以其他用户名登录。

2. 基本信息设置

(1) 报表头设置。设置系统输出的报表头，标明单位名称等基本情况。

(2) 员工档案。录入或列出编号、姓名、性别、年龄、家庭住址等员工基本信息。

(3) 商品档案。录入或列出编号、名称、库存上限、库存下限等商品基本信息。

(4) 期初库存。在系统初次建成待投入实际正式运行之前，所整理好的商品库存数据装入到商品库存文件中，包括商品代码、商品名称、商品库存数量和金额。

3. 库存管理

(1) 新增入库单。根据入库单录入如下数据：入库单编号、凭证单号、经手人、入库日期、商品编码和入库数量、购入单价等信息。

（2）入库单列表。列出所有入库单的主要数据：入库单编号、凭证单号、经手人、入库日期、总计金额等，也可根据入库单号查询。

（3）新增出库单。根据出库单录入如下数据：出库单编号、经手人、出库日期、商品编码和出库数量、销售单价等信息，也可根据出库单号进行查询。

（4）出库单列表。列出所有出库单的主要数据：出库单编号、经手人、入库日期、总计金额等，也可根据出库单号查询。

（5）库存月末结账。每月结束后，按商品编号分别累计汇总出各种商品当月累计购入入库量和金额、累计销售出库量和金额以及实际库存结余量等数据，并把当前的库存数量与金额转为下月的期初数量与期初金额。

4. 报表查询

（1）当前库存量查询。查询目前所有商品的数量及金额。

（2）收发结存月表。输出已结转月份的报表，包括商品编号、名称、期初数量及金额、入库数量及金额、出库数量及金额、结存数量及金额。

（3）库存上限报警。列出所有超过库存上限的商品编号、名称、上限、当前库存量、超出数量等数据。

（4）库存下限报警。列出所有低于库存下限的商品编号、名称、下限、当前库存量、欠缺数量等数据。

13.3.3　代码设计

1. 商品代码设计

考虑到本公司经营几十种型号的汽车配件，而每种型号的汽车配件有几十种。因此，将商品（汽车配件）的代码设计成由四位整数组成的层次码，设计方案如图 13－7 所示。

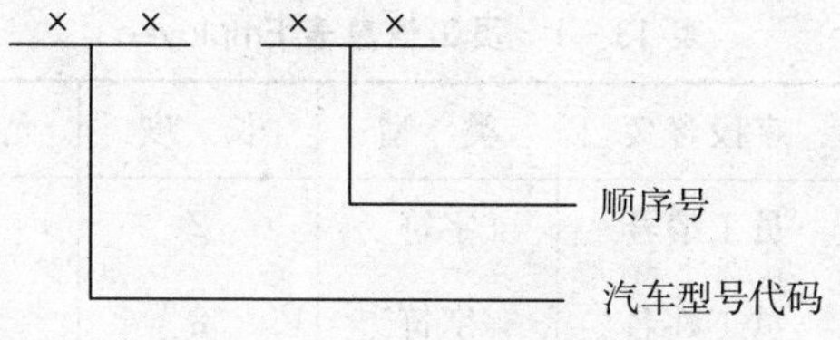

图 13－7　商品代码设计方案

2. 员工代码设计

公司员工共有几十名。因此，将员工的代码设计成由两位整数组成的顺序码，设计方案如图 13－8 所示。

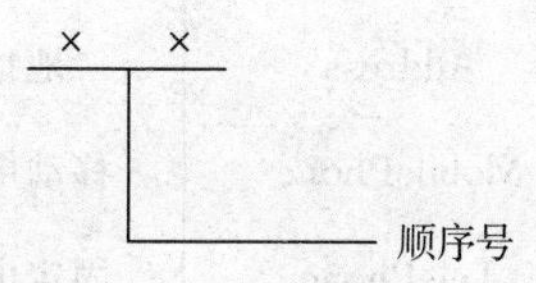

图 13－8　员工代码设计方案

3. 商品入库单或商品出库单编号方案设计

考虑到每天出库或入库业务均为几十笔，

故采用的编码方案如图 13－9 所示。

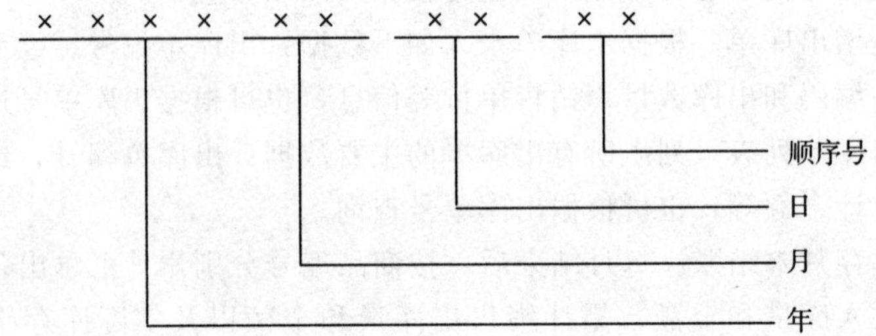

图 13－9 入库单或出库单代码设计方案

13.3.4 系统物理配置方案设计

本系统采用单用户单机操作方式，基本配置如下所示。

CPU：P4，主频 1.0GHz

硬盘：40G

内存：128M

显示器：彩色 VGA，分辨率不低于 1024×768

打印机：Epson LQ 1600KII

软件：系统运行环境设计为在 Windows 98 及以上版本平台上运行。数据库管理系统采用 Access 2000。开发语言采用 Visual Basic 2000。

13.3.5 数据库设计

1. 员工信息表（表 13－1）

表 13－1 员工信息表 Employee

字段名称	字段含义	类 型	长 度	允许空否	主 键
EmployeeID	员工编号	字符	2	否	是
EmployeeName	员工姓名	字符	8		
Sex	性别	字符	2		
Age	年龄	数字			
Address	地址	字符	30		
MobilePhone	移动电话	字符	12		
TelePhone	固定电话	字符	12		

2. 物品信息表（表 13－2）

表 13－2　商品信息表 Product

字段名称	字段含义	类　型	长　度	允许空否	主　键
ProductID	商品编号	字符	4	否	是
ProductName	商品名称	字符	20		
Min	最低库存	数字			
Max	最高库存	数字			
AveragePrice	平均单价	货币			

3. 入库单主表（表 13－3）

表 13－3　入库单主表 InputMaster

字段名称	字段含义	类　型	长　度	允许空否	主　键
InputID	入库单号	字符	10	否	是
VoucherId	凭证单号	字符	10		
Date	日期	日期			
TransactorID	经手人编号	字符	2		
Amount	总计金额	货币			
CreateMan	制单人	字符	8		

4. 入库单明细表（表 13－4）

表 13－4　入库单明细表 InputDetail

字段名称	字段含义	类　型	长　度	允许空否	主　键
ID	自动编号	数字		否	是
InputID	入库单号	字符	10	否	是
ProductID	商品编号	字符	4		
Quantity	数量	数字			
Price	单价	货币			
Summary	摘要	字符	30		

5. 出库单主表（表 13-5）

表 13-5 出库单主表 OutputMaster

字段名称	字段含义	类 型	长 度	允许空否	主 键
OutputID	出库单号	字符	10	否	是
Date	日期	日期			
TransactorID	经手人编号	字符	2		
Amount	总计金额	货币			
CreateMan	制单人	字符	8		

6. 出库单明细表（表 13-6）

表 13-6 出库单明细表 OutputDetail

字段名称	字段含义	类 型	长 度	允许空否	主 键
ID	自动编号	数字		否	是
OutputID	出库单号	字符	10	否	是
ProductID	商品编号	字符	4		
Quantity	数量	数字			
Price	单价	货币			
Summary	摘要	字符	30		

7. 库存分析表（表 13-7）

表 13-7 库存分析表 InventoryAnalyst

字段名称	字段含义	类 型	长 度	允许空否	主 键
PageID	入/出库单号	字符	10	否	是
ProductID	商品编号	字符	4	否	是
Type	业务类型	字符	4	否	是
date	日期	日期			
InputQuantity	入库数量	数字			
InputPrice	入库单价	货币			
OutputQuantity	出库数量	数字			
OutputPrice	出库单价	货币			

8. 库存期初表（表 13-8）

表 13-8　库存期初表 InventoryBegin

字段名称	字段含义	类　型	长　度	允许空否	主　键
Year	年份	字符	4	否	是
Month	月份	字符	2	否	是
ProductID	商品编号	字符	4	否	是
BeginQuantity	期初数量	数字			
BeginBalance	期初金额	货币			

9. 物品库存表（表 13-9）

表 13-9　物品库存表 ProductInventory

字段名称	字段含义	类　型	长　度	允许空否	主　键
ProductID	商品编号	字符	4	否	是
Quantity	数量	数字			
Amount	金额	货币			

10. 报表头（表 13-10）

表 13-10　报表头 ReportHead

字段名称	字段含义	类　型	长　度	允许空否	主　键
RepHead	报表头	字符	40	否	是

11. 用户表（表 13-11）

表 13-11　用户表 User

字段名称	字段含义	类　型	长　度	允许空否	主　键
UserName	用户名称	字符	8	否	是
Password	用户密码	字符	8		

13.3.6　输入设计

输入设计要遵循即满足用户需求又方便使用的原则，在进行设计时从正确、迅速、简单、经济、方便使用者等方面进行考虑。本系统中的输入有：用户登录、报表头设置、员工档案录入、商品档案录入、期初库存、入库单、出库单等。

输入设计界面较多，图 13-10～图 13-12 是几个范例。

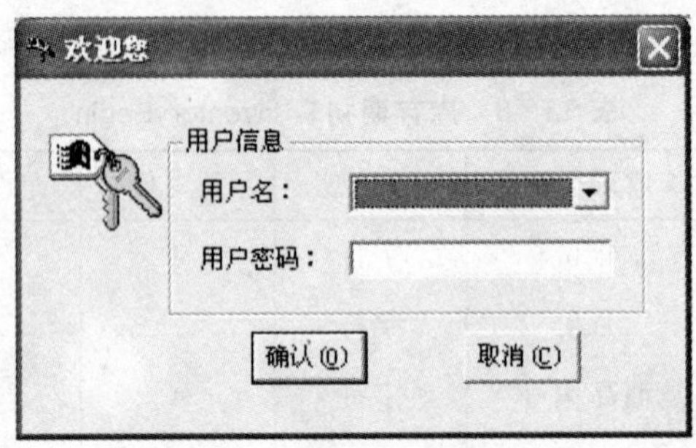

图 13－10　用户登录界面

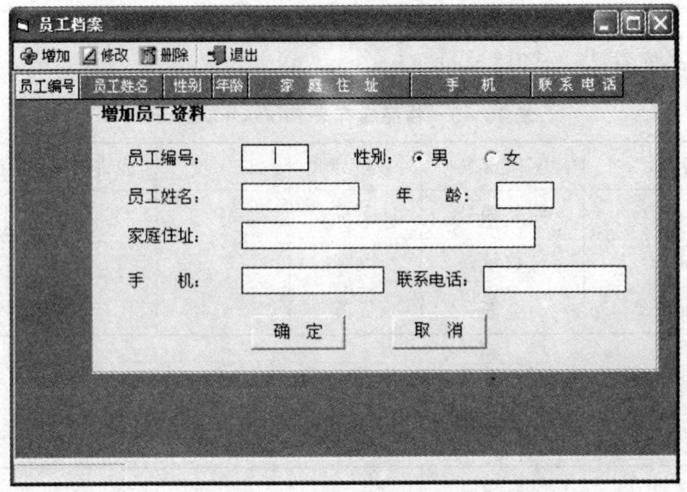

图 13－11　员工资料录入界面

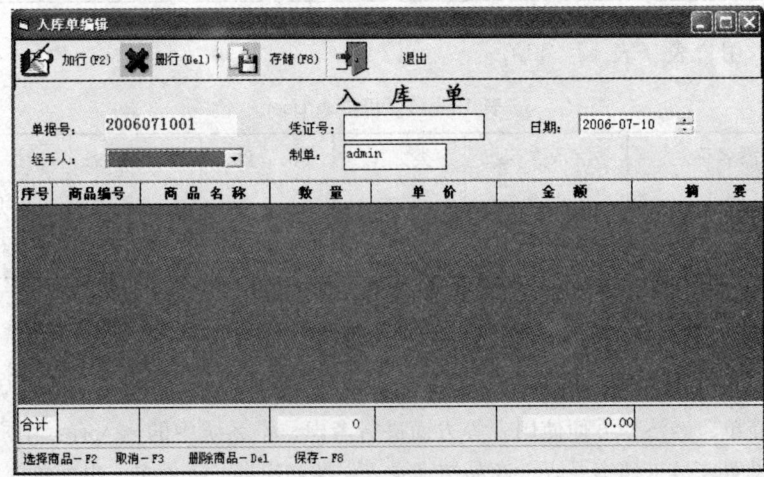

图 13－12　入库单录入界面

13.3.7　输出设计

对系统需要的输出结果进行设计，本系统中主要是查询结果和一些表格的输出，如当前库存量报表、商品收发结存表、商品超过上限报警表、商品低于下限报警表等。图 13－13、表 13－12～表 13－14 为输出设计界面的几个例子。

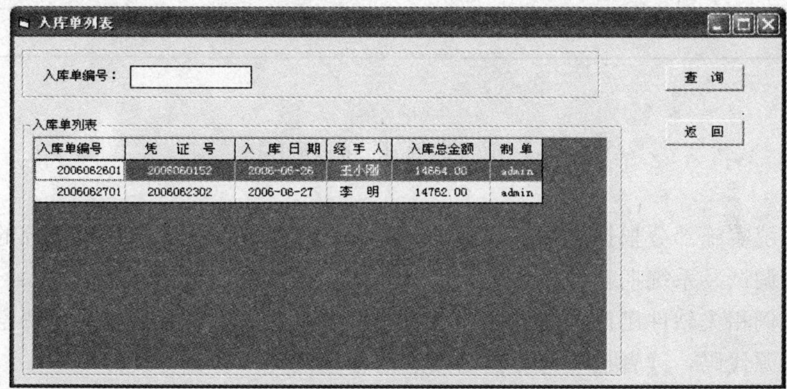

图 13－13　入库单列表界面

表 13－12　当前库存量报表输出格式

商品编号	商品名称	数量	金额

表 13－13　商品收发结存表输出格式

年　月

物品编号	物品名称	上月结存		本月入库		本月出库		本月结存	
		数量	金额	数量	金额	数量	金额	数量	金额
小计									

表 13－14　库存超过上限报警表输出格式

商品编号	商品名称	库存上限	当前库存量	超出数量

13.4　管理信息系统的实施

系统实施部分根据上一节介绍的系统设计方案，完成了计算机系统的程序设计与调试、系统期初数据的录入以及向计算机系统的转换等。

案例相关软件已调试通过，读者可与合肥工业大学出版社联系免费索取软件及其源代码，读者也可选择自己熟悉的程序设计语言自行设计。

参考文献

[1] 易荣华．管理信息系统（第三版）．北京：高等教育出版社，2009.

[2] 黄梯云，李一军．管理信息系统（第四版）．北京：高等教育出版社，2009.

[3] 薛华成．管理信息系统（第六版）．北京：清华大学出版社，2012.

[4] [美] 肯尼斯 C. 劳顿，简 P. 劳顿．管理信息系统（第 11 版）．薛华成，译．北京：机械工业出版社，2011.

[5] 孔淑红．MBA 管理信息系统（精华读本）．合肥：安徽人民出版社，2002.

[6] 常晋义．管理信息系统．北京：中国电力出版社，2002.

[7] 陈荣秋，马士华．生产与运作管理．北京：高等教育出版社，1999.

[8] 刘伯莹，周玉清．刘伯钧．MRPⅡ/ERP 原理与实施（第二版）．天津：天津大学出版社，2001.

[9] 陈启申．制造资源计划基础．北京：企业管理出版社，1997.

[10] 滕佳东．管理信息系统（第四版）．大连：东北财经大学出版社，2013.

[11] 程控．MRPⅡ/ERP 实施与管理．北京：清华大学出版社，2006.

[12] 周曙东．电子商务概论．南京：东南大学出版社，2002.

[13] 邓顺国．电子商务概论．北京：北京交通大学出版社，2005.

[14] 李禹生，陆安生，欧阳峥峥，吴巍．管理信息系统．北京：中国水利水电出版社，2004.

[15] 常晋义，邹永林，周蓓．管理信息系统（第二版）．北京：中国电力出版社，2005.

[16] 王小铭．管理信息系统及其开发技术．北京：电子工业出版社，1997.

[17] 邝孔武．信息系统分析与设计．北京：清华大学出版社，1999.

[18] 王燮臣．管理信息系统．杭州：浙江大学出版社，1999.

[19] 陈禹．软件开发工具．北京：经济科学出版社，1996.

[20] 毕庶伟．管理信息系统分析与设计．北京：机械工业出版社，1992.

[21] 查先进．物流与供应链管理．武汉：武汉大学出版业，2003.

[22] 段爱玲. 管理信息系统. 北京：机械工业出版社，2009.
[23] 李永平. 管理信息系统. 北京：科学出版社，2009.
[24] 汤兵勇. 客户关系管理. 北京：高等教育出版社，2008.
[25] 郭东强，傅冬绵. 现代管理信息系统. 北京：清华大学出版社，2006.
[26] 朗彦. 数据库原理与应用. 北京：高等教育出版社，2002.
[27] 陈惟彬. Delphi 进销存程序设计. 北京：清华大学出版社，2002.
[28] [美] Mike Gunderloy. ADO 与 ADO. NET 编程指南. 邱仲潘，等，译. 北京：电子工业出版社.
[29] [美] E. Winemiller，J. Roff，B. Heyman，R. Groom. Visual Basic 6. 0 数据库开发. 顾斌，杨德斌，译. 北京：清华大学出版社，1999.
[30] 刘志铭，高春艳，孙健鹏，等. Visual Basic 数据库开发实例解析. 北京：机械工业出版社，2003.